# LE GUIDE des idées DE MÉTIERS

MÉCANICIEN CABINE...INGÉNIEUR PRODUCTION...TÉ
AÉRONAUTIQUE...HÔTESSE DE L'AIR...AGRICULTEU
VÉTÉRINAIRE « MIXTE »...INGÉNIEUR AGRONOM
TEUR D'ŒUVRES...BRODEUSE...RÉGISSEUR D'EXPO
NISTE CRÉATEUR...ENCADREUR...LUTHIÈRE...DESIG
RÉGISSEUR...DANSEUR CLASSIQUE...CHEF DÉCORA
LEUR DE GESTION...CHARGÉ DU RECRUTEMENT...CO
ET FINANCE...SUPERVISEUR...RISK MANAGER...AUD
CHEF DE PRODUIT FORMULATION...HYDROBIOLOGIS
RECTEUR DE DÉVELOPPEMENT...ARCHITECTE...GRUT
LIER...ASSISTANTE COMMERCIALE...RESPONSABLE
PONSABLE DE RAYON...E-COMMERÇANTE...CHEF DE P
GER...EXPERT EN BALISTIQUE...OFFICIER DE POLICE
JURISTE D'ENTREPRISE...VICE-PROCUREUR...AVOCAT
JOURNALISTE WEB...DOCUMENTALISTE IMAGE...LIB
RESPONSABLE DE LA COMMUNICATION...CONSULTA
TION...COMMUNITY MANAGER...FORMATRICE D'ADU
EN ORIENTATION...CONSEILLER PRINCIPAL D'ÉDUCA
SATION DES DÉCHETS...ÉCO-CONCEPTEUR...CHEF DE
CONSEILLER EN ÉCO-ÉNERGIE ...INGÉNIEUR PROJETS
CHARGÉE DE MISSION ÉCOMOBILITÉ...AMBASSADEU
THÈQUE...ATTACHÉE TERRITORIALE...CHEF DE CUIS
CONCEPTEUR DE VOYAGES DURABLES...GUIDE CONFÉ
NISTRATEUR SYSTÈMES...RESPONSABLE DE L'ANIMA
SYSTÈME...CONSULTANTE EN E-REPUTATION...DÉV
SPÉCIALISÉE...ORTHOPHONISTE...ASSISTANTE DE S
SOIGNANTE EN BLOC OPÉRATOIRE...SAGE-FEMM
CHIRURGIEN MAXILLO-FACIAL...MASSEUR KINÉSIT
INFIRMIÈRE LIBÉRALE...MONITRICE DE SKI...MONITR
LEUSE INTERNATIONALE...PROFESSEUR D'EPS...AGE
PROJET DE DÉVELOPPEMENT PACKAGING...CONDUCT
RESPONSABLE DU DESIGN...YIELD MANAGER...IN

ILOTE DE DRONES...PILOTE DE BÉLUGA...INGÉNIEUR
RBAIN...PAYSAGISTE...TECHNICIENNE FORESTIÈRE...
COMMERCIAL EN AGROFOURNITURES...RESTAURA-
TION...ARCHITECTE D'INTÉRIEUR...JOAILLIÈRE...EBÉ-
DE MODE...MARQUETEUR...INGÉNIEUR DU SON...
UR...HABILLEUSE COSTUMIÈRE...ACTRICE...CONTRÔ-
TABLE...CONSULTANT INDÉPENDANT EN STRATÉGIE
UR FINANCIER...AGENT GÉNÉRAL D'ASSURANCES...
.INGÉNIEUR EN MÉTHANISATION...PHARMACIEN-DI-
...INGÉNIEUR TRAVAUX...DIAGNOSTIQUEUR IMMOBI-
XPLOITATION DE BOUTIQUE...CHEF DE PRODUIT...RES-
ET MARKETING...DIRECTRICE MARKETING...BOULAN-
ICIAIRE...SAPEUR POMPIER...OFFICIER MÉCANICIEN...
NALISTE...GREFFIÈRE...DÉTECTIVE PRIVÉ...NOTAIRE...
RE...ÉDITRICE...ATTACHÉE DE PRESSE...GRAPHISTE...
EN STRATÉGIE DE MARQUE...DIRECTEUR DE CRÉA-
ES...PROF DE FRANÇAIS...PROF DES ÉCOLES...COACH
N...ANIMATEUR MULTIMÉDIA...TECHNICIEN VALORI-
OJET BIODIVERSITÉ ...EXPERT EN BILAN CARBONE ...
OLAIRES...TECHNICIENNE MAINTENANCE ÉOLIENNE...
CONSEILLER POLITIQUE...CONSERVATRICE DE BIBLIO-
...BARMAN...GOUVERNANTE...CHEF DE RÉCEPTION...
ICIER...INGÉNIEUR HARDWARE...WEBMASTER...ADMI-
N...DATA SCIENTIST...GAME DESIGNER...INGÉNIEURE
PPEUR...WEB-PLANNER...ORTHOPTISTE...ÉDUCATRICE
VICE SOCIAL...ANESTHÉSISTE-RÉANIMATRICE...AIDE
ASSISTANT MATERNEL...MÉDIATRICE FAMILIALE...
APEUTE...ERGOTHÉRAPEUTE...DIRECTEUR D'EHPAD...
D'ÉQUITATION...PRÉPARATEUR PHYSIQUE...FOOTBAL-
DE JOUEURS DE FOOT...LOGISTICIEN PROJET...CHEF DE
R DE TRAIN...RESPONSABLE DE BUREAU D'ÉTUDES...
NIEUR ROBOTIQUE...RESPONSABLE MAINTENANCE

**Texte : Sandrine Pouverreau**
**Illustrations : El Don Guillermo**

Certains des portraits figurant dans ce guide ont été réalisés par des journalistes de la rédaction de Phosphore :
Clotilde Berlencourt p. 48, 50, Cyrielle Bert p. 78, 79, 91, 196, 201,
Anne Bideault p. 86, 225, Gwénaëlle Boulet p. 46, 47, 49, 51, 143, 222,
Anne-Laure Bovéron p. 31, 166, 167, Anne-Sophie Chilard p. 224,
Aziliz Claquin p. 92, 127, 179, 181, 223, David Groison p. 229,
Séverin Husson, p. 24, 87, Jérôme Narcy p. 100, 101, 109, 110, 111,
Fréderic Ojardias p. 158, 159, Émilie Salvaing, p. 21, 70, 128, 129, 131, 132,
Marion Sevenier p. 168, 169 et Laure Tézier p. 22, 130, 134.

L'éditrice remercie chaleureusement Estelle Taconnet pour son aide précieuse.
Graphisme : Studio Bayard Éditions


Dépôt légal : février 2017
Troisième édition : avril 2018

ISBN : 9782747090629

Loi 49-956 du 16 juillet 1949 sur les publications liées à la jeunesse.
Imprimé en Slovénie.

MÉTIERS TRADITIONNELS

MÉTIERS DU FUTUR

MÉTIERS PORTEURS

MÉTIERS PASSION

MÉTIERS POUR TOUS NIVEAUX D'ETUDES

PHOSPHORE

# LE GUIDE *des idées* DE MÉTIERS

bayard jeunesse

# SOMMAIRE

# AÉRIEN, AÉRONAUTIQUE

*Les entreprises françaises de l'aéronautique, de la défense et de l'espace sont sur un nuage depuis quelques années. Par exemple, selon Airbus et Boeing, la flotte mondiale devrait doubler d'ici 20 ans. Ceci en raison de la croissance du trafic aérien, qui double lui-même tous les 15 ans. Airbus a ainsi comme objectif de produire chaque mois soixante A320 d'ici à la mi-2019 et dix A350, le dernier-né de ses long-courriers, d'ici fin 2018.*
*Dans le spatial, le lancement du programme Ariane 6, et les projets de constellations de mini-satellites destinés entre autres à diffuser Internet sur terre vont également se traduire par une forte croissance. Le secteur recrute massivement : des ingénieurs, des cadres, des opérateurs qualifiés et des techniciens supérieurs. Plus de 62 000 personnes ont été embauchées ces 5 dernières années.*

## L'ŒIL DU PRO

Dans les années à venir, les drones civils vont booster l'aéronautique française. La baisse du prix des drones et la mise en place d'un cadre réglementaire en avril 2012 ont donné le coup d'envoi à ce marché développé initialement pour l'armée. Ces appareils volants, télécommandés ou autonomes, peuvent embarquer des capteurs et caméras haute définition et être utilisés, par exemple, dans l'agriculture de précision afin de faire des recommandations en matière de culture. En médecine, les drones ambulances sont capables de livrer un défibrillateur auprès des victimes de crises cardiaques. Là où un avion ne peut aller, le drone va. Ils peuvent également survoler des zones difficiles d'accès pour sauver des personnes en danger, ou suppléer les cameramen dans les airs.

*Cote du secteur*

*Coût des études*

*Niveau de formation*

*Salaires*

# MÉCANICIEN CABINE

## LUDOVIC

**INTÉGRATEUR CABINE SUR L'A330 CHEZ AIRBUS** « *Quand un avion arrive à l'usine il est quasi vide ! Il y a juste les planchers. Mon métier, c'est d'habiller la cabine, monter les sièges, les compartiments à bagages, les systèmes vidéo, les tablettes... Un travail très varié parce que, dans un même avion, l'habillage n'est pas le même en classe éco, affaires ou en première classe. Et les aménagements changent selon les compagnies aériennes. Chacun a ses codes couleurs qu'on retrouve sur tout l'habillage de la cabine. Certains ont même des exigences particulières comme d'installer un bar ou décorer de façon luxueuse la cabine. J'ai des fiches d'instructions très précises des clients, qu'il faut suivre à la lettre. Sans oublier l'aspect sécurité qui est très important : un siège qui bouge en plein vol, ce n'est pas possible !* »

## LES ÉTUDES

**APRÈS LA 3E**

- CAP aéronautique option avionique ou structure.

© Airbus

**Un bon intégrateur cabine d'avion doit connaître les compagnies, leurs spécificités et leurs exigences, ainsi que les avions et l'ensemble des éléments à monter.**

### Où travaille-t-il ?

Ses employeurs sont les grandes entreprises fabriquant les avions ou les véhicules spatiaux (EADS, Dassault Aviation, Eurocopter).

### Quel est son profil ?

Les matériaux coûtant très cher, il faut être précis, méticuleux et perfectionniste en matière de respect des normes et de la qualité.

### Quelle carrière ?

Il peut évoluer vers un poste de contrôle ou de chef d'équipe.

# INGÉNIEUR PRODUCTION

**JEAN-FRANÇOIS INGÉNIEUR PRODUCTION, RESPONSABLE ASSEMBLAGE STRUCTURE ET ÉLECTRIQUE DE L'A380 CHEZ AIRBUS** *« À Toulouse, on reçoit les pièces et sous-ensembles de l'A380 : du rivet à l'aile, en passant par les différentes parties du fuselage. Notre rôle, c'est de les assembler, de tester le produit presque fini, puis de l'envoyer à Hambourg où est installé l'habillage cabine : sièges, moquette... J'interviens plus particulièrement sur l'assemblage de la structure (fuselage, ailes) et des câbles électriques. Je travaille avec une équipe de 300 personnes pour réussir à respecter les délais et garantir la qualité exigée. Je fais en sorte que les salariés puissent se former quand ils passent d'un poste à un autre. Ils s'entraînent sur des maquettes, des parties d'avion pour s'adapter plus vite. Je suis toujours fier quand un A380 (avion emblématique) sort du hall d'assemblage... »*

## Où travaille-t-il ?

Dans toute usine d'assemblage de pièces aéronautiques. En général il travaille dans des groupes comme Airbus et Snecma qui ont un grand volume de production.

## Quel est son profil ?

À la tête d'une équipe, c'est un manager qui doit savoir prendre des décisions et des initiatives et communiquer avec ses employés. Il sait à la fois planifier, organiser et superviser.

## Quelle carrière ?

Il peut évoluer vers des postes de directeur de production, directeur R&D (recherche et développement), responsable qualité, ingénieur HSE (hygiène, sécurité, environnement), ingénieur méthodes, manager d'unité de production...

## LES ÉTUDES

**NIVEAU BAC + 5**

- Diplômes d'écoles d'ingénieurs, généralistes ou spécialisées en production, méthodes, management industriel, aéronautique, mécanique, électronique...

© Airbus

**Anglais technique et bon niveau en informatique, en particulier sur les logiciels de gestion de production et de fabrication assistée, sont indispensables.**

# TÉLÉPILOTE DE DRONES

## NICOLAS

**TÉLÉPILOTE DE DRONES CHEZ DRONE ON AIR**

*« Je pilote à distance des drones qui filment et photographient des zones depuis le ciel. Je travaille pour des entreprises qui veulent utiliser ces vidéos et photos (paysage, tourisme, mise en valeur de biens, architecture) à titre promotionnel. Parfois nous travaillons pour des experts en matière d'inspection d'ouvrage, de prestations techniques pour les cabinets d'architecte. Généralement, je commence par vérifier que le vol est autorisé au-dessus de la zone demandée par le client. Par exemple, il est interdit de survoler les zones avec des gens, les sites sensibles ou protégés, les aérodromes, etc. Après, je fais un repérage physique sur les lieux à survoler, notamment en vue d'installer un périmètre de sécurité. Je dois aussi vérifier les conditions météorologiques. Enfin, quand le drone est bien paramétré, je le fais décoller et je déclenche le système vidéo ou photo à distance. »*

## LES ÉTUDES

Aucun niveau scolaire n'est exigé. Mais l'activité est extrêmement réglementée et surveillée par la DGAC (Direction générale de l'aviation civile).

Pour piloter des drones, il faut obligatoirement avoir :

- Le brevet théorique de télépilote de drone (ou d'hélico, d'ULM ou d'avion).
- Une déclaration de niveau de compétence (qui s'obtient dans des organismes de formation agréés et conventionnés par la DGAC ) attestant une formation au pilotage de drone.

### Où travaille-t-il ?

Il travaille au sein de compagnies aériennes spécialisées en aéronefs télépilotés, de sociétés spécialisées dans le travail aérien, d'entreprises privées, ou encore pour la défense nationale (armée, gendarmerie...). Il peut aussi être employé par des sociétés d'ingénierie (BTP, cartographie...) et de productions audiovisuelles, en contact avec les centres de contrôles aériens et les équipes au sol.

### Quel est son profil ?

Méthodique et doté d'un bon sens pratique, il doit savoir se plier aux règlements mais aussi faire preuve d'autonomie et d'esprit d'initiative.

### Quelle carrière ?

Il peut créer son entreprise et/ou se spécialiser dans un domaine : thermographie, sauvetage en montagne, inspection d'ouvrages, relevé aérien, film et broadcast, instructeur, etc.

**La plupart des télépilotes ont dû financer eux-mêmes leur formation (qui coûte environ 2 000 euros) et exercent en auto-entrepreneurs.**

# PILOTE DE BELUGA

**MURIEL** COPILOTE DE BELUGA CHEZ AIRBUS

*« Je pilote un des 5 Beluga d'Airbus. Je ne transporte pas de passagers, mais des tronçons et des pièces d'avion d'un site de production à l'autre dans différents pays d'Europe. Le Beluga, c'est un "avion-cargo", un Airbus 300 auquel on a rajouté un énorme cylindre. Il est assez impressionnant ! Dans son immense gueule, on peut loger une section d'A320 ou même des ailes d'A330. Mon travail comprend la préparation du vol (météo, carburant), le chargement sous le contrôle d'un mécanicien navigant : il faut respecter un ordre de chargement des pièces en fonction de leur masse et de leur taille afin que l'avion reste équilibré. Par ailleurs, étant sensible au vent de travers, il n'est pas simple à piloter. Mais au sol aussi il faut être très prudent : par exemple, par vent fort, je dois ouvrir la porte avec précaution car elle pèse plusieurs tonnes. »*

## Où travaille-t-il ?

Dans une compagnie aérienne, le pilote débute comme OPL (officier pilote de ligne) sur tous les types d'avions, du plus petit appareil au gros-porteur. Ensuite il peut accéder au poste de commandant de bord puis d'instructeur et d'examinateur. Il a la possibilité de travailler dans le transport de fret, les missions humanitaires, le secours, le largage de parachutistes, dans les aéroclubs comme instructeur, etc.

## Quel est son profil ?

Du sang-froid est nécessaire pour réagir efficacement en cas de danger. Il faut aussi être capable d'assumer la responsabilité de la gestion technique du vol. Même si les accidents sont rares, les aléas lors d'un vol sont nombreux : brouillard, espace aérien encombré, piste verglacée… N'ayant pas le droit à l'erreur, il doit être en excellente forme physique et avoir un bon équilibre nerveux.

## Quelle carrière ?

Les pilotes peuvent se réorienter dans différents domaines de l'aéronautique ou de l'aviation civile. Ils exercent alors des fonctions de conseiller technique ou d'expert auprès de compagnies aériennes, de constructeurs ou de sociétés d'assistance.

## LES ÉTUDES

Trois possibilités pour devenir pilote de ligne :

- La filière d'État est la voie royale : il faut présenter un des concours d'entrée à l'ENAC (École nationale d'aviation civile). Il en existe plusieurs, destinés soit aux bacheliers, soit aux étudiants de bac + 2 ayant suivi un cursus scientifique (prépa scientifique ou licence scientifique), soit aux détenteurs de la licence de pilote professionnel (CPL) et de l'ATPL (Airline Transport Pilote Licence) théorique. Le concours est très sélectif : moins d'une trentaine de candidats sont reçus chaque année.
- La filière privée (comptez entre 60 000 et 92 000 euros pour une formation complète). Il faut avoir le niveau bac. Vous présenterez alors un des tests d'entrée dans une FTO (flight training organisation).
- La filière militaire : pour les bacheliers entre 17 et 22 ans. Elle forme au pilotage d'avion de chasse, de transport ou d'hélicoptère.

**Il y a beaucoup de candidats à ces postes… mais très peu d'élus.**

# INGÉNIEURE AÉRONAUTIQUE

**AUDREY INGÉNIEURE EN AÉRONAUTIQUE, SPÉCIALISÉE EN ÉNERGÉTIQUE ET PROPULSION CHEZ AIRBUS**

*« Je cherche comment améliorer le moteur des avions, leur performance et leur consommation d'énergie. Par exemple, j'ai travaillé sur l'A320 neo (abréviation de "new engine option"). Grâce à ses nouveaux moteurs, cet avion consomme 15 % de carburant en moins, émet moins d'oxyde d'azote et fait moins de bruit. J'ai coordonné les essais entre Airbus, le motoriste américain qui fabriquait le moteur, et l'équipementier américain qui réalisait le capot moteur. Ces essais s'effectuaient au sol puis en vol. Au quotidien, je collabore avec d'autres ingénieurs en aérodynamique, thermique, acoustique, pour déterminer les emplacements clés du moteur. Grâce à des capteurs, nous surveillons les températures moteur, les variations de pression... Cela demande patience et persévérance : il ne faut pas se démotiver, quels que soient les résultats des essais, le principal est de proposer et trouver des solutions. »*

## Où travaille-t-il ?

L'appellation d'ingénieur aéronautique englobe de nombreux profils et métiers : ingénieur études et conception, ingénieur calcul, ingénieur production, ingénieur d'essai en vol, etc. Ses employeurs sont les entreprises fabriquant les avions ou les véhicules spatiaux (EADS, Dassault Aviation, Eurocopter) ; les motoristes (comme la Snecma) qui réalisent les moteurs d'avion et d'hélicoptère ainsi que les systèmes de propulsion des fusées ou des engins militaires tactiques. Ou encore les équipementiers qui fournissent les sièges, systèmes informatiques, équipements électriques et hydrauliques...

## Quel est son profil ?

Comme il travaille sur des projets complexes, il doit savoir s'intégrer dans des équipes pluridisciplinaires et faire des compromis entre les contraintes techniques et les objectifs économiques.

## Quelle carrière ?

Il prend progressivement plus de responsabilités, travaille sur des projets de plus grande envergure ou évolue vers le spatial (fusée, satellite).

© Airbus

## LES ÉTUDES

**NIVEAU BAC + 5**

- Diplômes d'écoles d'ingénieurs généralistes avec options en aéronautique (Centrale Paris, Centrale Lyon, Ensta, EPF...) ou écoles plus spécialisées (Enac, Isae Supaéro, Isae Ensica, Ipsa, Isae Ensma, Estaca).
- Masters en génie mécanique, aéronautique, maintenance aéronautique, énergétique, électronique...

**Un atout pour évoluer : se spécialiser en mécanique (aérodynamique, propulsion), en électronique (radio-transmission) ou en informatique (contrôle des manœuvres, des pannes...).**

# HÔTESSE DE L'AIR

© Shutterstock/enchanted-fairy

**Dans les compagnies low cost, les hôtesses ou stewards ont des tâches plus étendues et peuvent être amenés à faire le ménage, par exemple.**

**AGNÈS HÔTESSE DE L'AIR CHEZ CORSAIR**

*« Je travaille sur les long-courriers, c'est-à-dire les vols longs : je peux aller un jour aux Antilles et 3 jours plus tard à l'île Maurice ou à la Réunion. Autant dire qu'il faut bien supporter les décalages horaires, et les nuits blanches ! Car les vols sur les DOM se font de nuit. Il faut aussi être disponible : je peux voler plus de 11 heures d'affilée puis passer 3 nuits loin de chez moi. Bien entendu, c'est agréable de rester dans des endroits comme l'île Maurice. Une fois en vol, je dois m'assurer du bon fonctionnement des équipements de sécurité, vérifier l'état de marche des interphones avec le poste de pilotage, etc. Depuis les attentats, ma mission de sûreté s'est renforcée : je vérifie les coffres à bagages, les cartes d'embarquement, etc. Et je sers et vends plats et boissons. »*

## Où travaille-t-il ?

L'hôtesse de l'air ou le steward sont essentiellement employés par les compagnies aériennes civiles (il existe quelques postes dans l'armée). Et si Air France concentre les trois quarts des postes, il existe de nombreuses petites compagnies régulières ou low cost, françaises ou étrangères où exercer. À temps plein, la moyenne d'heures de vol se situe entre 60 à 80 heures par mois avec des horaires très irréguliers.

## Quel est son profil ?

Il doit avoir de bonnes capacités d'adaptation car, à chaque vol, il travaille avec une nouvelle équipe (pilotes et hôtesses). Une bonne condition physique est également nécessaire pour supporter les horaires de travail. Enfin, il doit faire preuve de sang-froid et d'un sens aigu des responsabilités en cas de problème.

## Quelle carrière ?

Il peut passer de la classe économique à la première classe ou la classe affaires, ou évoluer vers des vols moyen-courriers, voire long-courriers, qui génèrent des primes supplémentaires. Après plusieurs années d'expérience, quelques-uns deviennent chefs de cabine.

## LES ÉTUDES

**NIVEAU BAC**

Les conditions d'embauche varient d'une compagnie à l'autre. Néanmoins, la plupart exigent :

- Le niveau bac (même si la plupart des candidats ont au moins un bac + 2) diplôme en langues étrangères appliquées-LEA, d'écoles de commerce, d'écoles de langues, etc.
- Un anglais courant (plus une seconde langue si possible).
- Être ressortissant de l'Union européenne et avoir plus de 18 ans.
- Savoir nager.

Pour les compagnies françaises :

- Posséder le CFS (certificat de formation à la sécurité), diplôme d'État délivré par la DGAC (Direction générale de l'aviation civile).

Avant de préparer le CFS, les futurs candidats doivent obtenir une attestation d'aptitude médicale, payante et délivrée par un CEMPN (centre d'expertise médicale du personnel navigant), valable 2 ans.

TEST

# Es-tu fait pour ce secteur ?

**1 – EN DEHORS DE L'ÉCOLE, TU ES INSCRIT :**

● À un club d'échecs.

▲ À un cours d'arts plastiques.

■ À un club de volley.

**2 – L'ANGLAIS :**

● Tu adores, surtout l'oral, et d'ailleurs tu cartonnes.

■ Tu ne raffoles pas de cette matière.

▲ C'est indispensable aujourd'hui, donc tu t'y mets.

**3 – TA PLUS GRANDE QUALITÉ :**

■ La créativité.

▲ Le bon sens.

● L'esprit d'initiative.

**4 – QUAND TU TE CONCENTRES SUR UNE TÂCHE :**

■ Il ne faut pas te déranger, tu te concentres sur une chose à la fois afin que tout soit bien maîtrisé.

● Tu peux t'interrompre et faire plusieurs choses à la fois.

▲ Tu peux vaquer à plusieurs occupations mais tu as besoin de temps.

**5 – RESPECTER LE RÈGLEMENT À L'ÉCOLE, C'EST :**

■ Contraignant, tu as besoin de fantaisie.

▲ Rassurant, tu as besoin de sécurité.

● Un défi... car les règles sont faites pour être contournées...

**6 – TON PETIT FRÈRE CHUTE DANS L'ESCALIER, JUSTE DEVANT TOI :**

● Tu l'aides à se relever et le questionnes rapidement avant de décider quoi faire.

▲ Tu appelles directement les pompiers avant de lui demander comment il va.

■ Tu te sens mal, incapable de dire ou faire quoi que ce soit.

**7 – TROIS CONTRÔLES SUCCESSIFS DANS LA SEMAINE, PLUS UN DEVOIR MAISON.**

▲ Tu gères tant bien que mal au prix de quelques nuits blanches.

● Tu gères en planifiant à l'avance tes révisions.

■ Tu craques dès le deuxième contrôle.

**8 – NEIL ARMSTRONG EST :**

▲ Un chercheur.

■ Un musicien.

● Un astronaute.

**9 – À L'ÉCOLE, LORSQUE TU PRATIQUES DES JEUX EN ÉQUIPE, TU ES :**

▲ À un poste clé.

● Le capitaine de l'équipe.

■ Là seulement pour faire du sport.

**10 – IL EST 20 H 30, LE DÎNER N'EST PAS PRÊT ET TU AS FAIM.**

● Tu te fais des spaghettis à la bolognaise.

■ Tu attends en râlant après tes parents.

▲ Tu pioches dans le paquet de céréales.

**FAIS LE TOTAL DE TES POINTS POUR CHAQUE SIGNE ET REPORTE-TOI AUX RÉPONSES.**

### MAJORITÉ DE ●

Tu sembles avoir les qualités nécessaires pour exercer un métier dans l'aéronautique qui exige en effet rigueur, esprit d'initiative et réactivité... Au sol ou en l'air, à toi de voir.

### MAJORITÉ DE ▲

Tu sembles intéressé par les métiers de l'aéronautique. Mais pour être sûr que c'est une direction à privilégier, pousse tes recherches pour découvrir un peu plus en détail ces métiers qui exigent un énorme investissement.

### MAJORITÉ DE ■

Les métiers de l'aéronautique ne semblent pas te correspondre plus que cela. Tu peux être réactif et dynamique mais cela ne suffit pas. Il faut aimer le secteur pour accepter ses contraintes (déplacements, travail en équipe, etc.).

IDÉES EN +

## D'autres idées dans ce secteur...

### INGÉNIEUR PRODUCTION

- INGÉNIEUR D'ÉTUDE ET DÉVELOPPEMENT
- INGÉNIEUR LEAN
- INGÉNIEUR DE FABRICATION MÉCANIQUE
- INGÉNIEUR DE RECHERCHE INDUSTRIELLE
- INGÉNIEUR EN SCIENCES DES MATÉRIAUX
- INGÉNIEUR DE RECHERCHE PRODUIT
- INGÉNIEUR DES PONTS, DES EAUX ET FORÊTS

### MÉCANICIEN CABINE

- STRATIFIEUR DRAPEUR
- MONTEUR STRUCTURE D'AÉRONEF
- CÂBLEUR AÉRONAUTIQUE
- PEINTRE AÉRONAUTIQUE

### STEWARD HÔTESSE DE L'AIR

- HÔTESSE D'ACCUEIL
- AVITAILLEUR AVION
- AGENT D'ESCALE
- AGENT DE PISTE D'AÉROPORT
- COMMISSAIRE DE BORD
- MÉCANICIEN MAINTENANCE AÉRONAUTIQUE
- PILOTE D'AVION

### PILOTE DE BELUGA

- AGENT DE PISTE D'AÉROPORT
- CONTRÔLEUR AÉRIEN
- HÔTESSE DE L'AIR / STEWARD
- MÉCANICIEN MAINTENANCE AÉRONAUTIQUE
- PILOTE DE CHASSE
- PILOTE MILITAIRE D'HÉLICOPTÈRE
- INGÉNIEUR AÉRONAUTIQUE
- INGÉNIEUR AÉROSPATIAL
- AGENT D'ESCALE

### TÉLÉPILOTE DE DRÔNES

- PILOTE D'ULM
- PILOTE D'AVION
- PILOTE D'HÉLICOPTÈRE
- INGÉNIEUR AÉRONAUTIQUE

### INGÉNIEUR AÉRONAUTIQUE

- PILOTE MILITAIRE D'HÉLICOPTÈRE
- INGÉNIEUR AÉROSPATIAL
- INGÉNIEUR FERROVIAIRE
- INGÉNIEUR AUTOMOBILE
- INGÉNIEUR DE FABRICATION MÉCANIQUE
- CONTRÔLEUR AÉRIEN
- MÉCANICIEN AVION DE L'ARMÉE DE L'AIR
- MÉCANICIEN MAINTENANCE AÉRONAUTIQUE
- PILOTE D'AVION
- PILOTE DE CHASSE

# AGRICULTURE, AGROALIMENTAIRE

*Dans la plupart des esprits, l'agriculture rime encore avec fourche, tracteur et paysans esseulés, alors qu'elle se décline davantage aujourd'hui avec nouvelles technologies, environnement, diversification... En effet, à la campagne comme en ville, l'agriculture ne cesse d'évoluer en devenant de plus en plus saine et respectueuse de l'environnement. De la terre à nos assiettes, il faut compter avec les industries agroalimentaires, qui transforment les ressources et produits bruts de l'agriculture en plats cuisinés, yaourts, pizzas, etc. En France, ce secteur est le deuxième employeur industriel, avec plus de 525 000 salariés.*

## L'ŒIL DU PRO

À cause des contraintes réglementaires de plus en plus complexes (traçabilité, qualité, calibrage) qui nécessitent d'investir et de s'endetter, l'agriculture peine à recruter. Pôle emploi l'affirme : chaque année, près de 12 000 emplois ne sont pas pourvus dans le secteur agricole. Pourtant, la moitié des offres concerne des postes en CDI. Parmi les métiers à pourvoir : agent d'élevage (en particulier pour les filières bovins lait et porcins), ouvrier agricole ou viticole, chef de culture, agent d'entretien d'espaces verts et conducteur de travaux paysagers, tractoriste connaissant la mécanique. Les commerciaux en agrofournitures et en agroéquipement sont également très recherchés.

*Cote du secteur*

*Coût des études*

*Niveau de formation*

*Salaires*

# AGRICULTEUR URBAIN

## GUILLAUME AGRICULTEUR URBAIN COFONDATEUR D'AGRICOOL

*« Mon travail consiste à surveiller notre production de fraises à Paris, également – et surtout – à chercher des fonds pour acheter d'autres containers, à lancer d'autres produits (tomates, salades...), et à recruter des ingénieurs agronomes prêts à relever ce défi de l'agriculture urbaine. En arrivant à Paris, nous avons été déconcertés, avec mon associé, en tant que fils d'agriculteurs, par le manque de goût des fruits et légumes. Nous avons décidé de proposer des produits bons et sains, en particulier des fraises. Nous avons reconverti un container de 12 m, pour les faire pousser en plein Paris, au plus près du consommateur, dans des conditions optimales. De la température aux nutriments, de l'hydratation à la luminosité (éclairage à LED), au taux d'humidité, tout est réfléchi. L'air est filtré pour préserver les fraises de la pollution ; la pollinisation est assurée par des bourdons. Bien sûr, la culture se fait sans ajout de pesticides. Mieux, elle nécessite 90 % moins d'eau qu'une culture classique. À terme, on espère qu'un container pourra produire 7 tonnes de fraises par an. »*

### Où travaille-t-il ?

Par essence, il travaille... en ville ! Vergers, champignonnières, murs végétalisés avec des plantes comestibles, des plantes grimpantes... de véritables mini-exploitations voient le jour sur les toits, en surface ou en sous-sol, au cœur même des villes. Qui va recruter ces agriculteurs d'un nouveau genre ? Les municipalités ou les entreprises qui ont décidé de produire local.

### Quel est son profil ?

Curieux pour aller piocher ici et là les bonnes pratiques en matière d'agriculture urbaine. Ingénieux pour élaborer de véritables fermes construites à la verticale au cœur des villes grâce à des compétences techniques en énergie solaire, en conception d'éclairage, mais aussi cultivé en matière de botanique et d'horticulture.

### Quelle carrière ?

Salarié d'une ville ou d'une entreprise, il peut à terme se mettre à son compte.

**La mairie de Paris a lancé un appel à projets intitulé « Paris-culteurs » avec pour objectif « la création de 100 ha de toits, de façades et de murs végétalisés d'ici 2020, dont un tiers sera consacré à l'agriculture urbaine ».**

### LES ÉTUDES

Très diverses selon les profils.
La plupart des agriculteurs urbains n'ont pas de diplôme dans le domaine agricole, cependant, ça peut être utile.

**NIVEAU BAC + 2**

- BTSA Analyse, conduite et stratégie de l'entreprise agricole (ACSE)
- BTSA productions animales.
- BTSA agronomie : productions végétales.

**NIVEAU BAC + 5**

- Diplôme d'ingénieur agronome.

# PAYSAGISTE

**JULIE** **PAYSAGISTE CHEZ TOPAGER**

*« Topager est une start-up spécialisée dans l'aménagement de potagers bio sur des toits, donc je passe la plupart de mon temps à concevoir des projets paysagers, au bureau. J'ai par exemple travaillé sur un projet de terrasses et toitures végétalisées sur un immeuble de bureaux sur les Champs-Élysées. Avec les architectes, j'ai réfléchi à une structure de bâtiment qui puisse supporter la charge des jardins. On ne peut pas faire n'importe quoi et planter des arbres de 2,5 m sur un toit. Ça s'étudie. Il fallait prévoir une étanchéité spécifique et rajouter du substrat (mélange de bois broyé et de compost) au-dessus de l'étanchéité. Ensuite, j'ai proposé des projets de jardins. Une fois mes propositions validées, j'ai rédigé un cahier des charges avec le type de plantes utilisées, la méthodologie de plantation, etc. J'ai chiffré le projet, puis j'ai cherché les entreprises de paysagistes pour réaliser ces jardins. Parfois, comme au Centre Robert-Doisneau, je vais sur le terrain pour réaliser les jardins. Ici, je devais réaliser des bacs à plantes adaptés aux personnes handicapées accueillies dans ce centre. »*

© M.C. Réau

## LES ÉTUDES

**NIVEAU BAC + 5**

5 écoles préparent le diplôme d'État paysagiste en 3 ans, avec un bac + 2 :

- École nationale supérieure de paysage, Marseille.
- École nationale supérieure d'architecture et de paysage de Bordeaux.
- INSA Centre-Val-de-Loire
- École nationale supérieure d'architecture et de paysage de Lille.
- École nationale supérieure de paysage de Versailles.

À noter , on peut exercer avec un diplôme d'ingénieur spécialisé :

- Agrocampus Ouest Angers
- Institut supérieur d'agriculture, spécialité aménagement paysager de l'espace de Lille et Antibes.

## Où travaille-t-il ?

À son compte, ou comme salarié dans une agence. La fonction publique recrute également des paysagistes ; tout comme le secteur parapublic et les CAUE (conseils d'architecture, d'urbanisme et de l'environnement), organismes départementaux créés à l'initiative des conseils généraux et présidés par des élus locaux.

## Quel est son profil ?

Rigoureux pour mener les projets de bout en bout, curieux et créatif pour proposer des aménagements originaux et novateurs. Des qualités en communication sont aussi indispensables, car, faute d'être bien présenté, un projet formidable ne sera pas retenu.

## Quelle carrière ?

Après quelques années dans une agence, le paysagiste peut se mettre à son compte.

**Le secteur souffre du contexte économique morose. Les agences répondent, en effet, à des appels d'offres de collectivités. Elles sont nombreuses et la concurrence est rude.**

# TECHNICIENNE FORESTIÈRE

**VIRGINIE TECHNICIENNE FORESTIÈRE AU CENTRE RÉGIONAL DE LA PROPRIÉTÉ FORESTIÈRE D'ÎLE-DE-FRANCE ET DU CENTRE**

*« Je travaille dans les forêts privées de l'Île-de-France. Leurs propriétaires font appel à des gestionnaires forestiers pour les aider à exploiter leurs parcelles. Mon rôle est de vérifier que les plans de gestion sont cohérents, et conformes au Code forestier. Je m'assure, par exemple, qu'après la coupe d'une population d'arbres, une "régénération naturelle" (cela veut dire que la population d'arbres se reconstitue spontanément) ou un reboisement sont prévus, dans les cinq années suivant la coupe, comme c'est prévu dans le Code forestier. Sur le terrain, je constate, par exemple, que des renouvellements de plantations sont programmés dans des lieux où la population de gibier est très dense. Car, si rien n'est fait pour maîtriser le gibier et protéger les plantations, le renouvellement ne réussit pas. Il faut donc toujours tout vérifier dans le moindre détail afin de préserver au mieux la forêt. »*

© Fotolia/ARochau

## Où travaille-t-il ?

À l'ONF (Office national des forêts) la plupart du temps. Il est, en effet, plus rare de travailler pour un propriétaire forestier, car la forêt privée française est très morcelée et l'emploi d'un technicien supérieur ne se justifie que pour les rares grandes propriétés.

## Quel est son profil ?

Résistant, car il travaille souvent dehors par tous les temps. Observateur, pour repérer les dégâts dans une forêt. Organisé et rigoureux, pour superviser le déroulement des chantiers. Sociable, ayant le goût des contacts humains et le sens de la pédagogie pour dialoguer avec différents publics.

**C'est un métier vraiment prenant, avec de longues journées et de nombreux déplacements.**

Enfin, une sensibilité aux questions environnementales est essentielle.

## Quelle carrière ?

Après cinq ans d'expérience, un technicien forestier de l'ONF ou du ministère de l'Agriculture peut devenir technicien principal. Puis, au bout de huit ans, passer chef technicien. Il a la possibilité d'intégrer le corps des ingénieurs des travaux des eaux et forêts, par concours interne (le nombre de postes est extrêmement restreint).

## LES ÉTUDES

Dans le privé, il est titulaire du BTSA gestion forestière. Dans la fonction publique, il faut au minimum un bac pour se présenter aux concours de l'ONF. Le BTSA (brevet de technicien supérieur agricole) est recommandé.

**NIVEAU BAC**

- Bac pro forêt.
- Bac pro gestion des milieux naturels et de la faune.

**NIVEAU BAC + 2**

- BTSA gestion forestière.

# VÉTÉRINAIRE « MIXTE »

**GUILLAUME VÉTÉRINAIRE « MIXTE » À VENDÔME ET BLOIS (LOIR-ET-CHER)** *« Dans des régions comme les nôtres, on travaille un peu à l'ancienne : on soigne tous types d'animaux... chiens, chats, cochons d'Inde, etc., nouveaux animaux de compagnie (furets, serpents, etc.), chevaux ou animaux de la ferme. L'activité "canine" (animaux domestiques et NAC) s'effectue en grande partie en clinique. Vaccinations, radioscopie, soins des petits bobos constituent mon quotidien. Pour les chevaux, tout comme pour les animaux tels que les vaches, moutons, etc je me déplace. Cela veut dire que, contrairement à un vétérinaire en ville qui a fini sa journée une fois son cabinet fermé, je dois assurer le suivi de nos clients, qui nous appellent quand ils ont un problème, c'est-à-dire 24 heures sur 24, 365 jours par an. »*

## LES ÉTUDES

**NIVEAU BAC + 7**

- Le DEV (diplôme d'État de docteur vétérinaire) se prépare dans l'une des 4 écoles nationales à : Maisons-Alfort (94), Lyon (69), Nantes (44), Toulouse (31), sur concours commun (très sélectif) après un bac + 2 (principalement après une classe prépa).
- Par ailleurs, quelques places sont offertes aux titulaires d'un master de biologie ou d'un diplôme d'État de médecine, de pharmacie, d'odontologie.

## Où travaille-t-il ?

Sur les 17 500 vétos en exercice, la plupart sont installés en ville pour « faire de la canine ». L'industrie offre de multiples perspectives. Les entreprises pharmaceutiques, par exemple, recourent à des vétos pour mettre au point la production ou la commercialisation de médicaments destinés aux animaux, voire à l'homme. Et, dans l'industrie agroalimentaire, le véto collabore principalement à la conception, la fabrication et la commercialisation d'aliments pour animaux.

## Quel est son profil ?

Passionné car ce métier est très prenant, et l'entrée à l'école vétérinaire est particulièrement ardue. Bien sûr amoureux des animaux, le véto doit être à l'aise avec les clients, parfois stressés par la maladie de leur animal ou par les risques d'épidémie menaçant leur bétail. Il doit les rassurer, les écouter, bref les mettre en confiance.

## Quelle carrière ?

Les vétérinaires sont de moins en moins nombreux à exercer en milieu rural, du fait de la diminution du cheptel français. Ils choisissent souvent de mixer leur activité, ou de s'installer en ville, seuls ou en association. Mais les dépenses consacrées aux animaux de compagnie étant en baisse, le nombre de cabinets et de cliniques vétérinaires tend à stagner. Se tourner vers l'industrie agroalimentaire est donc un bon pari sur l'avenir.

**Le vétérinaire peut se spécialiser en neurologie, ophtalmologie, dermatologie, médecines douces... ou dans un type d'animal (NAC par exemple).**

# INGÉNIEURE AGRONOME

**NATHALIE INGÉNIEURE AGRONOME, RESPONSABLE QUALITÉ À LA MAISON DU CHOCOLAT**

*« N'imaginez pas que je passe ma vie dans un laboratoire, avec une blouse blanche et une pipette à la main. Ma mission m'amène à entrer en contact avec presque tous les services de l'entreprise. Elle consiste à m'assurer que tous les produits utilisés pour fabriquer nos chocolats sont bons et sains. Cela signifie qu'ils ne doivent pas présenter de risques biologiques, chimiques ou physiques. Bref, qu'ils ne rendront pas malades les clients. C'est pourquoi, on fixe une date de péremption et on réalise des analyses tout au long du cycle de vieillissement. J'ai mis en place une charte d'hygiène très stricte dans les ateliers de production afin que les chocolatiers ne transmettent aucun microbe ou ne laissent tomber un cheveu dans une préparation. Voilà pourquoi on ressemble un peu à des cosmonautes, avec nos blouses, nos gants et nos drôles de bonnets. Il faut aussi que nos chocolats soient bons, que le goût, l'apparence et la texture ne se détériorent pas avec le temps. Pour ça, il faut multiplier les dégustations. C'est d'ailleurs la première chose que je fais le matin, après avoir salué mon équipe : croquer quelques chocolats. »*

## Où travaille-t-il ?

L'ingénieur qualité est le personnage clé de l'industrie agroalimentaire, car il contrôle toute la chaîne de fabrication. Il travaille surtout chez les grands noms de l'agroalimentaire, à savoir des entreprises de plus de 20 salariés. Dans les petites entreprises, où la polyvalence est recherchée, il met plus facilement la main à la pâte en production.

## Quel est son profil ?

Il doit maîtriser tous les rouages de fabrication, des matières premières aux produits finis ; être à l'aise avec l'informatique, l'anglais et les normes et obligations légales le concernant. La rigueur et l'esprit méthodique sont aussi des qualités indispensables.

## Quelle carrière ?

Le responsable qualité peut accéder à la fonction de directeur qualité et superviser des équipes de plus en plus importantes.

**Un bon relationnel et de la diplomatie sont indispensables pour s'adapter à des interlocuteurs très différents.**

© Jon Ongkiehong

## LES ÉTUDES

Les grands groupes recherchent des ingénieurs avec une spécialisation en qualité. Les PME préfèrent les techniciens supérieurs en biologie ou en agroalimentaire.

**NIVEAU BAC + 2**

- BTS bioanalyses et contrôles ; biotechnologies ; qualité dans les industries alimentaires et les bio-industries.
- BTSA analyses agricoles biologiques et biotechnologiques ; sciences et technologies des aliments.
- DUT génie biologique, options analyses biologiques et biochimiques (ABB) ; industries agroalimentaires et biologiques (IAB)

**NIVEAU BAC + 5**

- Diplôme d'ingénieur spécialisé en industries alimentaires, génie biologique et microbiologie appliquée.

# COMMERCIAL EN AGROFOURNITURES

**Souvent sur le terrain, ce commercial peut gérer son temps de manière autonome.**

## Où travaille-t-il ?

Il travaille chez des producteurs d'agrofournitures, dans une coopérative ou chez un négociant.

## Quel est son profil ?

Disponible, car en agrofournitures, les affaires se traitent rarement dans un bureau, mais sur les routes de campagne. Tenace car dans ce secteur, plus qu'ailleurs, la concurrence est rude. Et imprégné de la mentalité du milieu agricole pour se faire accepter.

## Quelle carrière ?

Responsable d'une zone géographique, il peut ensuite devenir responsable de l'équipe commerciale ou directeur commercial. Il peut également choisir d'évoluer vers d'autres gammes de produits ou de procédés, en milieu agricole ou non.

**ANTOINE** **COMMERCIAL EN AGROFOURNITURES CHEZ ELIARD-SPCP**

*« Je travaille pour une société qui produit des semences fourragères pour les prairies et des Cipan (cultures intermédiaires pièges à nitrates). Ce sont des espèces (moutarde, phacélie, ray-grass, colza fourrager...) semées entre deux périodes de culture, qui jouent un rôle essentiel dans la lutte contre la pollution en nitrates des eaux superficielles et souterraines. Mon job, c'est d'aller les vendre à des coopératives agricoles, par exemple. C'est un métier commercial... mais également très technique. Je dois, en effet, bien connaître les régions que je couvre. Par exemple, le Poitou-Charentes est une région très sèche. Alors les exploitants agricoles ont plutôt besoin de prairies productives au printemps, avant les fortes chaleurs de l'été. Dans le Limousin, ils préfèrent des prairies pérennes de moins bonne qualité car ils produisent des vaches à viande. Mon job est aussi de former les vendeurs de ces coopératives qui sont en contact direct avec les exploitants : ils doivent leur expliquer nos produits, connaître leurs qualités, leur utilisation, etc. »*

## LES ÉTUDES

**NIVEAU BAC + 2**

- BTSA analyse et conduite des systèmes d'exploitation.
- BTSA agronomie – productions végétales ou productions animales.
- Certificat de spécialisation : CS responsable technico-commercial : agrofournitures.
- BTSA technico-commercial, spécialité agrofournitures.

**NIVEAU BAC + 5**

- Diplôme d'écoles de commerce.

TEST

# Es-tu fait pour ce secteur ?

**1 – UN PROF ABSENT, TU AS QUARTIER LIBRE TOUT L'APRÈS-MIDI :**

■ Tu vas regarder une série en replay avec tes amis.

● Tu en profites pour prendre l'air et aller te balader.

▲ Tu te mets aux fourneaux pour tester de nouvelles recettes de cookies.

**2 – QUAND ON TE PARLE DE BRICOLER...**

■ Tu fuis. C'est une corvée !

▲ Tu n'es pas forcément très doué, mais tu apprécies le travail manuel.

● Ordinateur, planche de skate, panier de basket, étagère, ourlet de jean... Tout y passe, tu adores bricoler et rafistoler ce qui t'entoure.

**3 – TA CHAMBRE ?**

● C'est un joyeux bazar, mais c'est propre.

▲ C'est rangé, nettoyé, bref on pourrait dormir par terre.

■ C'est une porcherie, aux dires de ta mère !

**4 – À TON AVIS, LA TRAÇABILITÉ D'UN PRODUIT PERMET DE :**

▲ Retrouver toutes les étapes de fabrication d'un produit.

● Suivre un produit à la trace.

■ Déterminer la trace laissée par un produit sur un linge blanc.

**5 – UNE DIFFICULTÉ IMPRÉVUE SE PRÉSENTE À TOI.**

▲ Tu n'es pas à l'aise, mais tu remues ciel et terre pour trouver une solution.

■ Tu baisses les bras facilement.

● Tu gardes ton sang-froid et retrousses tes manches.

**6 – TON NIVEAU EN ANGLAIS ?**

● *You're fluent in English.*

▲ *You're perfectly bilingual.*

■ *Your English is...* mauvais.

**7 – COURS DE SPRINT EN PLEIN AIR... ET IL PLEUT À VERSE.**

● Ce n'est pas grave, tu y vas.

■ Tu en appelles aux délégués de classe pour faire annuler le cours.

▲ Cela t'embête un peu, mais tu vas courir.

**8 – TON SPORT PRÉFÉRÉ ?**

■ Le tennis.

● Le handball.

▲ Le rugby.

**9 – TU AS AVANT TOUT LE SENS :**

● Pratique.

▲ De l'analyse.

■ De la repartie.

**10 – LA PERSONNALITÉ À LAQUELLE TU T'IDENTIFIERAIS LE PLUS SERAIT :**

▲ Philippe Etchebest.

■ Bill Gates.

● Nicolas Hulot.

**FAIS LE TOTAL DE TES POINTS POUR CHAQUE SIGNE ET REPORTE-TOI AUX RÉPONSES.**

### MAJORITÉ DE ●

Tu as le profil pour travailler dans le secteur agricole ! Tu aimes évoluer en plein air, tu ne rechignes pas à travailler, tu es curieux et prêt à t'adapter aux nouveaux créneaux porteurs, aux innovations technologiques, etc.

### MAJORITÉ DE ▲

Tu as le profil pour travailler dans les industries agroalimentaires. Tu aimes tout ce qui relève des sciences et de la cuisine ! En plus, tu es rigoureux et soucieux de l'hygiène.

### MAJORITÉ DE ■

Tu as certainement le bon profil pour plein de métiers... mais plutôt peu pour ceux de l'agriculture et de l'agroalimentaire. Alors, tente ta chance ailleurs.

IDÉES EN +

## D'autres idées dans ce secteur...

### TECHNICIEN FORESTIER

- DIRECTEUR DE PARC NATUREL
- CONDUCTEUR D'ENGINS FORESTIERS
- BÛCHERON
- INGÉNIEUR PONTS, EAUX ET FORÊTS
- GARDE-CHASSE / GARDE-PÊCHE
- GARDE DU LITTORAL

### COMMERCIAL EN AGRO-FOURNITURES

- CONDUCTEUR D'ENGINS FORESTIERS
- DIRECTEUR DE PARC NATUREL
- BÛCHERON

### INGÉNIEUR AGRONOME

- TECHNICIEN RESP. MAINTENANCE
- CONTRÔLEUR QUALITÉ

### PAYSAGISTE

- ARBORICULTEUR
- HORTICULTEUR
- MARAÎCHER
- JARDINIER
- PÉPINIÉRISTE

### AGRICULTEUR URBAIN

- JARDINIER URBAIN
- APICULTEUR URBAIN
- AGRICULTEUR
- ÉLEVEUR
- PAYSAGISTE

### VÉTÉRINAIRE « MIXTE »

- AUXILIAIRE VÉTÉRINAIRE
- INSÉMINATEUR
- ANIMALIER DE LABORATOIRE
- ZOOLOGISTE
- OSTÉOPATHE POUR ANIMAUX

# ART, CULTURE, PATRIMOINE, ARTISANAT

*Dessiner des vêtements, façonner le bois ou le métal, préserver des œuvres d'art..., il existe de nombreux domaines où exercer sa créativité ou défendre l'offre culturelle. Et les vocations ne manquent pas. Malheureusement, les recrutements se font au compte-gouttes. Passion, talent et ténacité sont trois qualités indispensables... mais qui ne suffisent pas : près de la moitié des artistes exercent une seconde activité professionnelle pour assurer leurs fins de mois. Ceux qui s'en sortent le mieux sont les artistes polyvalents qui mettent leur créativité au service de la communication, du marketing ou de l'industrie. Côté métiers de la culture et du patrimoine, ce sont les collectivités (régions, départements, communes) qui emploient le plus. Les associations qui organisent des manifestations culturelles, les centres d'art contemporain et les galeries d'art embauchent, mais pour des missions ponctuelles ou de courte durée.*

## L'ŒIL DU PRO

Réussir une carrière d'artiste est une entreprise de longue haleine – parfois chaotique. Mais suivre une formation reconnue est nécessaire pour acquérir des bases solides, et un réseau, essentiel pour le futur. Outre les établissements publics (Beaux-Arts, Arts-Déco, Les Ateliers, écoles Boulle ou Estienne...) et les écoles privées réputées, une myriade d'écoles peu sérieuses promettent monts et merveilles : il faut absolument privilégier celles qui font partie d'une association professionnelle, délivrent un diplôme inscrit au Répertoire national des certifications professionnelles, et emploient des intervenants issus du monde du travail.

*Cote du secteur*

*Coût des études*

*Niveau de formation*

*Salaires*

(Photographe : Jon Ongkiehong).

# RESTAURATRICE D'ŒUVRES

© Bruno Lévy

La majorité des commandes en restauration se faisant en peinture et en sculpture, il est conseillé d'opter pour ces spécialités, parmi la quinzaine recensée.

## LES ÉTUDES

**NIVEAU BAC + 5**

- Diplôme de restaurateur conservateur de biens culturels de l'École de Condé de Paris et de Lyon.
- Master sciences humaines et sociales mention conservation-restauration des biens culturels.
- Diplôme de restaurateur du patrimoine (Institut national du patrimoine).
- DNSEP (diplôme national supérieur d'expression plastique).

**STÉPHANIE** **CHARGÉE DE RESTAURATION DES ŒUVRES AU MUSÉE DU QUAI BRANLY**

*« Je suis responsable de la conservation des 300 000 objets que compte notre collection. Par exemple, j'ai restauré un masque en bois, peau de singe et poils, et pour cela j'ai demandé l'aide d'un expert du Muséum d'histoire naturelle pour identifier les animaux ayant servi à sa fabrication. Puis, pour remettre le masque en forme, après l'avoir comparé avec d'autres masques similaires (d'après photos ou articles), j'ai consolidé les parties qui risquaient de se déchirer. Enfin, j'ai préconisé la pose d'un socle et d'un éclairage qui respecte sa conservation. »*

## Où travaille-t-il ?

Dans 80 % des cas, le restaurateur d'œuvres exerce en tant qu'indépendant en créant son entreprise. Quelques emplois salariés sont proposés par des ateliers régionaux (le plus souvent sur une spécialité de conservation-restauration d'objets archéologiques) ou par des entreprises privées. De rares fonctionnaires sont recrutés par concours et attachés à un établissement public (Bibliothèque nationale de France [BNF], Archives...).

## Quel est son profil ?

C'est un travail à la croisée de plusieurs disciplines : l'histoire de l'art (connaître les conditions de fabrication des œuvres, l'évolution des techniques), la technologie (identifier des matériaux, nettoyer) et les sciences (mener des analyses sur les objets).

## Quelle carrière ?

Il peut monter sa propre entreprise.

# BRODEUSE

**MARIE-LINE** **BRODEUSE MAISON LESAGE**

*« Je brode à l'aiguille ou au crochet et réalise des pièces sur mesure pour les créateurs ou les clientes des maisons de haute couture. Je peux avoir à reproduire un tissu des années 1930 brodé par le créateur de la maison, Albert Lesage. Pour broder les perles, les fleurs sur le crêpe de soie, je dispose d'un dessin technique sur lequel une couleur correspond à une fourniture. Mon tissu n'est pas marqué, je place les éléments à vu d'œil à partir des indications. Broder n'est ni répétitif ni monotone : dernièrement, j'ai brodé du plastique, travaillé avec de la poudre de pierre... J'aime cela, tout comme j'apprécie l'ambiance électrique avant un défilé, ainsi que de transmettre mon savoir en enseignant à l'école Lesage. »*

## LES ÉTUDES

**APRÈS LA 3^E^**

- CAP arts de la broderie.

**NIVEAU BAC**

- BMA broderie.
- FCIL (formation complémentaire d'initiative locale) arts de la mode broderie, chapellerie, fleurs, plumes FCIL broderie d'art option mode et spectacle.

**NIVEAU BAC + 2**

- DMA (diplôme des métiers d'art) arts textiles, option broderie.

**Se familiariser avec la programmation informatique des machines à broder devient indispensable.**

## Où travaille-t-il ?

Le brodeur manuel travaille dans un atelier de création artisanale – la France n'en compte plus qu'une dizaine –, qui fournit des maisons de haute couture, de couture ou des costumes pour le cinéma, l'opéra, les théâtres nationaux ou les grands cabarets parisiens.

## Quel est son profil ?

Le sens de l'esthétique est nécessaire : même la broderie mécanique requiert savoir-faire artistique et créativité. Il faut bien sûr faire preuve de dextérité et avoir une bonne vue. Enfin la patience est indispensable, car un seul ouvrage peut représenter jusqu'à 60 heures de travail.

## Quelle carrière ?

Le brodeur peut s'installer à son compte après plusieurs années d'expérience ou choisir de travailler à domicile pour des ateliers parisiens, par exemple. Il peut aussi s'orienter vers tous les métiers de dentellerie ou plus largement dans le domaine de l'industrie textile...

© Eric Larrayadieu

# RÉGISSEUSE D'EXPOSITION

**CHRISTINE** **RÉGISSEUSE D'EXPOSITION AU MUSÉE DU QUAI BRANLY** *« Je gère les montages des expos temporaires. D'abord, je liste avec le commissaire de l'exposition les œuvres à faire venir, notamment de l'étranger. Je contacte les musées, fondations et collectionneurs privés, et négocie le prêt de leurs œuvres, en fonction de mon budget. Puis je sélectionne un transporteur, chargé de la fabrication des caisses, de l'emballage et du transport. Les œuvres arrivent par avion quinze jours avant l'expo. J'effectue aussi un gros travail juridique (contrats de prêts, assurance des œuvres) et administratif. Enfin je coordonne le montage de l'expo ! »*

## LES ÉTUDES

**NIVEAU BAC + 5**

L'AFROA (Association française des régisseurs d'œuvres d'art) recense quelques masters qui forment plus particulièrement à ce métier :

- Le diplôme de 2e cycle de l'École du Louvre (parcours métiers du patrimoine).
- Le master pro régie des œuvres et montage des expositions de l'université Picardie-Jules-Verne (Amiens).
- Le master régie des œuvres et médiation de l'architecture et du patrimoine de l'université Michel-de-Montaigne à Pessac (33).

© Bruno Levy

**Une formation en histoire de l'art et une spécialisation dans le domaine de la conservation préventive sont des atouts.**

## Où travaille-t-il ?

Seules quelques centaines de régisseurs travaillent dans des musées ou des établissements nationaux (centres d'art, etc.). Dans une grosse structure, il y en a un pour les collections permanentes, un pour les expositions temporaires, un pour la gestion des réserves… Dans une plus petite, il est en charge de toutes ces tâches.

## Quel est son profil ?

Touche-à-tout, habile de ses mains, il doit avoir le sens de l'organisation et des responsabilités : il n'a pas le droit à l'erreur. Les œuvres qu'il déplace coûtent parfois plusieurs millions d'euros.

## Quelle carrière ?

Après avoir été employé en contrat à durée déterminée ou indéterminée, ou avoir été fonctionnaire, il peut se mettre à son compte quand il a acquis suffisamment d'expérience et de contacts dans la profession.

# ARCHITECTE D'INTÉRIEUR

**SARAH ARCHITECTE D'INTÉRIEUR INDÉPENDANTE** *« Je conçois puis réalise l'aménagement intérieur des appartements ou maisons, notamment pour de futurs propriétaires. Lors de la première rencontre, je tente de bien cerner leurs habitudes de vie, leurs besoins, leurs attentes – est-ce qu'ils ont des enfants ?, est-ce qu'ils reçoivent beaucoup ou pas ?, etc. – pour en tenir compte dans mon projet. Puis je leur propose des plans d'aménagement : changer la cuisine de place, abattre des murs, refaire la salle de bains... Personnellement, j'accorde beaucoup d'importance à la circulation dans l'espace et à la lumière. Parfois, je peux aller jusqu'à choisir le mobilier. Ensuite je chiffre l'ensemble. Si les acquéreurs acceptent le devis, je lance les travaux auprès d'un entrepreneur qui gère tous les corps de métiers (plombier, menuisier...). »*

## LES ÉTUDES

Quatorze formations sont reconnues par le CFAI (Conseil français des architectes d'intérieur). Elles se préparent dans les écoles nationales supérieures publiques comme l'Ensad, dans les écoles publiques d'arts appliqués comme Boulle, Olivier de Serres-Ensaama, La Martinière ou dans certaines écoles privées comme Camondo.

**NIVEAU BAC + 2**

- DNAT (diplôme national d'arts et techniques) design d'espace.

**NIVEAU BAC + 4**

- DSAA (diplôme supérieur d'arts appliqués) design mention espace.

**NIVEAU BAC + 5**

- DNSEP (diplôme national supérieur d'expression plastique) design.
- Diplôme de l'Ensad-Arts-Déco spécialisé en architecture d'intérieur.
- Diplômes de l'école Camondo, de l'Esag, de l'académie Charpentier, de l'École bleue, de l'Esail à Lyon...

## Où travaille-t-il ?

L'architecte d'intérieur est soit salarié dans une agence d'architecture d'intérieur, spécialisée en aménagements (d'espaces de travail, de boutiques, de lieux d'exposition ou destinés à des évènements publics, et de stands pour des salons) ou dans un bureau d'études spécialisé en design et en architecture ; soit il choisit de s'installer à son compte.

**La concurrence est rude et mieux vaut savoir se vendre pour vivre de son talent.**

© Shutterstock/Rawpixel

## Quel est son profil ?

Être créatif et avoir une certaine sensibilité artistique sont évidemment indispensables. Il doit aussi avoir le sens du contact et de l'écoute, et être un bon communicant : il est amené à négocier et à convaincre.

## Quelle carrière ?

Après quelques années d'expérience, il peut se diriger vers la scénographie ou se spécialiser dans un type de bâtiments ou d'aménagements précis.

# JOAILLIÈRE

## CHRISTELLE

**JOAILLIÈRE ET CRÉATRICE DE LA MARQUE DE BIJOUX LA FÉE CARABOCHON**

*« Mon truc, c'est les boucles d'oreilles. J'ai toujours adoré ça… mais comme j'avais du mal à trouver quelque chose qui sorte de l'ordinaire, j'ai décidé de les créer moi-même. C'est ainsi qu'est née ma marque de bijoux (colliers, bagues, bracelets, boucles d'oreilles) que je vends sur le site Littlemarket. J'y propose un catalogue de bijoux que je fabrique ensuite à la demande. Ma spécialité, ce sont les bijoux en verre, car cette matière permet un bel effet loupe sur les motifs et couleurs. J'achète des cabochons que je fixe sur des supports en laiton, puis je colle dessus du papier japonais ou des images d'inspiration ethnique : ma marque de fabrique. Ces assemblages prennent des heures ! »*

**Le bijoutier-joaillier doit accumuler de nombreuses années d'expérience dans de petits ateliers avant de maîtriser véritablement son métier…**

## Où travaille-t-il ?

Le joaillier, c'est celui qui prépare la monture des pierres précieuses ou des perles, et les incruste. Il exerce dans des ateliers artisanaux, qui réalisent des pièces uniques ou des petites séries. Mais ils sont rares et n'emploient que 2 ou 3 employés. Le commerce des produits de luxe ou les magasins des centres commerciaux constituent d'autres possibilités d'emplois (notamment pour les réparations).

## Quel est son profil ?

Il doit être précis : la taille des pierres précieuses est un travail minutieux. Une grande partie du métier consiste aussi à dessiner et à concevoir de nouveaux modèles. La manipulation de petits outils nécessite une grande habileté et une grande concentration. Il faut donc avoir de l'imagination et le sens de la composition.

## Quelle carrière ?

Après quelques années d'expérience, il peut devenir chef d'atelier, s'installer à son compte ou se lancer dans la bijouterie fantaisie (pendentifs en bois précieux, colliers en anneaux plastifiés).

## LES ÉTUDES

**APRÈS LA 3E**

- CAP art et techniques de la bijouterie-joaillerie options bijouterie-joaillerie, bijouterie-sertissage, polissage-finition ; lapidaire, option pierres de couleur et diamant.
- MC joaillerie.

**NIVEAU BAC**

- BMA bijou options bijouterie-joaillerie, bijouterie-sertissage, polissage-finition.
- BP gemmologue.

**NIVEAU BAC + 2**

- DMA (diplôme des métiers d'art) art du bijou et du joyau.

# ÉBÉNISTE CRÉATEUR

**LUDOVIC ÉBÉNISTE CRÉATEUR POUR LES ATELIERS AVENEL À PARIS** *« En lançant mon activité, j'avais l'idée d'associer design et ébénisterie. Le design pour innover techniquement et fabriquer du mobilier utile, l'artisanat pour le plaisir du beau et des objets qui durent. Par exemple, j'ai réalisé un bureau avec des courbes ressemblant à du papier plié : j'ai dû affiner et assouplir de l'ébène de Macassar que j'ai travaillé comme du tissu. Pour booster ma créativité, j'expérimente des matières comme le cuir, le verre, le métal... Aujourd'hui, un ébéniste ne peut plus se contenter d'être habile de ses mains, il doit communiquer et se vendre auprès des architectes d'intérieur et des collectionneurs : donc j'anime ma page Facebook et mon site pour améliorer son référencement. »*

## LES ÉTUDES

**APRÈS LA 3E**

- CAP ébéniste ou arts du bois option marqueteur.

**NIVEAU BAC**

- Bac pro artisanat et métiers d'art option ébéniste.
- BMA (brevet des métiers d'art) ébéniste.
- BM (brevet de maîtrise) ébéniste.
- BTM (brevet technique des métiers) ébéniste.

**NIVEAU BAC + 2**

- BTMS (brevet technique des métiers supérieur) ébéniste.
- DMA (diplôme des métiers d'art) arts de l'habitat, option décors et mobiliers, spécialité ébénisterie.

## Où travaille-t-il ?

Il peut être salarié dans une entreprise artisanale, dans une agence d'architecture intérieure ou une entreprise du secteur de l'ameublement. À son propre compte, il devra se constituer une clientèle.

## Quel est son profil ?

Féru d'histoire de l'art, il doit tout savoir des différents bois et de leurs propriétés. Il maîtrise également le dessin, la représentation des volumes dans l'espace et sait se servir des logiciels de CAO (conception assistée par ordinateur). Enfin, il doit être suffisamment commercial pour se faire connaître et « se vendre ».

## Quelle carrière ?

Après quelques années d'expérience, il peut s'installer à son compte en créant ou en reprenant une entreprise. Avec une formation complémentaire, il peut également se spécialiser dans la restauration de meubles anciens.

© Julie Balagué

**Savoir communiquer est primordial pour développer sa clientèle et trouver les bons interlocuteurs.**

# ENCADREUR

**VINCENT** **ENCADREUR CRÉATEUR DU MAGASIN D'ENCADREMENT ET GALERIE D'ART L'ENCADREUR** *« Dans ma famille nous sommes encadreurs depuis trois générations. Dans ma boutique, je fais de l'encadrement "classique" et j'expose des artistes dans un espace galerie : des photographes, des plasticiens issus de la pop, du street art ; ainsi j'allie ma passion pour l'art et l'objet. Par exemple, pour l'encadrement d'un graph sur une planche, de l'artiste Stew, j'ai suggéré un bois à l'aspect cageot et brut sur lequel j'ai réalisé un filet rouge. Que ce soit un particulier ou un artiste, j'analyse le sujet, les couleurs, le trait. Puis je fais les esquisses et je propose des matériaux. Le cadre ne doit pas "manger" l'œuvre, mais la servir. »*

## LES ÉTUDES

**APRÈS LA 3E**

- CAP encadreur.

**Multiplier les stages et les expériences permet de trouver plus facilement du travail.**

© Julie Balagué

### Où travaille-t-il ?

Artisan ou salarié, ce professionnel travaille dans une entreprise artisanale d'encadrement. Il en existe environ 1 250 en France.

### Quel est son profil ?

Il doit faire preuve de précision, de patience, d'habileté manuelle, de goût artistique ainsi que d'un bon sens des relations humaines et commerciales. Évidemment, il ne faut pas être allergique aux odeurs de colle et aux poussières de bois.

### Quelle carrière ?

Après quelques années comme salarié, il peut se mettre à son compte. Mais, pour faire face à la concurrence des grandes surfaces, il doit trouver une activité annexe : donner des cours, vendre des objets d'art ou de bricolage, se positionner sur le marché haut de gamme en proposant des produits précieux et très travaillés, ou animer des galeries d'art.

# LUTHIÈRE

## MÉLANIE

**LUTHIÈRE À PARIS**

*« La lutherie est une activité qui demande de nombreuses connaissances : en musique, sculpture, peinture, histoire, sciences. Quand je fabrique un alto, par exemple, je dessine d'abord la forme de l'instrument. Je sélectionne ensuite les bois, puis je découpe, taille, sculpte et façonne les pièces. Tout cela nécessite de la précision : je travaille au millimètre près. Je procède au montage et au collage, et après les finitions, je passe des couches de protection et de vernis. Là, cela relève un peu de la chimie : je me documente sur les techniques des anciens, je fais des essais et des mélanges, je teste différentes façons de les appliquer (au pinceau, à la main, ou au pistolet). C'est très complet... »*

© Julie Balagué

**Connaissances musicales et bonne oreille sont souhaitables pour pouvoir apprécier la juste sonorité d'un instrument et l'accorder. La pratique d'un instrument à cordes frottées est obligatoire.**

## Où travaille-t-il ?

Le luthier travaille dix à quinze ans chez un maître luthier afin d'acquérir les bases du métier, et constituer son réseau professionnel. Le choix de l'atelier peut varier en fonction de ses préférences (violon, violoncelle, guitare...).

## Quel est son profil ?

Motivation, habileté manuelle et sens de l'observation sont indispensables. Passion et patience également, car l'apprentissage du métier est long. Enfin, la restauration d'instruments anciens nécessite une grande culture technique et historique.

## LES ÉTUDES

**APRÈS LA 3E**

- CAP lutherie.
- CAP ouvrier archetier.
- CAP assistant technique instrument de musique option guitare.

**NIVEAU BAC**

- BMA technicien en facture instrumentale option guitare.

**NIVEAU BAC + 2**

- FC (formation complémentaire) lutherie.
- DMA (diplôme des métiers d'arts) lutherie.

**EN ÉCOLE**

- L'École internationale de lutherie d'art Jean-Jacques-Pagès (Vosges).
- L'École internationale de lutherie Gauthier-Louppe (Belgique).
- L'École de lutherie de Brienz (Geigenbauschule Brienz) en Suisse.

## Quelle carrière ?

Après avoir été assistant, il pourra reprendre l'atelier de son maître ou ouvrir son propre atelier. Il peut pratiquer la vente ou la location d'instruments de musique, ou se former à l'expertise.

# DESIGNER DE MODE

**PALOMA** **DESIGNER DE MODE**
**CRÉATRICE DE LA MARQUE DE LINGERIE PALOMA CASILE**

*« Je dessine deux collections de lingerie par an : une d'hiver, une d'été. Mes sources d'inspiration varient... Pour la dernière collection, c'étaient les bijoux touareg, une autre fois la dentelle de Calais m'avait inspiré une ligne très graphique et rock. Une fois les modèles dessinés, je fais le patronage et les prototypes. Ensuite on procède aux essais. Quand tout est finalisé, on présente les modèles à des acheteurs, dans le showroom, et on lance la production des pièces. Dans mon atelier, on fabrique 50 % de la production. Le reste est réalisé dans une usine du nord de la France, car nous n'avons pas les machines adéquates. Je suis tout de A à Z, c'est pour cela que je suis plus que styliste ! »*

## Où travaille-t-il ?

La haute couture offre peu de postes, mais le styliste peut se faire embaucher dans les bureaux de styles (avec ceux qu'on appelle les « tendanceurs ») ou dans les enseignes de mode qui lancent leur propre ligne de vêtements.

## Quel est son profil ?

Avoir du talent est indispensable... Mais une ouverture d'esprit et une bonne gestion du stress sont tout aussi importantes, tout comme la capacité à développer son réseau pour se faire connaître.

## Quelle carrière ?

Le styliste débute comme assistant. Rares sont ceux qui réussissent à devenir créateurs de mode. Dans le prêt-à-porter, le styliste peut devenir directeur de collection, chef de produit s'il a des connaissances en marketing, ou se spécialiser dans un créneau : mode féminine, masculine ou enfantine, accessoires, maroquinerie, chaussures. Il peut aussi s'installer à son compte.

## LES ÉTUDES

**NIVEAU BAC + 2**

- BTS design de mode, textile et environnement option mode.

**NIVEAU BAC + 4**

- DSAA (diplôme supérieur des arts appliqués) design mention mode.

**NIVEAU BAC + 5**

- Diplôme de l'Ensad (École nationale supérieure des arts décoratifs).
- Il existe aussi de nombreuses écoles de mode privées formant en deux ou trois ans des stylistes ou des modélistes. Attention ! Il faut vérifier tout de même que le diplôme est reconnu par l'État (l'État attestant alors de la qualité et de la pédagogie du corps professoral). Les formations dans le privé sont très inégales et le meilleur côtoie le pire ! L'École supérieure des arts et techniques de la mode (Esmod), le studio Berçot, l'École de la chambre syndicale de la couture parisienne ou encore L'Institut supérieur des arts appliqués (Lisaa) comptent parmi les écoles les plus appréciées des professionnels.

**Pour réussir, il faut créer de beaux produits, mais aussi savoir les vendre. Un goût pour le marketing et la communication est indispensable !**

# MARQUETEUR

**MARTIN MARQUETEUR À L'ATELIER LACROIX-MARREC** *« Mon travail consiste à réaliser des compositions avec de fines lamelles de bois pour créer des tableaux, orner des meubles ou des objets. J'ai par exemple travaillé sur le parquet de l'ascenseur d'un château, dans lequel nous avons incrusté son blason. Mais le travail dont je suis le plus fier, c'est la centaine de boutons de manchette pour la collection hommes Louis Vuitton, hiver 2014. Sur chaque bouton, nous avons assemblé huit triangles en bois formant un soleil. J'ai fait un dessin, en notant la place de chaque pièce, le bois utilisé et le sens des veines du bois. J'ai découpé ensuite les éléments à l'aide d'une scie très fine, je les ai assemblés à l'envers sur du papier, en suivant le dessin. Puis je les ai collés sur le châssis du bouton. Cela demande beaucoup de dextérité. Ces débouchés sont intéressants, car la marqueterie sur mobilier n'est plus très à la mode. C'est à nous, artisans, de proposer de nouvelles applications aux créateurs. »*

## LES ÉTUDES

**APRÈS LA 3E**

- CAP arts du bois option marqueteur.

**NIVEAU BAC**

- FMA Formation métiers d'art bois (École Boulle).

**NIVEAU BAC + 2**

- DMA arts de l'habitat option décors et mobiliers.
- DFESMA spécialité marqueterie.

**L'avenir du marqueteur réside dans la création et l'innovation, plus que dans la restauration.**

## Où travaille-t-il ?

Soit il travaille à son compte dans son propre atelier, soit comme salarié pour une entreprise artisanale qui restaure ou fabrique des meubles, des objets de tabletterie, des surfaces murales, etc. Il en existe une centaine en France, concentrées principalement en Alsace, à Paris et à Revel, et bien cotées à l'international.

## Quel est son profil ?

Pour être un bon marqueteur, mieux vaut être adroit, méthodique, précis et très soigneux. Il faut aussi avoir un sens artistique et créatif certain, et savoir bien dessiner.

## Quelle carrière ?

Le marqueteur capable de proposer des compétences de décorateur ou d'architecte d'intérieur pourra plus facilement évoluer, notamment en se mettant à son propre compte, s'il est formé à des notions de gestion-comptabilité.

© Julie Balagué

**TEST**

# Es-tu fait pour un métier artistique ?

### 1 – LES MATIÈRES DANS LESQUELLES TU CARTONNES :

■ Les maths et la physique.

● Les maths et le dessin.

▲ Le français et le dessin.

### 2 – C'EST LE WEEK-END !

● Tu customises tes cahiers.

■ Tu appelles tes copains pour les retrouver à la piscine.

▲ Tu vas voir une expo.

### 3 – DE TOI, TA FAMILLE DIT QUE TU ES UN…

● Bosseur.

▲ Papillon.

■ Glandeur.

### 4 – DURANT TES VACANCES, TU ES PLUTÔT PARTANT POUR :

● Un stage de graff et street art.

■ Un stage de surf.

▲ Un atelier ado au Louvre.

### 5 – TES COPAINS ET TOI DÉCIDEZ D'ORGANISER UNE FÊTE…

■ Tu arrives les mains dans les poches le jour J.

▲ Tu confectionnes une de tes spécialités culinaires.

● Tu t'occupes de la déco.

### 6 – EN DEHORS DU COLLÈGE OU DU LYCÉE, TU ES INSCRIT…

■ À un club de sport.

▲ Au conservatoire.

● À un atelier dessin.

### 7 – QUAND TU ÉTAIS PETIT, TON JEU FAVORI ÉTAIT…

■ Le Monopoly : tu avais le sens des affaires.

● Les Lego : tu adorais construire maisons et machines.

▲ Les Playmobil : tu avais une imagination débordante pour inventer des histoires.

### 8 – TA PLUS GRANDE FIERTÉ…

● Avoir eu un de tes dessins sélectionné par le magazine *Youpi* ou *Astrapi*.

▲ Avoir joué d'Artagnan ou Alice (au pays des merveilles) pendant le spectacle de l'école primaire.

■ Avoir remporté le cross de ton école sans même transpirer.

### 9 – POUR L'ANNIVERSAIRE D'UN COPAIN, TU OFFRES…

▲ Une affiche d'un super-héros dénichée dans un vide-greniers.

● Une table de chevet en carton fabriquée par tes petites mains.

■ Un Pass cinéma.

### 10 – TU ACCOMPAGNES TES PARENTS EN BALADE…

■ À contrecœur !

● Avec ton appareil photo.

▲ Seulement si le lieu promet d'être beau.

**FAIS LE TOTAL DE TES POINTS POUR CHAQUE SIGNE ET REPORTE-TOI AUX RÉPONSES.**

### MAJORITÉ DE ●

Pas de doute, tu as le profil pour exercer un métier artistique. Depuis la maternelle, tu es un artiste en puissance. Non seulement tu as un bon coup de crayon, mais tu es motivé et prêt à bosser nuit et jour pour atteindre ton objectif : être reconnu pour ton talent (stylisme, graphisme, design, etc.).

### MAJORITÉ DE ▲

Ce qui t'intéresse, dans l'art, c'est plutôt son aspect culturel. Tu pourrais t'orienter vers des métiers tournés vers la culture ou dans le domaine du patrimoine : travailler dans une galerie, une association culturelle, dans un musée, etc.

### MAJORITÉ DE ■

Passe ton chemin ! Et choisis un autre domaine. Certes, tu aimes bien bricoler de temps à autre ou aller faire une expo… mais pas suffisamment pour tenter un métier dans ces domaines.

# La culture, un secteur qui te correspond ?

**1 – LA PROF DE FRANÇAIS ORGANISE UN CONCOURS EN VOCABULAIRE, COMPRÉHENSION, ORTHOGRAPHE, GRAMMAIRE.**

▲ Tu hésites car tu as peur de finir dans les derniers.

■ Tu refuses de t'inscrire. Les concours, ce n'est pas ton truc.

● Tu fonces t'y inscrire car tu adores les concours.

**2 – DIMANCHE PLUVIEUX…**

■ Tu joues à Fifa 2017 sur ta Xbox.

● Tu essaies de repérer une expo, une galerie dans ta ville.

▲ Tu cherches un bouquin sur l'art dans la bibliothèque de tes parents.

**3 – TON STAGE DE 3E :**

● Tu postules au service culturel de ta ville.

▲ Tu déposes ton CV dans les magasins de ta ville.

■ Tu passes ton CV à tes parents.

**4 – TES MATIÈRES PRÉFÉRÉES :**

▲ Les sciences et le français.

■ Le sport et la techno.

● L'histoire et le français.

**5 – ON DIT PLUTÔT DE TOI QUE TU ES :**

● Rigoureux.

■ Rêveur.

▲ Agile.

**6 – LA CULTURE GÉNÉRALE POUR TOI :**

● En avoir, c'est indispensable pour l'avenir.

▲ Ça sert peu dans le monde du travail.

■ Ça sert surtout à épater les autres.

**7 – TU AS CHOISI DE FAIRE DU LATIN :**

▲ Pour mieux comprendre la langue française.

● Pour partir visiter Rome et ses monuments avec la prof de latin.

■ Pour avoir des points supplémentaires au brevet et au bac.

**8 – TES PARENTS T'AMÈNENT À UN FESTIVAL DES ARTS DANS LA RUE :**

▲ Tu ne connaissais pas, mais tu apprécies.

■ Tu traînes des pieds.

● Tu es enthousiaste car tu adores ce genre de manifestations.

**9 – QU'EST-CE QUI TE TOUCHE LE PLUS DEVANT UNE ŒUVRE D'ART ?**

■ Son prix.

● Sa beauté.

▲ Sa technique.

**10 – TA TANTE T'INVITE À SON EXPO DE PEINTURE SUR SOIE.**

● Tu y vas et trouves même de l'intérêt à cette discipline.

▲ Tu y vas mais tu restes hermétique à ses « œuvres ».

■ Tu n'y vas pas, prétextant un mal de ventre.

**FAIS LE TOTAL DE TES POINTS POUR CHAQUE SIGNE ET REPORTE-TOI AUX RÉPONSES.**

### MAJORITÉ DE ●

Pas de doute, tu possèdes le profil pour travailler dans le secteur de la culture et du patrimoine que ce soit au sein d'un musée (animateur du patrimoine, conservateur du patrimoine, etc.), dans l'action culturelle (attaché culturel, commissaire d'exposition, directeur de festival, guide-conférencier, etc.), ou encore dans le commerce de l'art (galeriste).

### MAJORITÉ DE ▲

Tu aimes l'art, mais peut-être pas suffisamment pour travailler dans ce secteur qui exige une grosse culture générale, une compétence à transmettre, des compétences managériales, etc. La pratique d'une discipline artistique est peut-être une voie plus adaptée à ton profil…

### MAJORITÉ DE ■

L'art, l'histoire de l'art, la culture générale… ce n'est pas ton truc. Et ce secteur ne s'adresse pas vraiment à toi. Mais il existe des tas d'autres domaines et de métiers où tu peux exercer ta créativité.

IDÉES EN +

## *D'autres idées dans ce secteur...*

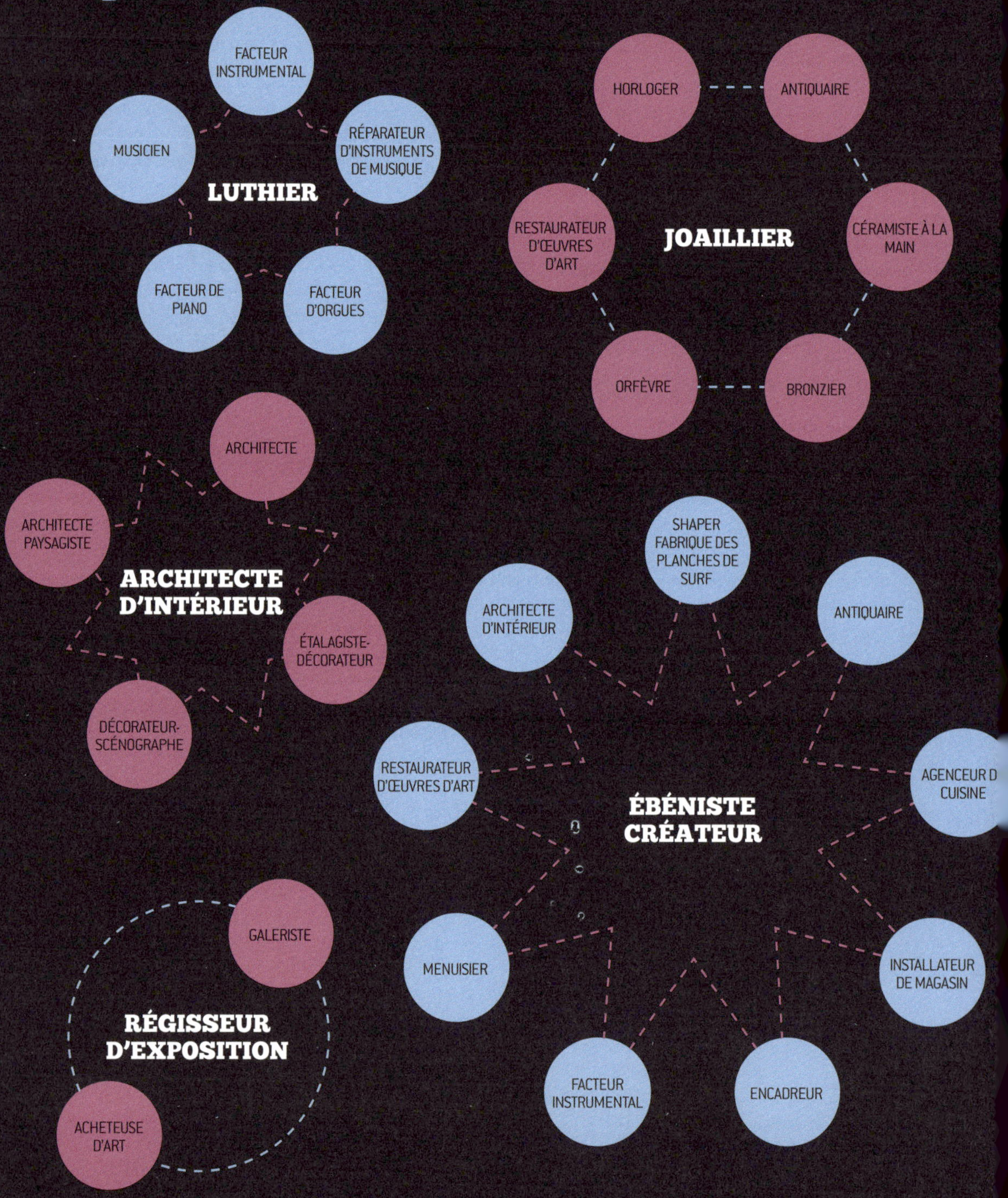

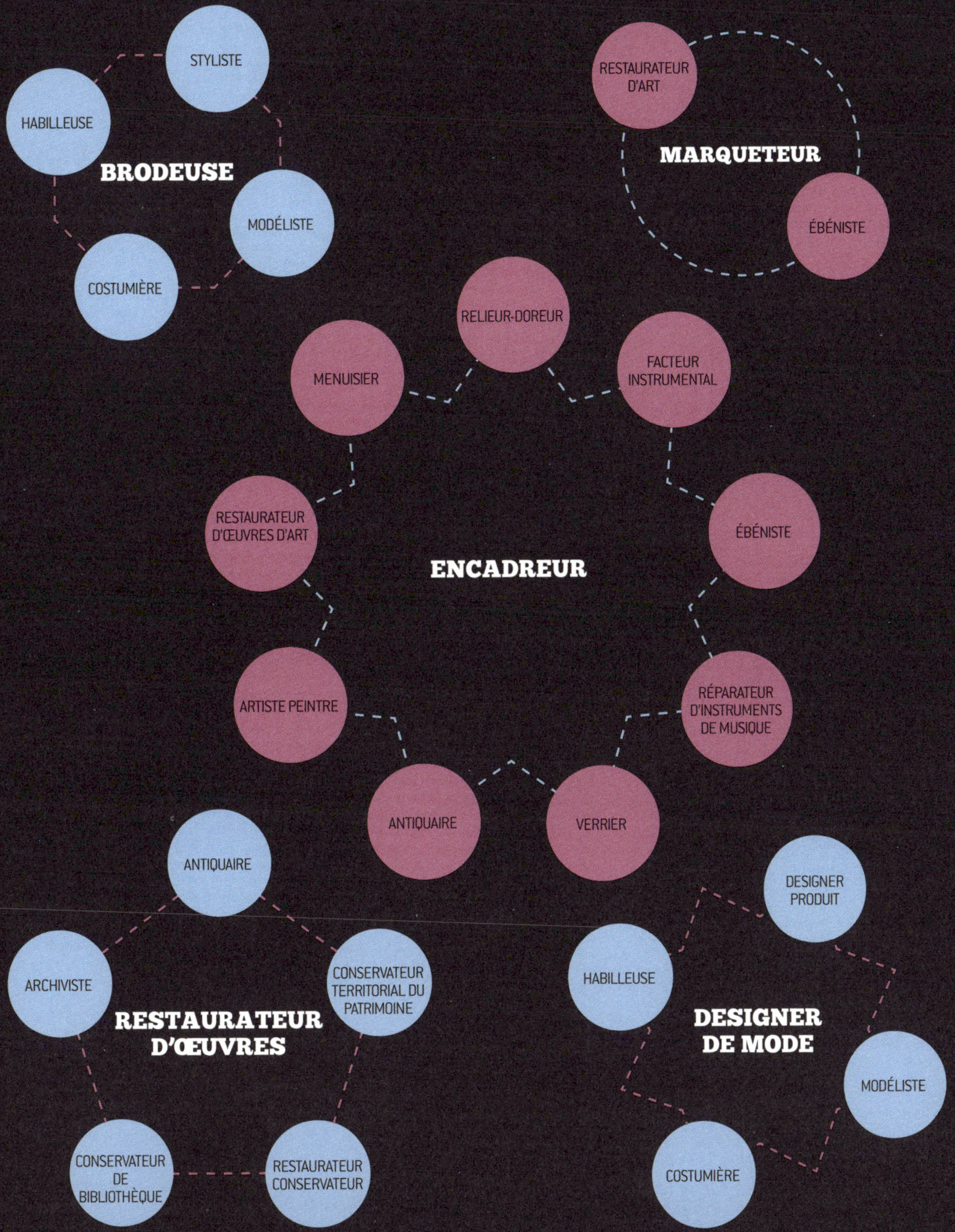
STYLISTE
HABILLEUSE
BRODEUSE
MODÉLISTE
COSTUMIÈRE
RESTAURATEUR D'ART
MARQUETEUR
ÉBÉNISTE
RELIEUR-DOREUR
MENUISIER
FACTEUR INSTRUMENTAL
RESTAURATEUR D'ŒUVRES D'ART
ÉBÉNISTE
ENCADREUR
ARTISTE PEINTRE
RÉPARATEUR D'INSTRUMENTS DE MUSIQUE
ANTIQUAIRE
VERRIER
ANTIQUAIRE
DESIGNER PRODUIT
ARCHIVISTE
CONSERVATEUR TERRITORIAL DU PATRIMOINE
HABILLEUSE
RESTAURATEUR D'ŒUVRES
DESIGNER DE MODE
MODÉLISTE
CONSERVATEUR DE BIBLIOTHÈQUE
RESTAURATEUR CONSERVATEUR
COSTUMIÈRE

# AUDIOVISUEL, CINEMA, SPECTACLE

*Le succès en salles de films comme* Il a déjà tes yeux *ou* L'Ascension, *la réussite de certains participants de* The Voice, *ou encore des YouTubeurs Norman ou Natoo, le nombre croissant de spectacles comme* Cats *ou* Les Trois mousquetaires, *etc. font rêver les jeunes. Ils sont de plus en plus nombreux à envisager une carrière à la télévision, la radio, dans la musique, la danse… Même si le paysage est foisonnant et si certains secteurs – comme le cinéma – marchent bien, qui dit plus de prétendants, dit plus de précarité. Un talent certain, une formation de qualité, mais aussi de la ténacité et de la volonté sont indispensables.*

## L'ŒIL DU PRO

Avec plus de 250 films produits par an, la France est le pays européen qui résiste le mieux à la concurrence du film américain. Depuis 12 ans, l'emploi y est en croissance constante, notamment dans les sociétés de production qui assurent la réalisation de films, téléfilms, vidéos d'entreprise, reportages, programmes télévisés… Néanmoins, les postes restent toujours moins nombreux que les candidats ! Et pas de petites annonces dans ce secteur : c'est un métier de contact et de réseau où il faut chercher constamment des contrats (80 % sont intermittents).

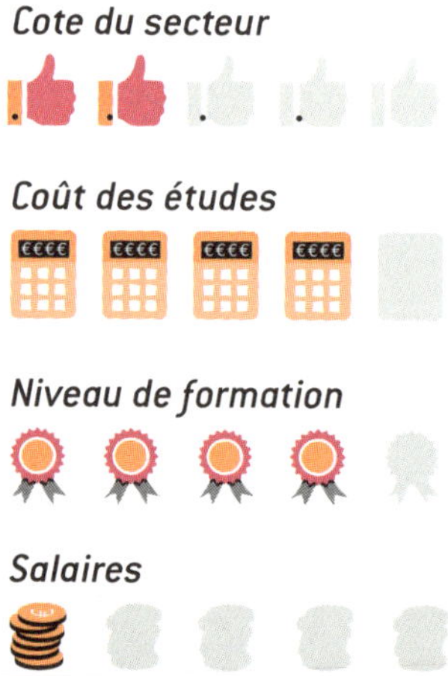

# INGÉNIEUR DU SON

**MARC INGÉNIEUR DU SON SUR LA SÉRIE BOULEVARD DU PALAIS** *« Dans le cinéma, le son est à la fois secondaire par rapport à l'image… et primordial ! Sur le tournage, le plus important est la prise de voix des comédiens, qui doit être parfaitement claire. En studio, cette prise de voix est assez facile. En extérieur, ça se complique, car il y a toujours des bruits ambiants. Soit ces bruits font partie du film (comme les trains) et je fais mes réglages pour les capter comme il faut. Soit ce sont des bruits parasites et je dois m'arranger pour ne pas les avoir. Bien sûr, on peut retravailler le son au montage, mais pour créer une ambiance sonore qui colle vraiment au film, mieux vaut obtenir un bon son dès le tournage. »*

## LES ÉTUDES

Une pratique musicale et le passage par une école nationale supérieure d'audiovisuel (concours d'entrée très sélectif) sont des atouts pour devenir ingénieur du son dans le cinéma.

**NIVEAU BAC + 2**

- BTS métiers de l'audiovisuel, option métiers du son.
- DMA régie de spectacle, option son.

**NIVEAU BAC + 3**

- Licences professionnelles image et son.
- Diplôme d'études supérieures des techniques du son, options sonorisation ; son audiovisuel ; son musical de l'ESRA Paris et Rennes.
- Diplôme de l'Institut supérieur des techniques du son (ISTS) à Nice.

**NIVEAU BAC + 5**

- Diplôme de musicien ingénieur du son du Conservatoire national supérieur de musique et de danse à Paris.
- Diplôme en réalisation sonore de l'École nationale supérieure des arts et techniques du théâtre à Lyon.
- Diplôme section son de l'École nationale supérieure Louis-Lumière à Noisy-le-Grand.
- Diplôme spécialisation son de l'École nationale supérieure des métiers de l'image et du son (ex-Fémis), à Paris.

## Où travaille-t-il ?

Sur le tournage d'un film, son travail consiste à débarrasser le champ sonore de tous les bruits parasites qui risquent de gêner la compréhension des dialogues ; puis à reproduire musiques et bruitages avec le plus de réalisme possible. Pour réaliser un album en studio, il va enregistrer chaque musicien séparément, puis retravailler les sons, les aigus et les graves au mixage. À la télévision ou à la radio, il est là pour garantir la qualité d'enregistrement d'une émission, en différé ou en direct. Planqué à la régie derrière sa console, il peut intervenir en cours d'émission en introduisant des inserts sonores.

**C'est un métier très physique : il faut installer et désinstaller le matériel, parfois volumineux, le charger et le décharger dans des camions.**

© Thomas Louapre

## Quel est son profil ?

Quel que soit son milieu professionnel, c'est à la fois un artiste qui jongle avec les sons (voix off, musique, bruitage…) et un excellent technicien qui doit parfaitement maîtriser le matériel électronique et informatique qu'il utilise pour capter, transporter, amplifier, mixer et enregistrer les sons.

## Quelle carrière ?

C'est le « patron » de tous les techniciens du son. Mais il peut néanmoins devenir producteur.

# RÉGISSEUR

**GUILLAUME**

**RÉGISSEUR SUR CATS** *« Je dirige tout ce qui ne se voit pas et c'est moi qui lance le show... Je suis en contact micro avec tout le monde : les techniciens, le régisseur coulisses et les ouvreuses qui confirment que la salle est remplie. Ma plus grande angoisse c'est la panne de machinerie. Je dois connaître le show par cœur pour savoir si on peut continuer, si ça se verra ou pas, si ça ne met pas les artistes en danger. Je suis le seul à pouvoir stopper le show, s'il le faut. Sur* Cats*, un soir, on a eu des pannes de lumière, heureusement sur des spots secondaires. On a réussi à les réparer et à les rallumer au fur et à mesure. Certains danseurs ne s'en sont même pas aperçus ! »*

© Éric Larrayadieu

## Où travaille-t-il ?

Le régisseur est présent sur tous les plateaux de tournage, qu'il s'agisse de films, d'émissions télévisées, de pièces de théâtre ou de concerts. Son rôle est de faciliter ces tournages en prenant en charge l'intendance et la logistique : des commandes de matériel (caméras, lumières, câbles...) aux réglages techniques, en passant par le recrutement de techniciens.

## Quel est son profil ?

C'est le grand organisateur des représentations artistiques : il doit donc être méthodique, réactif et débrouillard pour être capable de résoudre toutes sortes de problèmes humains et techniques comme obtenir une autorisation de la SNCF pour tourner une scène de film dans une gare, s'assurer qu'il y a des toilettes et une cantine pour l'équipe, etc.

## Quelle carrière ?

Les régisseurs son, lumière et plateau ont la possibilité d'évoluer vers des fonctions de régisseur général, puis vers la direction de production.

**Avant de devenir régisseur général, il faut être stagiaire, puis assistant sur de nombreux films ou spectacles.**

## LES ÉTUDES

**NIVEAU BAC + 2**

- Formations à la régie spécialisée du spectacle, options son, lumière, plateau au CFPTS (Centre de formation professionnelle aux techniques du spectacle).
- DEUST théâtre.
- DMA régie de spectacles option lumière.

**NIVEAU BAC + 3**

- Diplôme de régisseur technicien de l'Esad (École supérieure d'art dramatique) de Strasbourg.

**NIVEAU BAC + 5**

- Diplôme de l'Ensatt (École nationale supérieure des arts et techniques du théâtre) de Lyon.

# DANSEUR CLASSIQUE

**AXEL DANSEUR CLASSIQUE SUR LA COMÉDIE MUSICALE CATS** *« J'ai dansé sur plusieurs grandes scènes, mais quand j'ai vu qu'il y avait des auditions pour Cats, je me suis précipité. J'adore le classique, mais j'avais envie d'un rôle plus complet avec du chant et du jeu. Le plus dur, c'est l'audition. Pour le rôle de Mistoffelees, le chat magicien, j'ai eu 7 jours d'audition : c'est un rôle important pour lequel il faut absolument une base classique. On était plus de 200. On apprenait tous ensemble une chorégraphie. À l'audition suivante, on nous a rajouté du chant, ou des claquettes. Le dernier jour, on n'était plus que trois. On a dû aussi étudier les mouvements des chats : regarder des vidéos, et improviser en s'en inspirant. C'est assez éprouvant pour le dos et les genoux ! Maintenant, je ne fais rien d'autre : je prends des cours de classique tous les midis pour garder mon niveau, et des cours de chant deux fois par semaine. »*

## LES ÉTUDES

De nombreuses écoles de danse délivrent leur diplôme, la plus prestigieuse étant l'École de danse de l'Opéra de Paris. Dans tous les cas, la sélection à l'entrée est sévère !

**NIVEAU BAC**

- Bac technologique TMD (techniques de la musique et de la danse), option danse.
- DNOP (diplôme national d'orientation professionnelle de danse).
- DEC (diplôme d'études chorégraphiques).

**NIVEAU BAC + 3**

- DNSPD (diplôme national supérieur professionnel de danseur).

**NIVEAU BAC + 5**

- Diplôme de formation supérieure de danseur-interprète en danse classique ou danse contemporaine.
- Masters en danse.

## Où travaille-t-il ?

Qu'il fasse du classique, du contemporain, ou du hip-hop, le danseur travaille au sein de compagnies ou de centres chorégraphiques, pour des spectacles de danse, de cabaret, des opéras, festivals, spectacles de rue, etc. Mais il peut aussi se produire dans des parcs d'attractions comme Disneyland Paris, ou des associations culturelles et de loisirs.

## Quel est son profil ?

Pour devenir danseur professionnel, il faut certes du talent, mais il faut également être bosseur et persévérant : de nombreuses heures de travail quotidien sont nécessaires pour acquérir une technique parfaite et des performances physiques comme la souplesse, l'endurance, l'équilibre ou le sens du rythme. Enfin, mieux vaut être résistant au stress pour supporter les nombreuses auditions et la compétition entre danseurs, enchaîner les répétitions, alterner tournées fatigantes et périodes de chômage.

## Quelle carrière ?

Vers 40 ans, le danseur doit « raccrocher les chaussons » et envisager sa reconversion, par exemple vers la chorégraphie ou l'enseignement…

**Devenir danseur professionnel ne s'improvise pas à… 15 ans ! La plupart ont commencé dès l'enfance.**

© Éric Larrayadieu

# CHEF DÉCORATEUR

**MARC** **CHEF DÉCORATEUR SUR LA SÉRIE "BOULEVARD DU PALAIS"** *« Selon les séries, on tourne en extérieur ou en studio. Sur le tournage de* Boulevard du Palais, *c'est le travail en studio qui a été le plus important. Avec mon équipe déco, nous avons dû recréer entièrement le décor du commissariat et du bureau de la juge. On a donc dessiné les plans, prévu et commandé le matériel, fabriqué et monté les cloisons, réalisé toutes les patines, les peintures, rassemblé les accessoires... Je me suis occupé de prévoir des ouvertures dans le décor pour les caméras (ouvertures que nous cachons derrière des miroirs ou des tableaux). Monter un décor, c'est long et cher mais,au final, très pratique pour le tournage ! »*

## LES ÉTUDES

**NIVEAU BAC + 3**

- Diplôme de scénographie-costumes de l'Esad (École supérieure d'art dramatique) de Strasbourg.
- DNAT (diplôme national d'arts et techniques) option design d'espace.

**NIVEAU BAC + 5 ET PLUS**

- Diplôme de concepteur-créateur en arts décoratifs spécialité scénographie à l'Ensad (École nationale supérieure des arts décoratifs).
- Diplôme de scénographie, décors et costumes de l'Esad de Strasbourg.
- DNSAP (diplôme national supérieur d'arts plastiques).
- DPEA (diplôme propre aux écoles d'architecture) scénographe.
- Diplôme de l'ENSMIS (ex-Fémis) appellation décor.

## Où travaille-t-il ?

Il travaille pour le cinéma à partir d'un scénario, et en collaboration avec le réalisateur et le producteur. Ses décors doivent parfaitement coller au projet du premier et au budget prévu par le deuxième. Il travaille aussi avec le chef opérateur pour la lumière et les éclairages. Mais on le retrouve aussi au théâtre où il collabore avec des metteurs en scène, des directeurs techniques, des régisseurs, des costumiers... Et à la télévision avec les producteurs, les cadreurs et les chefs opérateurs.

## Quel est son profil ?

C'est un artiste qui imagine des décors à partir d'un scénario, d'une histoire ou d'une émission. Parfois, il doit même restituer une époque ou reproduire un lieu (par exemple un commissariat). Mais c'est aussi un technicien qui doit veiller à ce que son idée soit réalisable. Il doit être bricoleur pour aider les techniciens, lorsqu'ils fabriquent et installent les décors. Autre qualité indispensable : savoir évaluer et respecter le coût d'un projet. Enfin, il doit savoir réagir rapidement face aux imprévus, fréquents sur un tournage !

## Quelle carrière ?

S'il ne trouve pas de travail dans le cinéma, le théâtre ou la télévision, le chef décorateur peut se tourner vers les entreprises d'évènementiel qui s'occupent des salons professionnels pour créer et monter des stands. Autre débouché : la mise en scène d'expositions dans les musées.

© Thomas Louapre

**Il est important d'être débrouillard pour trouver sa voie comme décorateur au cinéma ou dans le spectacle.**

# HABILLEUSE-COSTUMIÈRE

## HÉLOÏSE

**HABILLEUSE-COSTUMIÈRE SUR CATS** « *Avant le spectacle, j'ai un énorme travail de préparation : nous ne sommes que 5 habilleuses pour 22 artistes. J'ai une liste avec les artistes dont je m'occupe : je mets en place costumes et accessoires, toujours au même endroit au millimètre près pour ne pas perturber les danseurs quand ils changent de costume. Je les place dans l'ordre dans lequel ils vont être enfilés : pas question de perdre une seconde. Et j'aide les danseurs pour les changements rapides. Le reste du temps, j'entretiens les costumes et je cherche des astuces, toujours pour gagner du temps : un Velcro à la place d'une boutonnière, du rembourrage aux coudes et aux genoux pour un danseur qui fait beaucoup de galipettes.* »

© Éric Larrayadieu

## LES ÉTUDES

**APRÈS LA 3E**

- CAP métiers de la mode-vêtement tailleur, métiers de la mode-vêtement flou.

**NIVEAU BAC**

- DTMS (diplôme des techniciens des métiers du spectacle) techniques de l'habillage.

**NIVEAU BAC + 2**

- DMA costumier-réalisateur.
- BTS design de mode, textile et environnement, option mode.

**NIVEAU BAC + 5**

- Diplôme de l'Ensatt Lyon.
- Diplôme de scénographie, décors et costumes de l'Esad (École supérieure d'art dramatique) de Strasbourg.

**Rapidité, sens de l'organisation et précision sont nécessaires à l'habilleuse sur les plateaux de spectacles, comme Héloïse sur la comédie musicale CATS...**

## Où travaille-t-il ?

L'habilleuse (le métier est très féminisé) travaille sur les plateaux de cinéma mais également de télévision, ou dans le spectacle vivant (théâtre, opéra, danse, cabaret). Mais son quotidien est sensiblement le même : habiller et changer les costumes des comédiens, danseurs, mannequins...entre chaque scène ou chaque prise de vue.

## Quel est son profil ?

L'habilleuse doit être observatrice, surtout pour les raccords. Les raccords costumes impliquent d'entretenir les vêtements d'une scène à l'autre, de récupérer minutieusement chaque costume après les prises, de le rendre à l'acteur pour la prise suivante, dans le respect de la continuité. Et bien sûr de veiller à ce que les vêtements soient portés de la même manière d'une prise à l'autre. Elle doit également s'adapter aux situations : sur un tournage, l'ordre de passage entre le maquillage/coiffure et l'habillage ne suit pas de règles strictes. Il s'établit en fonction de l'humeur des acteurs ou du travail à réaliser. Pour une coiffure en pièce montée, mieux vaut d'abord enfiler son costume, alors qu'une robe à crinoline ne sera mise qu'en dernier.

## Quelle carrière ?

Une habilleuse peut évoluer vers le métier de costumière. Si elle a de l'expérience et un bon carnet d'adresses, elle peut aussi travailler plus particulièrement avec un comédien.

# ACTRICE

**ANNE ACTRICE SUR LA SÉRIE BOULEVARD DU PALAIS** *« Depuis toute petite, je veux faire ce métier pour faire rêver les gens, leur apporter de la joie, des émotions… J'aime me mettre à la place des autres pour essayer d'incarner au mieux un personnage et explorer des univers différents. Dans* Boulevard du Palais, *je suis juge d'instruction. Pour ce rôle, j'ai rencontré de vrais juges, j'ai assisté à des procès. Ce métier est une vraie passion, qui apporte plein de bonheur mais demande une grande solidité, par exemple pour réussir à garder confiance quand on n'a pas de rôle pendant plusieurs mois. Pour moi, le plus dur est de ne pas travailler… et d'accepter les à-côtés du métier : aller en soirée, se montrer, se vendre. »*

## Où travaille-t-il ?

Le cinéma, la télé et la pub recherchent de façon permanente de nouveaux visages et attachent de l'importance au physique. Le théâtre mise plus sur la gestuelle, sur la maîtrise des techniques d'expression. Mais, sur scène, la prise de risque est beaucoup plus importante. On compte environ 15 000 comédiens actuellement. Les trois quarts travaillent au théâtre. Mais la télé et la pub en emploient aussi beaucoup, notamment pour des fictions, des spots, des doublages…

## Quel est son profil ?

Il doit être passionné et persévérant. Les années de vaches maigres sont fréquentes et le recours à un job alimentaire reste souvent indispensable. Passages obligés : auditions et castings. Si vous n'avez pas de relations, lisez la presse spécialisée, prenez la file d'attente des agences de casting, suivez des festivals.

## Quelle carrière ?

Certains comédiens se tournent vers la mise en scène, d'autres montent leur propre compagnie de théâtre ou encore se lancent dans la gestion d'une structure artistique.

© Thomas Louapre

## LES ÉTUDES

**NIVEAU BAC**

- DNOP (diplôme national d'orientation professionnelle) d'art dramatique.

**NIVEAU BAC + 2**

- Certificat d'école de classe d'art dramatique.
- DEUST art du spectacle spécialité théâtre ; formation de base aux métiers du théâtre.

**NIVEAU BAC + 3**

- DNSP de comédien du Conservatoire national supérieur d'art dramatique de Paris.
- Licence arts du spectacle.
- Licence pro concepteur-réalisateur d'interventions théâtrales ou encadrement de pratiques théâtrales…

**NIVEAU BAC + 5**

- Diplôme de l'Ensatt de Lyon.
- Diplôme national supérieur professionnel de comédien (DNSPC) de l'Esad (École supérieure d'art dramatique) de Strasbourg.
- Masters arts du spectacle, études théâtrales, conception de projet artistique.

Il existe également de nombreuses écoles privées, de qualité inégale.

**C'est un métier fragile, où l'on ne fait confiance qu'à ceux qui travaillent. Il faut être vu pour continuer à monter sur les planches !**

TEST

# Es-tu fait pour ce secteur ?

**1 – LE CINÉMA POUR TOI, C'EST...**

- ● Dès que tu as assez de temps... et d'argent !
- ▲ Uniquement en streaming, tu n'aimes pas les salles obscures.
- ■ Le film du dimanche soir à la télé.

**2 – DANS UN GROUPE, TU ES CELUI...**

- ▲ Qui écoutes les autres.
- ● Que tout le monde écoute et suit.
- ■ Qui contrôles l'emploi du temps.

**3 – TU N'ARRIVES PAS À MONTER UNE ÉTAGÈRE.**

- ■ Tu laisses tomber et oublies l'étagère dans un coin.
- ▲ Tu t'énerves et demandes de l'aide à un copain.
- ● Tu relis le mode d'emploi et recommences jusqu'à y arriver.

**4 – TU N'AS PAS EU LE TEMPS DE PRENDRE EN NOTE LA FIN DU COURS D'HISTOIRE.**

- ● Tu ouvres ton manuel, cherches le cours sur Internet... bref tu te débrouilles pour compléter ton cours.
- ■ Tant pis, tu expliqueras ton problème au prof lors du prochain cours.
- ▲ Tu envoies un message à un copain en espérant récupérer le cours à temps.

**5 – CE QUI TE FAIT RÊVER DANS LE MILIEU DE L'AUDIOVISUEL ET DU CINÉMA...**

- ▲ Le mode de vie et la célébrité.
- ■ S'intéresser à des auteurs différents à chaque fois.
- ● Travailler sur des projets intéressants.

**6 – TU DOIS CHOISIR UN FILM AVEC DES AMIS. POUR PRENDRE VOTRE DÉCISION :**

- ■ Tu t'en remets à l'avis de tes amis.
- ▲ Tu en discutes avec tes amis.
- ● Tu réfléchis 5 minutes et tranches.

**7 – CE QUE TU RECHERCHES DANS UN MÉTIER, C'EST...**

- ■ La sécurité.
- ● La passion.
- ▲ Le challenge.

**8 – CE QUE TU REDOUTES DANS UN MÉTIER, C'EST...**

- ● La routine.
- ▲ Le manque de défi.
- ■ Le risque.

**9 – DEPUIS TOUT PETIT, TU ADORES :**

- ▲ Cuisiner, bricoler, faire des travaux manuels...
- ● Lire, aller au spectacle, au cinéma, au cirque...
- ■ Compter, faire des expériences...

**10 – PERCER DANS LE MILIEU DU CINÉMA C'EST, DANS L'IDÉAL, TOURNER...**

- ■ *Hugo Cabret*, de Martin Scorsese.
- ▲ *La cité de la peur*, de Alain Berbérian.
- ● *La nuit américaine*, de François Truffaut.

**FAIS LE TOTAL DE TES POINTS POUR CHAQUE SIGNE ET REPORTE-TOI AUX RÉPONSES.**

### MAJORITÉ DE ●

Travailler dans ce milieu, c'est ta vocation. Tu as talent, souplesse, volonté, et ténacité... et tu ne veux pas d'un métier classique. Bref, tu ne vois pas ta vie autrement qu'en mode artiste, et n'as plus à présent qu'à te donner les moyens d'y arriver.

### MAJORITÉ DE ▲

Tu te vois embrasser une carrière dans le milieu de l'audiovisuel et du cinéma. Mais es-tu sûr que cela suffise pour bâtir un plan de carrière sur cette option ? Ce milieu n'est pas tout à fait ce que tu imagines. Il y a peu d'élus et il faut vraiment être passionné pour arriver à percer !

### MAJORITÉ DE ■

Malgré ton intérêt pour l'audiovisuel et le cinéma, tu risques d'avoir du mal à percer si tu vises une carrière dans ce milieu, faute de ténacité, de débrouillardise... et par peur du lendemain. Peut-être es-tu simplement passionné par la culture en général. Continue tes recherches pour trouver le débouché le plus adapté à tes centres d'intérêt.

IDÉES EN +

## *D'autres idées dans ce secteur...*

### INGÉNIEUR DU SON

- PERCHISTE
- ASSISTANT SON
- MONTEUR IMAGE ET SON
- MUSICIEN
- MIXEUR
- TECHNICIEN SON
- RESPONSABLE DE PRODUCTION SON

### RÉGISSEUR

- DÉCORATEUR-SCÉNOGRAPHE
- TECHNICIEN SON
- CHEF MACHINISTE
- ORGANISATEUR DE TOURNÉES
- ACCESSOIRISTE DE SPECTACLES
- TECHNICIEN LUMIÈRE

### ACTEUR

- DANSEUR
- MUSICIEN

### HABILLEUR COSTUMIER

- COSTUMIER
- ACCESSOIRISTE

### DANSEUR CLASSIQUE

- CHORÉGRAPHE
- PROFESSEUR DE DANSE
- MAÎTRE DE BALLET
- DIRECTEUR D'ÉCOLE DE DANSE

### CHEF DÉCORATEUR

- ENSEMBLIER
- MENUISIER
- CHEF PEINTRE
- CHEF CONSTRUCTEUR
- RÉGISSEUR D'EXTÉRIEUR
- ACCESSOIRISTE

# AUDIT, GESTION, RH, BANQUE, ASSURANCE

*Être à l'aise avec les données chiffrées – aimer les manipuler et les analyser – peut mener à de nombreux métiers ! À commencer par tous ceux de la gestion et de la comptabilité qui sont les clés du développement des entreprises. Avec des réglementations en constante évolution, ces dernières ne peuvent se passer de ces comptables, contrôleurs de gestion, auditeurs internes chargés de faire des bilans, des audits, d'assurer leurs risques... Mais les chiffres ne font pas tout ! Et les entreprises gèrent aussi de l'humain et ne peuvent aujourd'hui se passer d'un service de ressources humaines administrant le quotidien de leurs salariés (recrutement, congés, paie, formation, etc.). Bref des métiers peu connus mais porteurs !*

## L'ŒIL DU PRO

En dépit de la crise financière, les banques et les assurances recrutent toujours. Cette activité représente le premier employeur des jeunes diplômés des grandes écoles de management (enquête CGE de 2016), même si la majorité des recrutements se fait à bac + 2/3. Idem pour les métiers de la gestion et de la comptabilité qui ont de beaux jours devant eux avec des réglementations en constante évolution.

*Cote du secteur*

*Coût des études*

*Niveau de formation*

*Salaires*

POT

# CONTRÔLEUR DE GESTION

**BENJAMIN CONTRÔLEUR DE GESTION CHEZ BAYARD SA** « *Chaque année, je construis le budget prévisionnel du pôle La Croix (le quotidien* La Croix, Muze, Les Dossiers de l'actualité*…), autrement dit, j'essaie de prévoir toutes les dépenses et recettes. Pour cela, je me base sur celles de l'année écoulée. Je tiens compte également des intentions des rédactions (ont-elles prévu une nouvelle formule, des hors-séries, etc.), des services commerciaux (quelles sont les campagnes de publicité prévues, auprès de quel public, avec quel rendement…), etc. Puis, tout au long de l'année, j'effectue des contrôles pour voir si, par rapport à l'année précédente, le budget prévisionnel est tenu. Selon les cas de figure, je peux suggérer des actions correctives, comme l'envoi d'e-mails publicitaires aux lecteurs. Mais, ce n'est jamais moi qui prends les décisions, je suis là pour fournir des analyses, des chiffres, des suggestions qui sont étudiées par les équipes de direction.* »

## LES ÉTUDES

**NIVEAU BAC + 5**

- Diplôme d'écoles de commerce avec spécialisation finance, contrôle de gestion et audit, management et contrôle de gestion…
- Master comptabilité-contrôle-audit, contrôle de gestion, stratégie d'entreprise, systèmes d'information et contrôle de gestion.
- DSCG (diplôme supérieur de comptabilité et de gestion).
- Diplôme d'IEP (institut d'études politiques), section économie et finance.
- Diplôme d'ingénieur complété par une formation gestion-finance.

**Une première expérience en cabinet d'audit est un atout pour être recruté.**

## Où travaille-t-il ?

Dans les petites entreprises, il assure plusieurs fonctions comme la comptabilité, les finances, la gestion de personnel ou l'informatique. Dans les grandes entreprises, son poste est plus spécialisé, et il doit justifier d'une expertise en marketing ou dans le domaine commercial…

## Quel est son profil ?

Il travaille au contact de nombreux interlocuteurs dont il vérifie les tâches : du tact et de l'écoute s'imposent pour collaborer harmonieusement ! Ayant entre les mains la totalité des données économiques et financières d'une entreprise, y compris les plus stratégiques et les plus concurrentielles, il doit faire preuve d'une fiabilité à toute épreuve !

## Quelle carrière ?

Il peut prendre en charge, progressivement, des fonctions de plus en plus larges et devenir contrôleur financier, directeur du contrôle de gestion ou directeur administrateur et financier.

# CHARGÉ DE RECRUTEMENT

**TIEPHEN CHARGÉ DE RECRUTEMENT CHEZ AKTEHOM***

*« Je suis chargé de recruter des ingénieurs, pharmaciens et docteurs pour mon entreprise. Je commence par consulter les responsables opérationnels pour connaître leurs besoins. Puis je réalise avec eux une fiche de poste, avec le type de profil recherché, les compétences techniques attendues, etc. Je publie ensuite des annonces sur des sites de recrutement de cadres. Je peux faire appel à des cabinets de recrutement, mais je "chasse" aussi moi-même les candidats sur les réseaux sociaux, chez les concurrents... C'est à moi qu'incombent le tri des candidatures et l'entretien téléphonique qui permet de vérifier si le candidat correspond, ou non, à ce que l'on cherche. Ensuite, je reçois les personnes retenues, pour tester leur motivation, discuter de leur projet. Si ça se passe bien pour eux, les candidats passent un ou deux autres entretiens avec un responsable, mon directeur des ressources humaines et/ou le président de la société. »*

* Société de conseil indépendante dédiée aux industriels de la pharmacie.

## LES ÉTUDES

**NIVEAU BAC + 5**

- Diplôme d'écoles de commerce.
- Diplôme d'un IEP (institut d'études politiques).
- Masters professionnels de psychologie clinique, de psychologie du travail ou de ressources humaines.

## Où travaille-t-il ?

On le retrouve dans des PME en forte croissance, de grosses entreprises (il est alors rattaché aux ressources humaines), dans des cabinets de recrutement ou des sociétés de travail temporaire.

**Avec une fibre commerciale, il peut faire une carrière intéressante dans une agence d'intérim.**

## Quel est son profil ?

Il doit connaître parfaitement l'entreprise et ses salariés, et faire preuve de beaucoup de psychologie pour cerner les candidats. En bon communicant, il sait être à l'écoute, rigoureux, et il possède un bon esprit d'analyse pour sélectionner au mieux les candidatures qui correspondent aux besoins de l'entreprise.

## Quelle carrière ?

Il peut évoluer soit vers un poste de responsable de recrutement dans une grosse entreprise, soit vers un autre métier des ressources humaines : responsable formation, mobilité, administration et paie, etc. À l'apogée de sa carrière, il occupe un poste de directeur des ressources humaines (DRH).

# COMPTABLE

**PATRICIA**
**COMPTABLE CHEZ BAYARD SA**
*« Mon travail consiste à contrôler toutes les dépenses et recettes de l'entreprise. Je dois vérifier que les factures ont bien été établies par nos fournisseurs (par exemple pour l'achat de fournitures de bureau), les contrats de travail signés, et que l'entreprise, de son côté, a bien émis les factures pour les produits vendus. Une fois ces factures et contrats comptabilisés, je dois m'assurer ensuite qu'ils ont été payés au centime près. Rien ne doit m'échapper car nous devons respecter des échéances. De plus, cette comptabilisation est soumise à la loi. L'État nous demande aussi de collecter la TVA en son nom et ça change tous les ans avec la loi de finances. Je dois donc effectuer une veille juridique. »*

## Où travaille-t-il ?

Il exerce dans les grandes entreprises, au sein d'une équipe... mais il n'a qu'une vue partielle de la chaîne comptable. Dans une petite structure ou une association, il a des responsabilités plus importantes (comptabilité analytique, suivi du budget et de la trésorerie). Enfin, on le trouve aussi dans des cabinets d'experts-comptables où il gère la comptabilité de plusieurs clients qui vont du plombier au commerçant.

## Quel est son profil ?

Il doit être rigoureux et méthodique car la comptabilité ne tolère pas une seule erreur, mais prêt à s'adapter car les normes comptables sont en pleine évolution. Sociable, il saura mieux faire valoir ses conseils auprès des différents services de l'entreprise.

## Quelle carrière ?

Il peut accéder à un poste de contrôleur de gestion, puis de chef comptable après plusieurs années d'expérience professionnelle.

**La maîtrise d'une langue étrangère (l'anglais notamment) et des compétences plus spécifiques (droit du travail, expertise en nouvelles technologies et systèmes d'information, etc.) sont un plus.**

## LES ÉTUDES

**NIVEAU BAC + 2**
- BTS comptabilité et gestion.
- DUT gestion des entreprises et des administrations, option gestion comptable et financière (GEA GCF).

**NIVEAU BAC + 3**
- Licence pro métiers de la gestion et de la comptabilité (6 mentions au choix).
- Licence de gestion, licence économie et gestion.
- Diplôme de comptabilité et gestion (DCG).

# CONSULTANT EN STRATÉGIE ET FINANCE

**MADEN CONSULTANT INDÉPENDANT EN STRATÉGIE ET FINANCE** *« Des entreprises souhaitant investir en France ou à l'étranger me consultent pour savoir si la vente ou l'achat qu'elles envisagent est une bonne affaire. Par exemple, actuellement, je travaille sur l'ouverture d'un centre de service délocalisé en République tchèque. J'étudie les lois du pays, j'essaie de voir si le projet de mes clients est viable, quel choix de financement est le bon, quel retour sur investissement est possible… Il faut bien sûr connaître les processus financiers (plans d'investissement, comptabilité, impact sur la trésorerie, bilan prévisionnel, budget prévisionnel, etc.) et être au courant de l'actualité pour éviter toute erreur dans le choix d'un investissement. Il faut donc rester toujours "open-minded", c'est-à-dire ouvert d'esprit ! »*

## Où travaille-t-il ?

On le retrouve certes dans les grandes entreprises, mais surtout dans les cabinets de conseil auxquels les grandes entreprises et les directions des administrations publiques font souvent appel pour obtenir études et diagnostics.

## Quel est son profil ?

Il doit avoir un bon sens de l'organisation et une grande disponibilité. À l'écoute des demandes et requêtes des clients, il sait comprendre leurs attentes pour les aider au mieux dans leurs choix : quand on parle d'investir, de grosses sommes d'argent sont en jeu ! Il doit également être réactif pour proposer des solutions pertinentes, de manière claire, précise et synthétique.

## Quelle carrière ?

Les cabinets de conseil internationaux sont de gros recruteurs de jeunes diplômés. Avec plusieurs années d'expérience, un consultant en stratégie et finance peut prétendre à un poste de manager et diriger une équipe de consultants. Avec un capital et des connaissances en gestion, il peut également ouvrir son propre cabinet de conseil.

## LES ÉTUDES

**NIVEAU BAC + 5**

- Diplôme d'écoles supérieures de commerce et de gestion avec une spécialisation (finance, GRH et conduite du changement, management stratégique, consulting, audit, conseil…).
- Diplôme d'ingénieur avec une spécialisation en systèmes d'information, ingénierie conseil, management…
- Diplôme d'institut d'études politiques (IEP).
- Masters pro gestion et droit ; management ; pilotage stratégique d'entreprise ; marketing ; entrepreneuriat ; systèmes d'information ; ressources humaines ; conseil et dynamique de changement dans les organisations…

**Faire ses armes durant quelques années dans un cabinet de conseil permet d'acquérir une bonne expérience, pour postuler ensuite dans un grand groupe.**

# SUPERVISEUR

## DAVID

**SUPERVISEUR CHEZ BFORBANK**

*« Dans une banque en ligne, le superviseur est l'équivalent d'un directeur d'agence dans une banque classique. Au quotidien, je supervise une équipe de conseillers "clientèle, épargne et patrimoine" qui accueillent les clients par e-mail, téléphone, chats et via les réseaux sociaux. La priorité, c'est surtout de gérer les réclamations (une carte bleue qui n'est pas arrivée, un problème de virement, etc.) et des clients qui envisagent d'ouvrir un compte chez nous. Tous les appels et e-mails sont enregistrés et, une fois par mois, j'en contrôle quelques-uns pour vérifier que mes conseillers respectent les règles fixées en termes d'accueil, de présentation des produits, etc. Des réunions permettent ensuite de faire le point, et au besoin de recadrer les méthodes, en fonction des difficultés observées. Car je dois aussi m'assurer qu'ils atteignent bien leurs objectifs, par exemple ils ont un quota quotidien de 70 appels. »*

## Où travaille-t-il ?

Le superviseur travaille dans des banques en ligne comme ING Direct, Hello Bank (BNP Paribas), Boursorama (Société générale), Fortuneo (Crédit mutuel), BforBank, etc. Ces dernières recrutent en masse des téléconseillers pour leurs plateformes téléphoniques (conseillers de clientèle, conseillers épargne, conseillers en patrimoine...) et des superviseurs pour les encadrer.

**Le superviseur ne doit pas compter ses heures, car les banques en ligne sont ouvertes six jours sur sept, de 8 à 21 heures.**

## Quel est son profil ?

Bien sûr, il doit maîtriser parfaitement les produits proposés par sa banque, connaître les clients (leurs comportements, leurs attentes...), savoir écouter et négocier, être capable de réactivité. Mais c'est aussi un coach capable de motiver ses collaborateurs pour obtenir de bons résultats. Sens pédagogique et force de conviction sont donc également nécessaires.

## Quelle carrière ?

Il peut évoluer vers un poste de chef d'équipe, de responsable formation ou de responsable qualité dans un centre de relation clients. Il peut aussi devenir chef de projet marketing ou manager dans une agence « classique ».

## LES ÉTUDES

**NIVEAU BAC + 2**

- BTS banque, conseiller de clientèle (particuliers) ; négociation et relation client (NRC) ; management des unités commerciales (MUC).
- DUT techniques de commercialisation (TC) ; gestion des entreprises et des administrations option gestion et management des organisations (GEA GMO).
- DEUST banque, organismes financiers et de prévoyance.

**NIVEAU BAC + 3**

- Licence pro dans le domaine de la banque, de la finance et de l'assurance.

**NIVEAU BAC + 5**

- Masters pro dans le domaine de la banque et de la finance.
- Diplôme d'écoles de commerce et de gestion.

# RISK MANAGER

**ISABELLE RISK MANAGER AU SEIN DU GROUPE ACCOR** *« Avec l'équipe de risk managers, je suis, entre autres, chargée d'animer le dispositif de gestion globale des risques du groupe. Cela signifie s'assurer que les risques sont identifiés, évalués et traités : qu'il s'agisse de risques liés à l'environnement externe, comme les catastrophes naturelles, les pandémies, le terrorisme ou l'évolution de l'environnement concurrentiel... ou bien des risques comme l'incendie. Mes journées sont principalement dédiées à des échanges avec les autres départements du groupe et les pays où nous sommes implantés, et à l'analyse d'informations. Mon rôle est d'accompagner les managers dans l'identification, l'analyse et l'évaluation des principaux risques, ainsi que dans la mise en œuvre et le suivi de plans d'action de gestion de ces risques. »*

## Où travaille-t-il ?

Il évolue au sein de grandes entreprises exposées aux risques technologiques : énergie, chimie, pétrole, etc. Depuis peu, on le retrouve aussi dans les banques, les compagnies d'assurances... Il peut également exercer dans un cabinet de conseil spécialisé et proposer ses services à plusieurs entreprises clientes.

## Quel est son profil ?

Il doit avoir de réelles capacités à travailler avec les autres, à comprendre leurs problématiques, et être curieux de ce qui se passe au sein de son entreprise et à l'extérieur. Par exemple, il doit prendre en compte les risques liés à la cybercriminalité, aux soulèvements politiques ou à la menace terroriste, mais aussi à l'évolution des taux de change.

## Quelle carrière ?

Dans l'entreprise, il peut devenir spécialiste de l'assurance, de l'audit, de la continuité d'activité, de la gestion de crise, et parfois de la sécurité ou de la responsabilité sociale de l'entreprise. Toutes ces activités étant complémentaires, elles peuvent être exercées au cours d'une même carrière.

## LES ÉTUDES

**NIVEAU BAC + 5**

- Diplôme d'ingénieur spécialisé en finance, maîtrise des risques industriels ou prévention des risques.
- Diplôme d'écoles supérieures de commerce et de gestion spécialisées en finance, gestion des risques financiers, risk management, management des risques énergétiques, gouvernance et risk management.
- Masters pro droit, économie, gestion mention management stratégique spécialité gestion des risques ; sciences de la santé mention santé publique spécialité qualité et gestion des risques en santé ; droit, économie, gestion mention finance, comptabilité, contrôle de gestion spécialité gestion des risques...

**NIVEAU BAC + 6**

- Master spécialisé en management des risques ; gestion des risques et de la sécurité des établissements et réseaux de santé ; gestion des risques en milieu de soins ; finance, risque, contrôle...

**Ce type de métier est réservé en priorité à des professionnels ayant une longue expérience. Il existe cependant quelques opportunités pour les jeunes, sur des postes spécialisés (comme la gestion de contrats d'assurance) ou dans les PME.**

# AUDITEUR FINANCIER

## PIERRE

**AUDITEUR INTERNE DANS UNE COMPAGNIE D'ASSURANCES**

*« Mon travail consiste à contrôler le fonctionnement des activités de l'entreprise, à partir de données écrites et d'entretiens avec les salariés. Cela permet de détecter des anomalies dans le respect des procédures ou des faiblesses dans les méthodes de travail. Par exemple, j'ai été amené à réaliser une mission sur les processus de recrutement dans l'entreprise, afin de vérifier qu'ils étaient conformes à la réglementation (celle de la Commission nationale de l'informatique et des libertés exige que les données collectées ne servent qu'à évaluer les capacités du candidat). Ensuite, j'ai rédigé un rapport dans lequel j'émettais des voies possibles d'amélioration. »*

**Près des deux tiers des embauches annuelles des grands cabinets de conseil concernent les jeunes diplômés.**

### Où travaille-t-il ?

L'auditeur interne travaille dans des groupes industriels ou commerciaux, des banques, des compagnies d'assurances ou des sociétés de service. Mais il peut aussi exercer dans des cabinets de conseil auxquels certaines entreprises confient leur audit interne. Ses différentes missions s'effectuent soit au sein du siège social d'une entreprise ou des filiales d'un groupe, soit sur les sites de production.

### Quel est son profil ?

Il doit être organisé, méthodique et rigoureux, car il doit mobiliser toute son attention pour déchiffrer les innombrables informations financières qu'il devra analyser. Il faut donc bénéficier d'une concentration à toute épreuve.

## LES ÉTUDES

**NIVEAU BAC + 5**

- Diplôme d'écoles de commerce avec une spécialisation en audit et conseil, contrôle de gestion et audit, management comptable et financier, systèmes d'information…
- Masters comptabilité, contrôle, audit, sciences du management, contrôle de gestion ou systèmes d'information.
- Diplôme d'écoles d'ingénieurs avec une compétence en gestion-finance.

### Quelle carrière ?

C'est un tremplin pour évoluer vers un poste de financier ou de direction opérationnelle dans une usine ou une filiale. Il peut aussi devenir contrôleur interne.

# AGENT GÉNÉRAL D'ASSURANCES

**ANTOINE AGENT GÉNÉRAL D'ASSURANCES CHEZ GAN** *« Mes clients sont des petites ou moyennes entreprises (artisans, commerçants, sociétés commerciales, etc.). Après un bilan complet de leur situation, j'évalue les risques à couvrir et leur conseille les produits de ma compagnie les plus adaptés : notamment des assurances collectives en prévoyance, santé ou retraite que les entreprises veulent souscrire pour leurs salariés. Par exemple, si un salarié vient à mourir, sa famille et ses proches sont mieux "protégés" financièrement. Les assurances dommages et responsabilités civiles, elles, visent à réparer les dommages corporels, matériels ou immatériels qui peuvent être causés à un tiers, par les biens ou les personnes qui dépendent d'elles. Par exemple, si un consultant informatique endommage les fichiers d'un de ses clients, cette assurance est bien utile. Au quotidien, je passe du temps à expliquer aux entreprises clientes les nouvelles obligations, à revoir leurs contrats s'il y a un changement, etc. »*

## LES ÉTUDES

**NIVEAU BAC + 2**

- BTS assurance, banque, management des unités commerciales (MUC) ou négociation et relation client (NRC).
- DUT carrières juridiques ou techniques de commercialisation.
- DEUST banque organismes financiers et de prévoyance .
- Licences 2 en économie, droit, gestion...

**NIVEAU BAC + 3**

- Licences pro assurance, banque, finance.
- Diplômes d'écoles spécialisées.

**NIVEAU BAC + 5**

- Diplôme d'écoles supérieures de commerce et de gestion.
- Diplôme de l'École nationale d'assurances (ENASS).
- Diplôme d'université (DU) de l'Institut des assurances.
- Masters droit, économie, finance, marketing, vente ou management. Plus une formation spécifique dispensée par la compagnie d'assurances.

## Où travaille-t-il ?

Il est soit travailleur indépendant, soit exerce dans le cadre d'une société qu'il a reprise ou créée. C'est à la fois un chef d'entreprise et un mandataire de la société d'assurances dont il distribue les produits.

**Sa rémunération varie: elle fluctue selon les commissions perçues sur les ventes et la gestion des contrats d'assurance.**

## Quel est son profil ?

Il doit avoir l'esprit d'entreprendre et la volonté de développer son affaire. À l'aise avec la clientèle, il a la fibre commerciale, un solide talent de négociateur et sait être à l'écoute de ses clients.

## Quelle carrière ?

Il peut se spécialiser sur une clientèle précise (comme les entreprises, par exemple). Il peut aussi étoffer son implantation sur son secteur géographique, en créant de nouveaux points de vente.

# TEST Gestion, audit, RH, des métiers pour toi ?

**1 – TES PRINCIPALES QUALITÉS…**

▲ Intuition et curiosité.

● Rigueur et sens de l'organisation.

■ Créativité et inventivité.

**2 – LE RÈGLEMENT DE TON ÉTABLISSEMENT, TU LE VOIS COMME :**

■ Une véritable contrainte.

● Facile à suivre, tu t'y plies sans problème.

▲ Désuet : certaines règles te paraissent vraiment inutiles.

**3 – UNE FÊTE EST ORGANISÉE DANS TON ÉTABLISSEMENT.**

● Tu t'occupes de la billetterie et vérifies les comptes du stand restauration.

▲ Tu gères la réservation de la salle et le planning de tous les volontaires.

■ Tu t'occupes des affiches et de la playlist.

**4 – TON BULLETIN N'EST PAS TERRIBLE.**

● Tu l'analyses et mets au point un plan de rattrapage pour les prochaines vacances.

■ Tu pleures et te lamentes sur ton sort.

▲ Tu demandes conseil à tes profs pour t'améliorer.

**5 – UN COPAIN TE DEMANDE DE RELIRE SON DEVOIR DE MATHS, TRUFFÉ D'ERREURS.**

■ Tu ne dis rien, tu as peur de le vexer.

● Tu soulignes en rouge ses erreurs et les lui expliques.

▲ Tu lui signales seulement les plus grosses erreurs…

**6 – LES CHIFFRES ET TOI :**

● Aucun problème.

■ C'est l'horreur.

▲ Tu te débrouilles.

**7 – AVANT DE RENDRE UN DEVOIR :**

▲ Tu le relis une énième fois pour être sûr qu'il n'y a pas de faute.

■ Tu le rends immédiatement après avoir écrit le dernier mot. On verra bien !

● Tu as utilisé tout le temps imparti pour rédiger, donc tu es sûr que tout est OK.

**8 – TU AS PRÉVU UNE SORTIE AVEC DES AMIS. VOUS AVEZ RENDEZ-VOUS À 16 HEURES.**

● Tu arrives un peu avant 16 heures.

▲ Tu arrives pile à l'heure.

■ Tu arrives en retard, mais pas trop.

**9 – TU T'ACCORDES UNE PAUSE EN PLEINE RÉVISION DU CONTRÔLE DE MATHS :**

▲ À condition d'avoir fini une bonne partie.

● Au moment où tu avais planifié d'en faire une.

■ Dès que l'envie te prend.

**10 – AS-TU DÉJÀ PENSÉ À TA VIE DANS 10 ANS ?**

■ Ouh là là… qui peut dire ce qu'il fera dans 10 ans ?!

● Bien sûr, voir loin permet de concrétiser ses envies dans le futur.

▲ Oui, ça t'est arrivé, mais c'est resté quelque chose de très abstrait.

**FAIS LE TOTAL DE TES POINTS POUR CHAQUE SIGNE ET REPORTE-TOI AUX RÉPONSES.**

## MAJORITÉ DE ●

Tu es curieux, ouvert, capable de t'adapter à n'importe quelle situation, de travailler en équipe… Tu es rigoureux, organisé. Tu aimes compter, gérer, analyser, etc. Bref, les métiers de la gestion, de l'audit et des ressources humaines semblent vraiment faits pour toi.

## MAJORITÉ DE ▲

Certes tu es quelqu'un qui aimes les chiffres, l'analyse, tu fais preuve de rigueur et d'organisation… mais tu sembles peu à l'aise avec le travail d'équipe. Or ce type de secteur implique des qualités d'écoute et une aisance relationnelle. Bref pas sûr que tu aies toutes les qualités requises pour travailler dans le secteur de la gestion, de l'audit et des ressources humaines.

## MAJORITÉ DE ■

Gestion, audit, ressources humaines autant de secteurs qui semblent peu te correspondre ! Certes tu as des qualités relationnelles… mais il faut aussi être à l'aise avec l'économie, les chiffres, le droit… et être capable de synthèse, d'analyse, de rigueur. Cela semble peu être ton cas.

# Banque, assurance : un secteur pour toi ?

**1 – TU EMPRUNTES UN LIVRE À LA BIBLIOTHÈQUE, CELA PARLE DE :**

- ▲ Récits de vies héroïques.
- ■ De voyage et d'aventures.
- ● Mathématiques, découvertes scientifiques, casse-tête.

**2 – TA RELATION AVEC LES CHIFFRES :**

- ● Excellente.
- ■ C'est la haine.
- ▲ Pas trop mauvaise.

**3 – ON TE NOMME DÉLÉGUÉ DE TA CLASSE, CAR TU ES BON POUR :**

- ● Trouver des solutions aux problèmes.
- ▲ Faire remonter les demandes des élèves.
- ■ Organiser les sorties scolaires.

**4 – TU DOIS PRÉSENTER UN EXPOSÉ À L'ORAL :**

- ▲ Tu ne te débrouilles pas trop mal.
- ● Tu t'exprimes avec aisance et clarté.
- ■ Tu bégaies, tu rougis… bref ce n'est pas ton truc.

**5 – UN AMI A UN PROBLÈME AVEC SES PARENTS :**

- ■ Tu ne l'écoutes pas, ce n'est pas ton problème.
- ● Tu lui donne des conseils.
- ▲ Tu l'écoutes d'une oreille distraite.

**6 – COMMENT GÈRES-TU TON ARGENT DE POCHE ?**

- ■ Mal… pour toi l'argent est fait pour être dépensé.
- ▲ Tu es plutôt économe, tu ne gaspilles pas ton argent.
- ● Tu le places sur un livret pour acheter un ordinateur.

**7 – UN NOUVEL ÉLÈVE ARRIVE DANS TA CLASSE.**

- ■ Tu l'ignores car tu ne le connais pas.
- ▲ Tu le salues et retourne à tes activités.
- ● Tu l'accueilles chaleureusement et lui fait visiter l'établissement.

**8 – UN CAMARADE S'ÉNERVE CONTRE TOI.**

- ▲ Tu ne dis rien, tu as peur de sa colère.
- ■ Tu lui réponds du tac au tac.
- ● Tu attends qu'il se calme pour vous expliquer.

**9 – POUR ARRIVER À TES FINS SERAIS-TU PRÊT À…**

- ● Échouer, car tu es fondamentalement honnête.
- ▲ Mentir, après tout ce n'est pas si grave !
- ■ Manipuler, tant pis si les autres sont bêtes !

**10 – FAIRE UN STAGE DANS UNE ENTREPRISE OÙ TU NE CONNAIS PERSONNE :**

- ● Tu es partant.
- ▲ Tu hésites.
- ■ Tu feras tout pour éviter ça !

**FAIS LE TOTAL DE TES POINTS POUR CHAQUE SIGNE ET REPORTE-TOI AUX RÉPONSES.**

### MAJORITÉ DE ●

Les métiers de la banque et de l'assurance semblent faits pour toi : tu sais écouter les autres, les conseiller, et garder le sourire quoi qu'ils disent. C'est indispensable dans un domaine où l'on est en contact constant avec la clientèle. Tu es aussi un bon vendeur avec ce qu'il faut de diplomatie pour te faire entendre. Fonce dans ce secteur !

### MAJORITÉ DE ▲

Entrer dans le secteur de la banque et de l'assurance est-ce vraiment une bonne idée ? Certes tu n'as peur ni des chiffres ni des autres… mais sais-tu gérer les conflits ? Es-tu capable de vendre et de conseiller des gens ? Si tu es «trop humain», réussiras-tu à atteindre les objectifs chiffrés qu'on impose aux professionnels de ce secteur ? Bref, il n'est pas sûr que tu possèdes les qualités requises pour y être à l'aise.

### MAJORITÉ DE ■

Vendre, conseiller, avoir le nez dans les comptes et des objectifs à atteindre tous les mois… ça ne semble pas être ton truc ! Tu as de véritables qualités humaines, notamment relationnelles, mais elles risquent d'être malmenées dans le secteur comme la banque et l'assurance où c'est le chiffre qui parle !

## D'autres idées dans ce secteur...

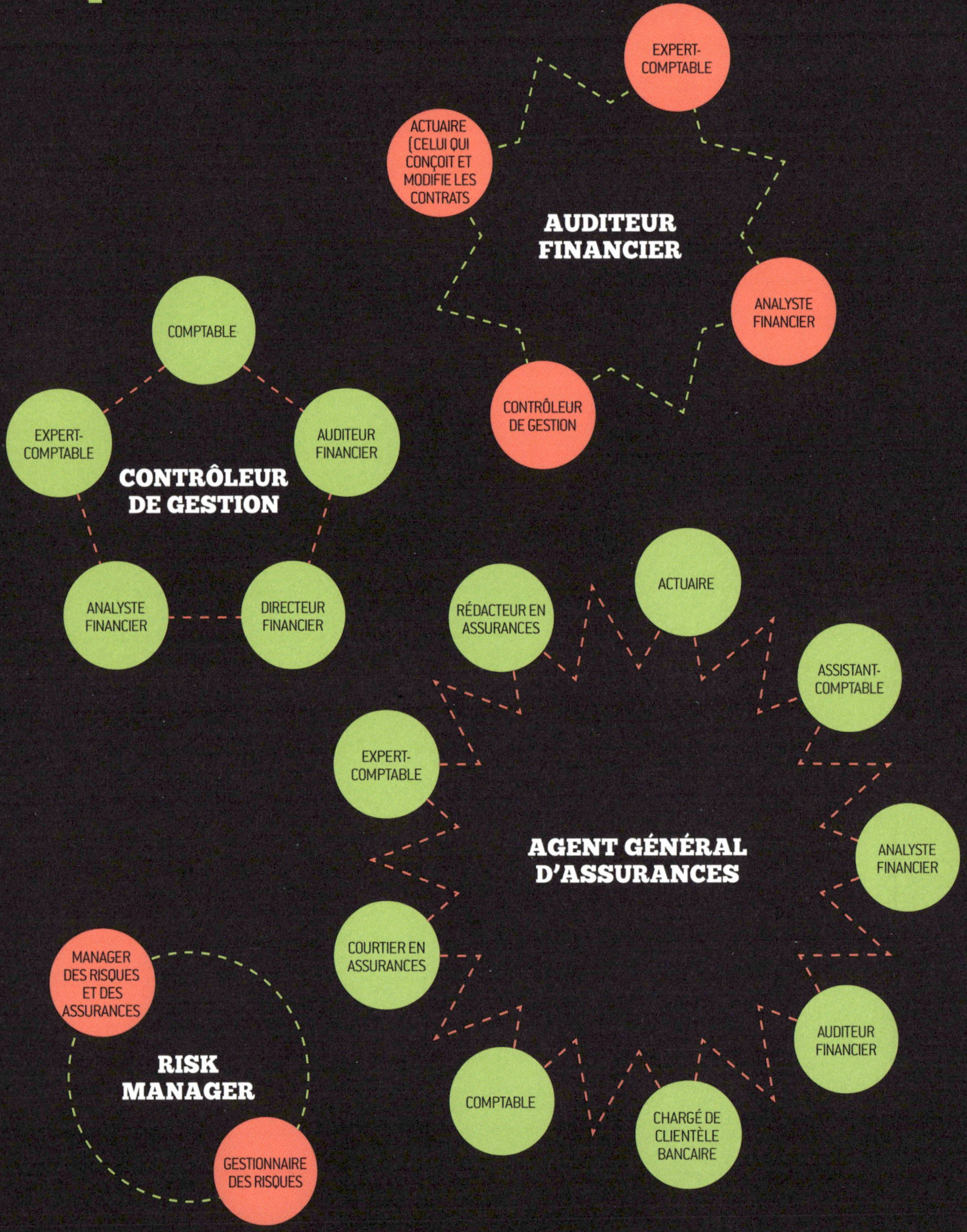

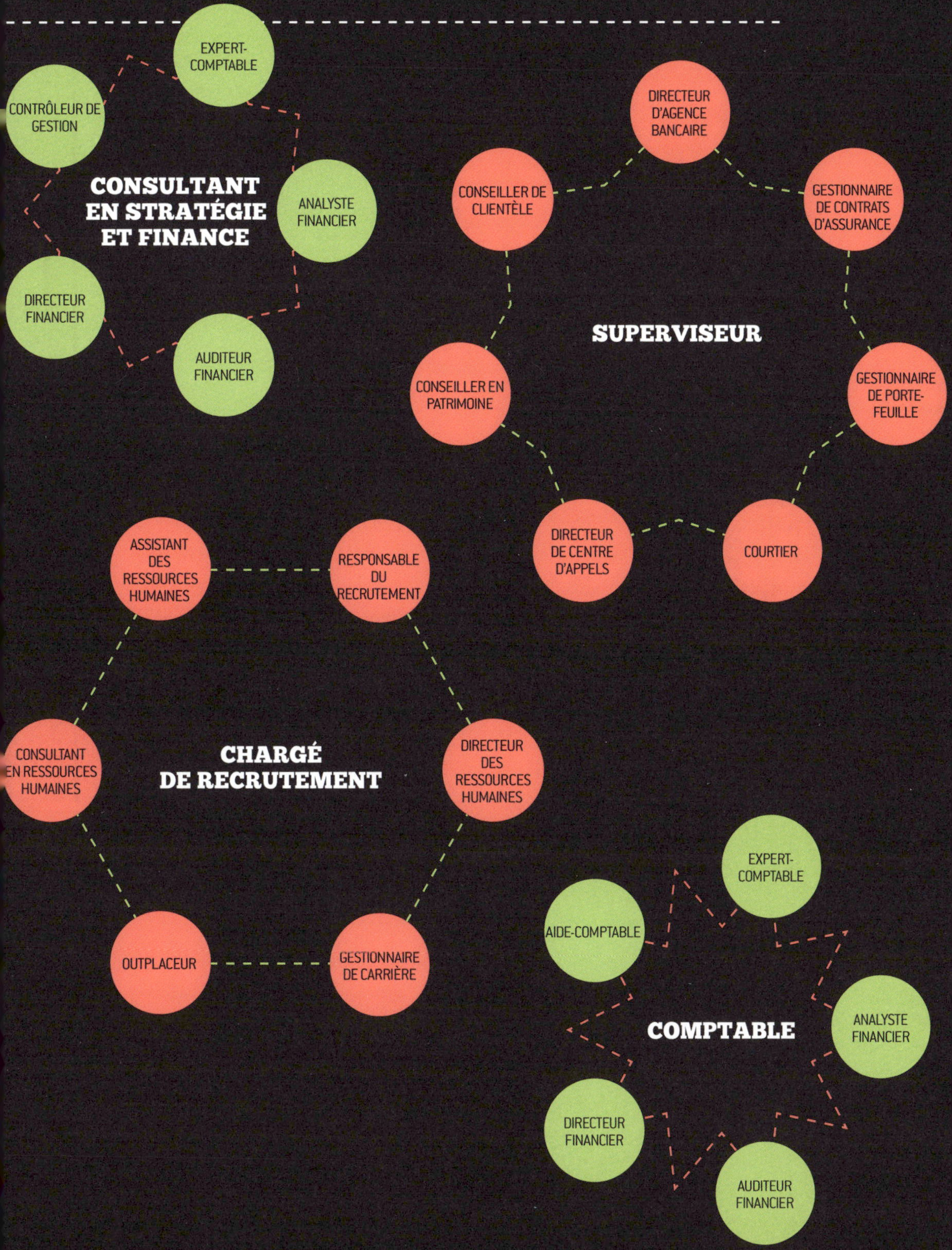
CONSULTANT EN STRATÉGIE ET FINANCE
EXPERT-COMPTABLE
CONTRÔLEUR DE GESTION
ANALYSTE FINANCIER
DIRECTEUR FINANCIER
AUDITEUR FINANCIER
SUPERVISEUR
DIRECTEUR D'AGENCE BANCAIRE
CONSEILLER DE CLIENTÈLE
GESTIONNAIRE DE CONTRATS D'ASSURANCE
CONSEILLER EN PATRIMOINE
GESTIONNAIRE DE PORTE-FEUILLE
DIRECTEUR DE CENTRE D'APPELS
COURTIER
CHARGÉ DE RECRUTEMENT
ASSISTANT DES RESSOURCES HUMAINES
RESPONSABLE DU RECRUTEMENT
CONSULTANT EN RESSOURCES HUMAINES
DIRECTEUR DES RESSOURCES HUMAINES
OUTPLACEUR
GESTIONNAIRE DE CARRIÈRE
COMPTABLE
EXPERT-COMPTABLE
AIDE-COMPTABLE
ANALYSTE FINANCIER
DIRECTEUR FINANCIER
AUDITEUR FINANCIER

# BIOLOGIE CHIMIE PHARMACIE

*Les secteurs de l'industrie chimique, pharmaceutique et biotechnologique recrutant à tour de bras, ils sont porteurs pour ceux qui sont prêts à faire des études longues (un bac + 5 est en effet le minimum requis). L'industrie chimique, par exemple, est le troisième secteur industriel en France. Malgré des recrutements en baisse, en 2017, elle a embauché pas moins de 7 300 personnes (dans différents domaines : recherche et développement ; laboratoire-contrôle, fabrication, qualité-hygiène-sécurité-santé-environnement ; commercialisation...). Pour l'industrie biotechnologique, c'est du côté des start-up (les petites entreprises innovantes) qu'il faut se tourner pour trouver un emploi. Si la majorité d'entre elles évolue dans le domaine de la santé, il en existe également dans l'environnement ou l'agronomie.*

## L'ŒIL DU PRO

Nouveau créneau porteur pour la chimie : l'environnement. Notamment la chimie végétale qui cherche à remplacer les molécules issues de la pétrochimie par des molécules aux propriétés similaires issues du végétal. Cette branche de l'industrie chimique a besoin de personnes qualifiées avec des compétences qui allient la biologie et la chimie (ingénieur matériaux biosourcés, bio-informaticien, trader matières végétales, ingénieur méthanisation...).

*Cote du secteur*

*Coût des études*

*Niveau de formation*

*Salaires*

L'OREAL
METTLER TOLEDO

# CRÉATRICE DE PARFUMS

**ISABELLE CRÉATRICE DE PARFUMS DANS SA SOCIÉTÉ DE CRÉATION DE PARFUMS, AROMATIQUE MAJEUR** *« Le travail d'un "nez" comme moi, c'est de mettre au point des formules qui deviennent des parfums. C'est comme une recette de cuisine, avec des ingrédients qu'on mélange, des proportions qu'on respecte... mais aussi tout ce que l'on a pu vivre, croiser dans notre vie. Prenez Songes, le parfum d'Annick Goutal que j'ai créé avec sa fille (mon associée). Nous nous sommes inspirées de souvenirs de mon enfance à Tahiti et d'un voyage de Camille à l'île Maurice où elle a découvert la fleur de frangipanier, la plus tendre et la plus délicieuse des fleurs exotiques. Nous avons analysé nos souvenirs pour mélanger des essences de jasmin, de tiaré, de tubéreuse, de santal, de vanille, etc. Nous avons passé beaucoup de temps à faire des essais, mais, au final, le mélange obtenu traduit parfaitement l'idée des odeurs de fleurs blanches qu'exhalent le frangipanier et le tiaré à la tombée de la nuit. »*

**Un vrai « nez » est capable de reconnaître jusqu'à 3 000 matières premières (odeurs).**

© Patrick Daxenbichler/Fotolia

## LES ÉTUDES

**NIVEAU BAC + 5**

- Master pro formulation et évaluation sensorielle des industries de la parfumerie, de la cosmétique et de l'aromatique alimentaire (à l'Isipca, l'école du parfum).

## Où travaille-t-il ?

La plupart des créateurs de parfums travaillent pour des maisons de création. Il en existe cinq grandes en France, qui réalisent elles-mêmes les parfums qui serviront aux grandes marques. Seules quelques grandes marques (Chanel, Cartier, Hermès, Guerlain...) disposent de leur parfumeur attitré.

## Quel est son profil ?

Patience et curiosité sont indispensables, car un mélange n'est pas toujours bon au premier essai. Il doit aussi être inventif, créatif et au fait de toutes les tendances (culinaires, esthétiques, vestimentaires, musicales, architecturales, etc.), qui peuvent l'inspirer et l'aider à lancer de nouvelles compositions.

## Quelle carrière ?

Il existe un peu plus d'une centaine de nez en France. C'est un métier qui exige de nombreuses années d'apprentissage. Avant de créer des parfums, on commence comme assistant parfumeur puis junior. Après quelques années dans une maison de création, il peut se mettre à son compte.

# HYDROBIOLOGISTE

**SÉBASTIEN HYDROBIOLOGISTE À LA MAISON DE L'EAU ET DE LA PÊCHE DE LA CORRÈZE** *« Notre association a pour objectif de sensibiliser le public au milieu aquatique et à la pêche. En tant qu'experts du milieu aquatique, nous réalisons des études pour des industriels comme EDF, les communautés de communes... J'étudie les "petites bêtes" qui vivent au fond des rivières, de façon à déterminer la qualité de l'eau. La diversité des espèces, ainsi que leur nature et leur nombre, me permet de connaître le degré de pollution. Par exemple, si on constate que le chabot, un poisson qui a besoin d'eau fraîche et oxygénée, disparaît des rivières en raison de changements de pratiques agricoles, nous devons alerter les agriculteurs. De la même façon, nous pouvons constater qu'une espèce comme la truite est pénalisée par le manque de cailloux dans l'eau, parce qu'ils sont retenus par un barrage. Nous prévenons la fédération de la pêche, à même de reconstituer un milieu qui leur est favorable. »*

**Les hydrobiologistes les plus recherchés sont spécialisés dans le domaine du microscopique (bactéries, microalgues).**

## Où travaille-t-il ?

L'ingénieur hydrobiologiste travaille pour des bureaux d'études, des organismes de recherche (INRA, CNRS...), des établissements publics (Agence de l'eau, directions régionales de l'environnement, Conseil supérieur de la pêche), des entreprises privées (EDF, Veolia...), des collectivités territoriales ou encore des associations (fédérations de pêche, de protection de l'environnement...).

## Quel est son profil ?

Bien qu'il puisse avoir des techniciens sous sa responsabilité, il travaille généralement seul. Il doit donc être autonome et organisé. Comme il est régulièrement en relation avec les collectivités territoriales, il lui faut savoir vulgariser des données techniques et être persuasif pour leur proposer les mesures à mettre en place.

## Quelle carrière ?

Généralement, les jeunes diplômés commencent avec le statut de technicien. Ils ne deviennent hydrobiologistes qu'après plusieurs années.

## LES ÉTUDES

**NIVEAU BAC + 5**

- Masters pro ou recherche en biologie cellulaire et moléculaire, génétique, pharmacologie, biologie végétale ou animale...
- Diplôme d'ingénieur spécialisé en biologie.

**NIVEAU BAC + 8**

- Doctorat en biologie, toxicologie...

# INGÉNIEURE EN MÉTHANISATION

**ANNE INGÉNIEURE EN MÉTHANISATION CHEZ SOLAGRO** *« Mon entreprise produit de l'énergie (du biogaz) à partir de la dégradation naturelle de la matière organique, cela s'appelle la méthanisation. Il peut s'agir de matière organique agricole. Les agriculteurs nous appellent parce qu'ils souhaitent transformer en énergie leurs déchets (lisier, fumier, résidus de cultures, etc.). Mon rôle est de voir si leur projet est faisable. Je commence par une étude sur l'exploitation : quelles sont les ressources en déjections et résidus de culture ? Quelle taille doit faire l'installation ? Quels seraient les coûts d'investissement et d'exploitation ? Quelle quantité de biogaz pourra être produite ? Si un projet est viable, j'aide ensuite l'agriculteur à établir un cahier des charges, puis à choisir le constructeur qui fournira et installera les équipements (type grosse cuve chauffante). »*

## LES ÉTUDES

**NIVEAU BAC + 5**

- Diplôme d'ingénieur avec une spécialisation en génie énergétique, énergies renouvelables, environnement, agronomie, génie des procédés, électromécanique, voire en génie climatique, en biologie industrielle, ou en génie civil.
- Masters spécialisés dans le domaine de l'environnement.

**La plupart des constructeurs de centrales biomasse sont allemands. Maîtriser l'anglais et l'allemand est donc un plus.**

## Où travaille-t-il ?

Il travaille dans des bureaux d'études, des cabinets de conseil en management de projets ou en maîtrise d'ouvrage ; ou bien pour des constructeurs de centrales biomasse, des développeurs de projets de méthanisation et des industriels du biogaz. Il peut travailler sur les déchets agricoles mais aussi industriels.

## Quel est son profil ?

Bien sûr, il doit maîtriser la chimie de la fermentation (et ses différents paramètres : température, pH, composition biogaz, débit, etc.). Mais aussi être capable d'adapter les études techniques aux différents projets : notamment en ce qui concerne la matière première (quantité de substrats, composition biochimique).

## Quelle carrière ?

Il peut partir à l'étranger (Royaume-Uni, Espagne, États-Unis, Amérique du Sud...), travailler sur des installations de plus grande envergure, devenir technico-commercial ou responsable développement dans des entreprises des secteurs énergétique ou agro-industriel.

# PHARMACIEN – DIRECTEUR DU DÉVELOPPEMENT

**JEAN-PIERRE PHARMACIEN-DIRECTEUR DU DÉVELOPPEMENT INDUSTRIEL CHEZ SANOFI AVENTIS** *« En ce moment, je développe de nouveaux médicaments à partir de molécules déjà existantes pour combler des besoins qui ne sont pas encore couverts. Il peut s'agir de trouver la version pour enfants, soluble dans l'eau, d'un médicament pour adultes. Il faut savoir mettre au point un médicament à partir d'une nouvelle molécule, ça peut prendre douze ans ! C'est comme en cuisine : on part d'une poudre, on ajoute des ingrédients selon l'effet voulu, en pensant à la conservation, à la fabrication, etc. Ensuite on réalise des essais sous le contrôle d'un médecin, et on teste l'efficacité et l'innocuité sur des malades volontaires. Si les tests sont concluants, le médicament "candidat" est soumis aux autorités sanitaires des pays où il sera commercialisé. »*

**Il y a de l'avenir dans ce secteur : on cherche à guérir des maladies avec des anticorps issus des biotechnologies (ensemble de techniques qui utilisent des organismes vivants ou certaines de leurs composantes).**

## LES ÉTUDES

**NIVEAU BAC + 6**
- DE pharmacie.

**NIVEAU BAC + 9**
- DES pharmacie.
- DES innovation pour la recherche pharmaceutique.

De nombreux pharmaciens complètent leur formation par des diplômes d'écoles d'ingénieurs, de commerce, de droit.

## Où travaille-t-il ?

Il est recherché par les géants mondiaux de l'industrie pharmaceutique, ou par des sous-traitants. Mais les pharmaciens n'occupent qu'un quart des cadres en poste, aux côtés de médecins, de scientifiques issus de l'université, d'ingénieurs et même de diplômés d'écoles de commerce avec lesquels ils travaillent en équipe.

## Quel est son profil ?

Une bonne dose de patience est obligatoire car, parfois, sur des milliers de molécules testées, au final, une seule est transformée en médicament ! Il doit également mettre constamment ses connaissances à jour sur les produits, l'évolution des maladies, la résistance à certains médicaments, etc. Et se tenir au courant des nouvelles réglementations.

## Quelle carrière ?

Le pharmacien dans l'industrie débute souvent en laboratoire, ou en tant qu'auditeur qualité ou responsable sécurité avant de prendre la direction d'une unité. Le secteur offre de nombreuses possibilités d'évolution, y compris vers des postes en marketing, en juridique, etc.

TEST

# Es-tu fait pour ce secteur ?

**1 – QUEL EXERCICE PRÉFÈRES-TU AU COLLÈGE OU AU LYCÉE ?**

● Les expériences et les problèmes à résoudre.

▲ Lire et apprendre par cœur.

■ Les rédactions ou dissertations.

**2 – TA PRINCIPALE QUALITÉ ?**

▲ La rigueur.

■ L'imagination.

● La curiosité.

**3 – QUAND TU REGARDES UN CITRON, TU PENSES :**

▲ Où a été cultivé ce fruit ?

● Il doit y avoir une bonne raison pour que la peau soit si épaisse.

■ Je vais me presser un jus délicieux.

**4 – LE JEU DE SOCIÉTÉ QUE TU PRÉFÉRAIS ENFANT :**

■ La bonne paye.

▲ Docteur Maboule.

● C'est pas sorcier.

**5 – TON PROF D'EPS TE DEMANDE DE SAUTER À LA PERCHE.**

▲ Tu n'y arrives pas tout de suite, mais tu recommences au moins une seconde fois avant de conclure que ce n'est pas pour toi...

● Tu recommences jusqu'à y arriver.

■ Trop dur pour toi. Tu passes ton tour.

**6 – EN PHYSIQUE CHIMIE :**

■ Tu n'y comprends rien. Les expériences en TP relèvent pour toi du parcours du combattant.

● Manipuler les tubes à essai et mélanger les solutions est un jeu d'enfant pour toi.

▲ Tu n'es pas très sûr de toi et tu as toujours peur que ça t'explose à la figure.

**7 – TES COURS SONT :**

● Résumés dans des fiches avec des couleurs différentes pour chaque partie et rangés dans une boîte.

▲ Rangés dans un classeur.

■ En bazar. Tes feuilles traînent au fond de ton sac.

**8 – TON SPORT PRÉFÉRÉ :**

■ La course à pied.

● Le foot ou le hand.

▲ Le tennis.

**9 – TU PARS EN VACANCES EN COLO OU CHEZ TES GRANDS-PARENTS.**

● Tu vérifies trois fois que tu as bien mis dans ta valise ce dont tu as besoin.

■ Tu jettes quelques affaires dans ta valise vite fait. Tu te débrouilleras bien une fois sur place.

▲ Tu as réfléchi auparavant à ce que tu emportais. Pas besoin de vérifier.

**10 – TU GARDES TES PETITS VOISINS LE TEMPS D'UNE SOIRÉE.**

▲ Tu organises des jeux, lis des histoires, etc.

● Tu joues un peu avec eux, puis tu les mets au lit car il y a des horaires à respecter.

■ Tu les colles au lit le plus vite possible pour ne pas être embêté.

**FAIS LE TOTAL DE TES POINTS POUR CHAQUE SIGNE ET REPORTE-TOI AUX RÉPONSES.**

## MAJORITÉ DE ●

Tu es rigoureux, patient, curieux, précis... Tu adores les expériences. Bref, aucun doute, tu as toutes les qualités pour réussir dans les métiers de la chimie, biologie, pharmacie.

## MAJORITÉ DE ▲

Réfléchis bien avant de t'orienter vers ces métiers. On ne s'engage pas dans une filière scientifique à la légère, cela exige patience, minutie, persévérance, etc. Ou choisis soigneusement ta profession au sein de ce secteur, s'il te fait rêver.

## MAJORITÉ DE ■

Évite de t'orienter vers ces métiers qui ne semblent pas cadrer avec ta personnalité. Tu as d'autres qualités et tu peux être attiré par les sciences mais les côtoyer « de loin » en allant vers des professions plus commerciales ou littéraires (journaliste scientifique, par exemple). Renseigne-toi sur ces filières qui correspondent davantage à ton caractère.

IDÉES EN +

## D'autres idées dans ce secteur...

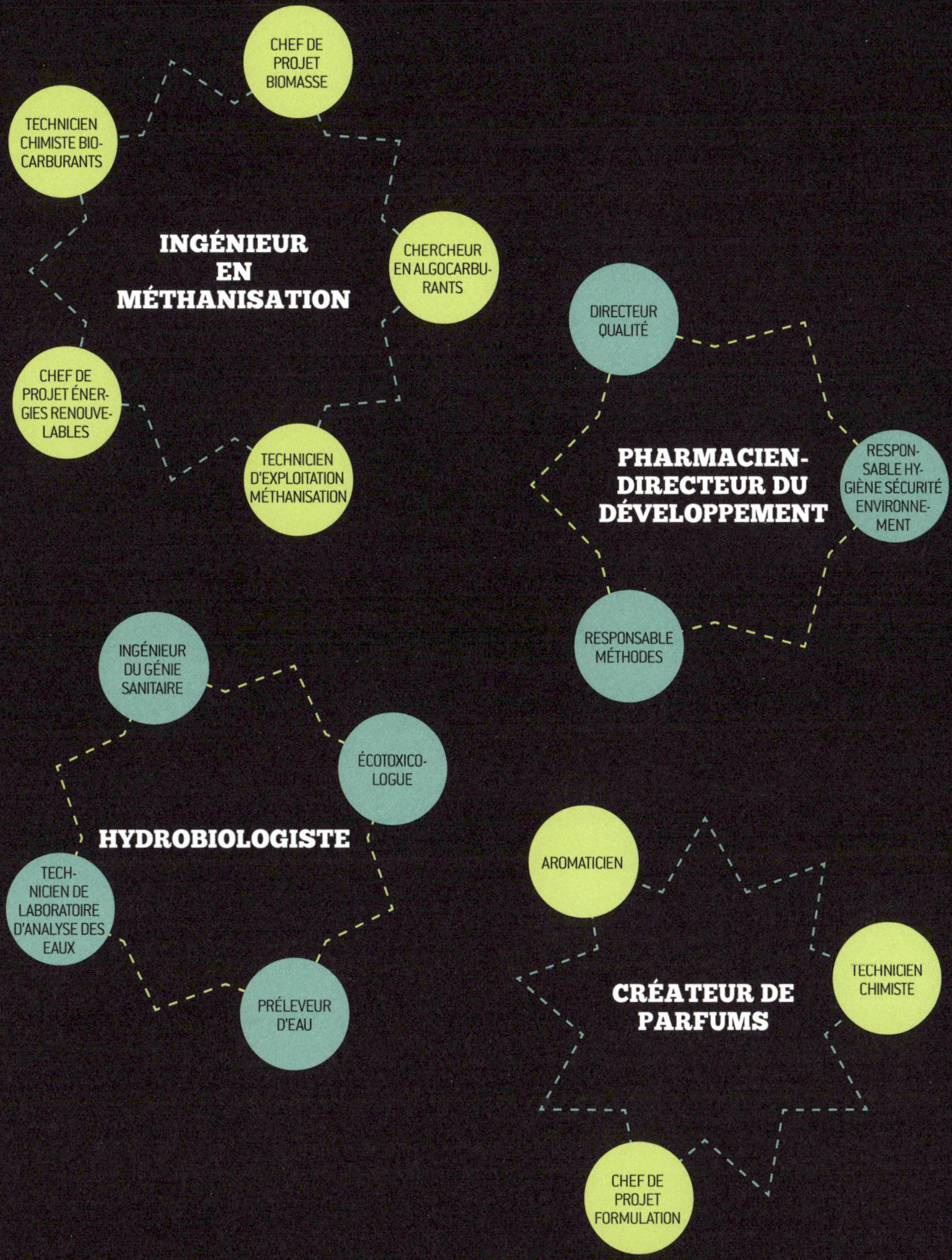

# BTP, ARCHITECTURE

*Quand le bâtiment va, tout va ! Ce vieil adage n'est pas faux. Le BTP, qui est le secteur locomotive de l'économie française, est depuis plusieurs années en crise. Pour autant, grâce aux nombreux départs à la retraite prévus durant les quatre prochaines années, il continue d'embaucher. La tendance est au développement de nouvelles compétences : l'écologie est au cœur de la profession, avec la généralisation des constructions basse consommation et de l'écoconstruction. De nouveaux métiers apparaissent, comme économiste de la construction ou diagnostiqueur immobilier. Côté travaux publics, de grands chantiers, pourvoyeurs d'emplois, sont envisagés dans les prochaines années, notamment à Paris avec la construction du tribunal de grande instance ou le prolongement de la ligne 14.*

## L'ŒIL DU PRO

Ce secteur accueille des diplômés du CAP au bac + 5. La majorité des troupes est certes constituée d'ouvriers pour le gros œuvre (maçons ou conducteurs d'engins y sont en bonne place) et le second œuvre, c'est-à-dire toutes les finitions, de la toiture à la peinture en passant par l'électricité (plombiers, menuisiers, carreleurs, chauffagistes, charpentiers...). Mais le bâtiment a aussi besoin de techniciens, de cadres (chefs de chantier, conducteurs de travaux) et de commerciaux. Les compétences exigées augmentent du fait des nouvelles réglementations liées au développement durable.

*Cote du secteur*

*Coût des études*

*Niveau de formation*

*Salaires*

LIEBHERR
JLG ULTRA BOOM

# ARCHITECTE

**PATRICIA** **ARCHITECTE À LA SCAU ARCHITECTES** *« Contrairement à la plupart des architectes, je ne suis pas à mon compte. Je suis salariée d'une agence. J'avais envie de bosser en équipe et de participer à de grands projets. Par exemple, sur un projet de stade, nous sommes une équipe de huit. Avant que le chantier débute, nous avons étudié le terrain, conçu des plans, choisi les matériaux, notamment ceux dits "durables", comme la toile qui couvrira le stade. Ce qui est intéressant dans un projet comme celui-ci, c'est la diversité des espaces à travailler. Certains sont très bruts, comme les gradins, alors que d'autres, au contraire, sont très délicats, comme les salles de réception. »*

## LES ÉTUDES

**NIVEAU BAC + 5**
La formation d'architecte est dispensée au sein des 20 Écoles nationales supérieures d'architecture (ENSA). Il est aussi possible de se former à l'INSA (Institut national des sciences appliquées) de Strasbourg ou à l'ESA (École spéciale d'architecture de Paris, école privée).

**NIVEAU BAC + 6**
L'architecte d'État qui souhaite réaliser des projets sous sa propre responsabilité doit suivre un cursus supplémentaire de 1 an et obtenir l'HMONP (habilitation à l'exercice de la maîtrise d'œuvre en son nom propre).

**L'architecte de demain créera des édifices virtuels (boutiques, immeubles…), pour des entreprises qui commercialisent leurs produits en ligne.**

## Où travaille-t-il ?

La majorité travaille à son compte, en « libéral ». Les autres sont salariés dans une agence. Quelques-uns exercent dans le cadre de la fonction publique d'État ou territoriale. Ils peuvent chacun avoir des spécialités différentes : certains, plus « commerciaux », rencontrent les clients sur le terrain et leur vendent les projets, d'autres dessinent grâce aux logiciels 3D, d'autres encore évaluent techniquement les travaux et les suivent.

## Quel est son profil ?

Sens créatif, curiosité, culture artistique et bon coup de crayon lui sont indispensables. Il doit faire preuve de méthode, être à l'aise en équipe et s'adapter aux délais et aux situations de forte pression. Des connaissances en histoire de l'art et en droit de l'urbanisme sont conseillées. Enfin, il faut acquérir une connaissance pointue des normes liées à la construction. En cela, l'architecte apprend quotidiennement, car les réglementations et les innovations technologiques évoluent rapidement dans le secteur du bâtiment.

## Quelle carrière ?

L'architecte peut évoluer vers d'autres fonctions dans les domaines de l'urbanisme, du paysage et de la décoration. Il peut également se diriger vers l'expertise auprès des tribunaux, la conservation des monuments historiques ou l'enseignement.

# GRUTIER

**GASPAR GRUTIER CHEZ VINCI CONSTRUCTION FRANCE** *« Le chantier compte cinq grues. La mienne est la plus haute : 58 mètres ! Mes journées, je les passe dans ma cabine, grande d'à peine quelques mètres carrés, à déplacer et distribuer, à l'aide de manettes, des matériaux très lourds : gradins, échafaudages… Je dois faire preuve d'une extrême précision : cela se joue au millimètre près. Si je rate, c'est l'accident garanti. Autre qualité importante : ne pas avoir le vertige et le mal de mer, car, là-haut, ça tangue beaucoup, surtout lorsqu'il y a du vent. Le grutier, c'est vraiment un personnage central. S'il n'est pas là, le chantier s'arrête. »*

## LES ÉTUDES

**APRÈS LA 3E**

- CAP conducteur d'engins, travaux publics et carrières.
- Brevet professionnel conducteur d'engins : travaux publics et carrières

**Ne pas craindre la solitude lorsqu'on est perché à des mètres au-dessus du sol est un atout.**

## Où travaille-t-il ?

Plutôt pour des entreprises du BTP, sur des chantiers de grande taille. Dans les 300 entreprises françaises, les plus importantes emploient, en moyenne, près de 50 grutiers, alors que la plupart des autres en comptent seulement un ou deux. Le grutier est amené à effectuer des déplacements sur les chantiers – loin de chez lui – pendant plusieurs jours. Il peut aussi travailler les samedis et dimanches, les jours fériés, de nuit, et être soumis à des astreintes.

## Quel est son profil ?

Précision et rigueur sont indispensables, car il travaille dans un environnement où il faut respecter les règles de sécurité. Les convois déplacés peuvent en effet atteindre plusieurs tonnes, et une erreur de manœuvre peut avoir des conséquences irréversibles. Une connaissance solide de sa machine et un sang-froid infaillible sont également nécessaires : il doit en permanence être à même de maîtriser le balancement, l'équilibre et la trajectoire de la charge des matériaux.

## Quelle carrière ?

Une spécialisation dans la manœuvre d'engins de plus en plus puissants et mobiles, et dans le montage, est possible. Ses missions varient aussi d'une entreprise à l'autre : travailler sur des portiques, des ponts roulants en usine ou des grues spécialisées sur des sites portuaires, dans des entreprises de transport et de manutention ou encore devenir chef d'équipe.

# INGÉNIEURE TRAVAUX

**CAROLINE**
**INGÉNIEURE TRAVAUX CHEZ SOLETANCHE BACHY** *« Actuellement, j'encadre une équipe de 200 ouvriers qui se relaient 24 heures sur 24 et 7 jours sur 7 pour mener à bien les travaux de consolidation de la structure d'un tunnel du RER C. Je suis responsable des délais et des budgets, de la qualité technique et environnementale des travaux, et de la sécurité. Être une femme sur un chantier, c'est compliqué, même si, dans le domaine des fondations et du gros œuvre (tout ce qui est ossature d'un ouvrage), il y en a de plus en plus. Pourtant, cela comporte des avantages. Pour la sécurité, par exemple, je suis extrêmement pointilleuse, et cela est très apprécié de ma hiérarchie. Avec les clients et les partenaires (fournisseurs, Ville de Paris, police, etc.), être une femme est même un atout car je sais me montrer très diplomate. »*

© Éric Larrayadieu

**L'ingénieur travaux peut être amené à voyager pour exporter son savoir-faire à l'étranger, lors de réalisations sous-traitées.**

## LES ÉTUDES

**NIVEAU BAC + 5**
• Diplôme d'ingénieur dans le bâtiment ou les travaux publics (ESTP, ESICT).

## Où travaille-t-il ?

Il travaille au sein de bureaux d'études, de cabinets d'architecture, d'entreprises du BTP, etc. Il peut œuvrer aussi bien à la construction de routes et autoroutes, pour les voiries et réseaux, les aménagements urbains ou de loisir. Mais aussi pour l'assainissement, le traitement des eaux, l'environnement, les ouvrages maritimes, les travaux souterrains...

## Quel est son profil ?

Diverses compétences sont nécessaires : bonne résistance psychologique, sens de l'initiative, réactivité pour gérer les aléas quotidiens, capacité de communication pour assurer l'interface entre ses nombreux interlocuteurs, et maîtrise des outils informatiques. Sans oublier un esprit synthétique et rationnel pour pouvoir traiter les données rapidement et gérer au mieux l'espace du chantier.

## Quelle carrière ?

Après environ dix ans d'exercice, il peut devenir directeur de travaux et superviser de gros chantiers nécessitant l'intervention de plusieurs ingénieurs travaux, dont il a la responsabilité.

# DIAGNOSTIQUEUR IMMOBILIER

## GUY

**DIAGNOSTIQUEUR IMMOBILIER** *« Je passe deux tiers de mon temps sur le terrain à faire un état des lieux de biens immobiliers à la demande de gestionnaires de parcs immobiliers, d'agents immobiliers ou de propriétaires. Je contrôle et mesure la présence d'amiante, de plomb, de termites ou autres parasites, l'installation du gaz, de l'électricité, le fonctionnement des ascenseurs, l'installation de la sécurité incendie, etc. Ces diagnostics immobiliers sont obligatoires pour tous les propriétaires lorsqu'ils vendent, louent ou font des travaux sur un bien. Dans les biens datant d'avant 1948, je dois évaluer la présence de plomb ; dans les bâtiments de plus de 15 ans, je vérifie les installations du gaz et de l'électricité. Toutes ces mesures et opérations font ensuite l'objet d'un rapport de visite extrêmement précis et détaillé que je réalise directement sur place ou au bureau. »*

## Où travaille-t-il ?

Le diagnostiqueur immobilier peut travailler au sein d'un cabinet spécialisé, ou se mettre à son compte : soit en indépendant, soit en gérant le magasin d'une chaîne d'enseignes spécialisées en diagnostic immobilier.

## Quel est son profil ?

Comme il exerce le plus souvent seul, il doit être parfaitement autonome. Effectuer un diagnostic demande minutie, rigueur et sens de l'analyse. Enfin et surtout, il saura rester totalement impartial dans l'exercice de ses fonctions !

## Quelle carrière ?

Avec de l'expérience, il peut prendre des responsabilités au sein d'un cabinet d'expertise ou changer d'employeur et travailler en amont en tant que conseiller pour une grande entreprise de construction.

**Le métier devrait se développer avec l'arrivée de nouveaux diagnostics qui risquent de voir le jour avec les lois « anti-bruit et qualité de l'air intérieur ».**

## LES ÉTUDES

Le diagnostiqueur doit obtenir 8 certifications d'un organisme agréé COFRAC pour exercer : exposition au plomb ; présence ou absence de matériaux contenant de l'amiante ; état des installations de gaz de plus de 15 ans ; diagnostic de performance énergétique ; diagnostic des installations électriques de plus de 15 ans ; recherche de termites ; métrage loi Carrez ; état des risques naturels et technologiques. L'obtention de ces certifications nécessite de solides connaissances techniques, qui peuvent s'acquérir en suivant une formation dans un centre agréé.

**APRÈS UN BAC + 2**

- BTS technico-commercial options matériaux du bâtiment, énergie et services.

**APRÈS UN BAC + 3**

- Licence pro mention bâtiment et construction, spécialité : expert en diagnostics techniques de l'immobilier et pathologies du bâtiment.

TEST

# Es-tu fait pour ce secteur ?

**1 – TU DOIS CHOISIR UN OU PLUSIEURS SPORTS À PRATIQUER. TES GOÛTS NATURELS TE PORTENT VERS…**

- ● Foot, handball, rugby… des sports d'équipe.
- ▲ N'importe quel sport, à condition d'être l'entraîneur ou le capitaine.
- ■ Course à pied, natation, boxe… des sports individuels.

**2 – TU DOIS RÉFLÉCHIR À LA VILLE DE DEMAIN…**

- ▲ Intéressant, c'est en tout cas quelque chose d'utile.
- ● Quelque chose de fascinant, dont tu veux être acteur.
- ■ Cela ne t'intéresse absolument pas.

**3 – L'ÉCOLOGIE ET LE DÉVELOPPEMENT DURABLE :**

- ■ Tu ne t'y intéresses pas trop.
- ▲ Tu aimerais en apprendre plus sur ces sujets.
- ● Tu adorerais travailler dans ces secteurs !

**4 – VOITURES, ORDINATEURS, TRAINS… AS-TU ENVIE DE COMPRENDRE COMMENT ILS FONCTIONNENT ?**

- ■ Non, tu n'en vois pas l'intérêt.
- ▲ C'est utile, ça permet de dépanner.
- ● Tu adores et tu cherches d'ailleurs toujours à comprendre.

**5 – UNE SITUATION INHABITUELLE SE PRÉSENTE À TOI…**

- ● Tu t'adaptes rapidement.
- ■ C'est la panique, tu ne sais pas quoi faire.
- ▲ Tu n'aimes pas trop changer tes habitudes, mais, quand il le faut, tu essaies de t'adapter.

**6 – TA SŒUR A UN PROBLÈME AVEC SON ORDINATEUR :**

- ▲ Tu tentes de l'aider.
- ● Aucun souci, tu as déjà démonté sa machine au moins quinze fois.
- ■ Tu lui conseilles d'appeler un adulte.

**7 – POUR TOI, LES RÈGLES À L'ÉCOLE OU À LA MAISON, C'EST :**

- ▲ Un mal nécessaire.
- ● Un cadre à suivre.
- ■ Un jeu : tu aimes les contourner.

**8 – TA FAMILLE A BESOIN DE TOI. TU PRÉFÈRES :**

- ● Aider ton père à bricoler.
- ■ Suivre les devoirs de ta petite sœur.
- ▲ Organiser une séance de jardinage.

**9 – TES POTES ET TOI AVIEZ PRÉVU UNE BALADE EN VILLE… MAIS IL PLEUT.**

- ● Pas de problème, tu chausses tes bottes en caoutchouc et enfiles un manteau à capuche.
- ■ Très peu pour toi, tu restes à la maison.
- ▲ Tu n'es pas chaud pour y aller… mais tu te forces en t'équipant.

**10 – TES CAMARADES DE CLASSE TE PROPOSENT DE SÉCHER UN COURS.**

- ■ Tu te laisses tenter.
- ▲ Tu hésites…
- ● Tu refuses.

**FAIS LE TOTAL DE TES POINTS POUR CHAQUE SIGNE ET REPORTE-TOI AUX RÉPONSES.**

### MAJORITÉ DE ●

Tu as un profil adapté pour les métiers du bâtiment et des travaux publics. Tu es capable de bosser en équipe, tu as le goût de l'action, le sens des responsabilités, tu sais respecter des règles et tu es capable de t'adapter à n'importe quelle situation. Fonce !

### MAJORITÉ DE ▲

Certains métiers du bâtiment et des travaux publics peuvent bien te convenir. Certes, tu ne possèdes pas 100 % des qualités exigées dans ce secteur, mais avec de la bonne volonté et en choisissant bien ton métier, tu peux y arriver.

### MAJORITÉ DE ■

Tu sembles ne pas aimer bosser en équipe, ou ne pas respecter les règles en toutes circonstances, et travailler dehors n'est pas ton truc. Tu n'as pas le profil pour les métiers du bâtiment et des travaux publics. Conclusion, ce secteur n'a pas l'air d'être celui où tu te réaliseras !

IDÉES EN +

## D'autres idées dans ce secteur...

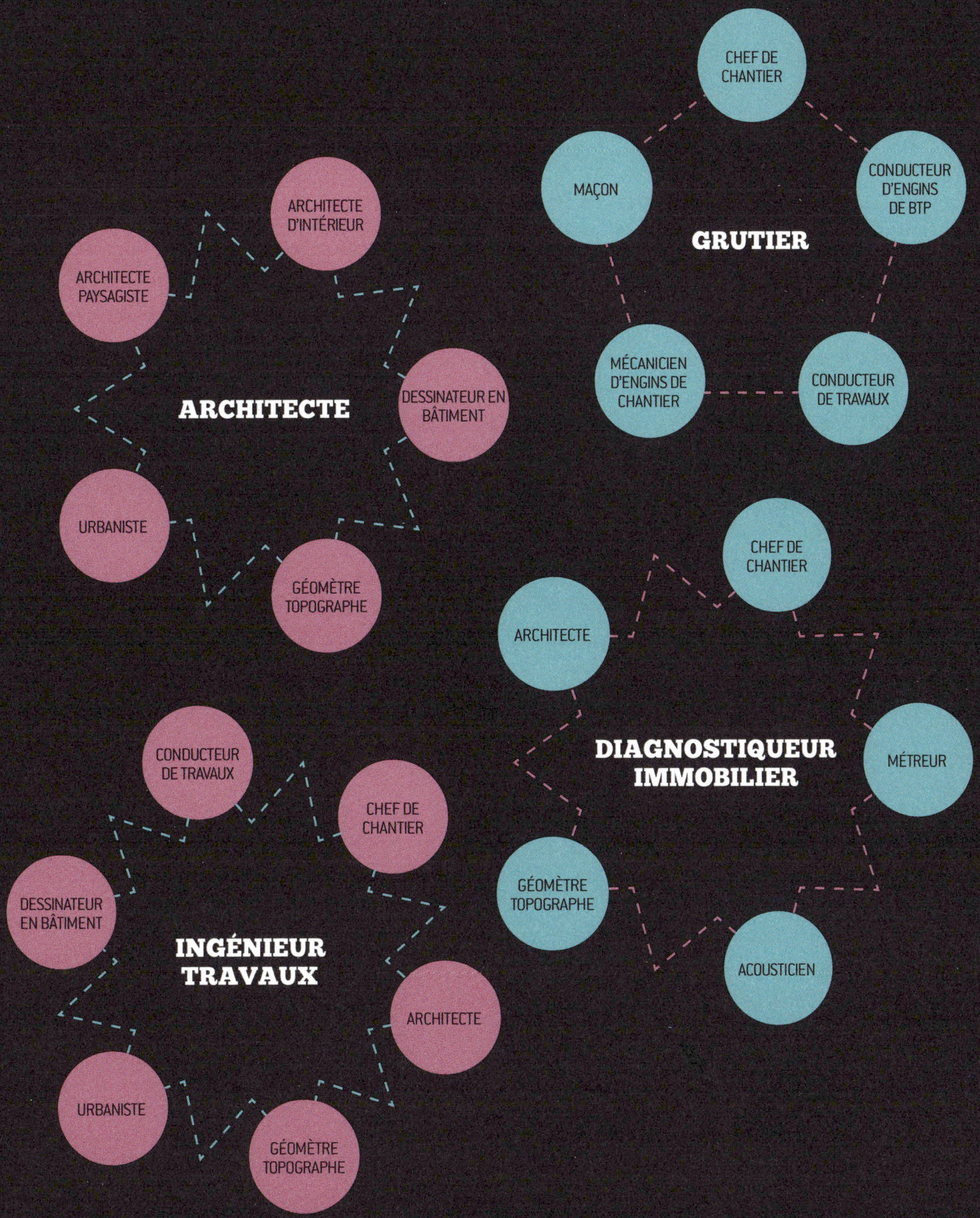

# COMMERCE ET MARKETING

*Malgré un marché du travail difficile, les métiers du commerce et du marketing tirent leur épingle du jeu. Les entreprises continuent, en effet, de recruter des commerciaux, afin de garder une longueur d'avance sur leurs concurrents. Elles recherchent des bacs pro pour des postes de vendeurs, mais aussi des niveaux bac + 2 ou 3 comme attachés commerciaux ou chargés d'affaires, ainsi que des profils plus diplômés issus d'écoles de commerce. Quels que soient sa formation ou son secteur d'activité, un bon commercial a toutes ses chances de décrocher un job. De plus, les perspectives d'évolution et de mobilité sont nombreuses et intéressantes.*

## L'ŒIL DU PRO

Internet a révolutionné les métiers de la vente et du marketing. Les entreprises de ces secteurs recherchent, donc, des personnes maîtrisant les problématiques commerciales, tant en ligne (Internet, mobile) que traditionnelles (brochures, prospectus, journaux). De nouveaux champs apparaissent comme l'e-marketing ou le SMO (*social media optimisation*), requérant des profils spécialisés sachant utiliser les réseaux sociaux pour communiquer et vendre.

*Cote du secteur*

*Coût des études*

*Niveau de formation*

*Salaires*

CHOCOLAT
PARIS

# ASSISTANTE COMMERCIALE

**ANNE ASSISTANTE COMMERCIALE EXPORT CHEZ ROSSIGNOL**

*« Dès qu'il neige, les Allemands (avec qui je travaille) pensent au ski, et les boutiques nous appellent pour réassortir leurs rayons. À moi de faire en sorte que les commandes des clients arrivent à temps. Je dois vérifier que l'on a produit suffisamment de skis, résoudre les éventuels problèmes... Par exemple : un magasin allemand avait commandé un lot de skis, mais ils sont arrivés là-bas sans les fixations. J'ai enquêté pour savoir le plus vite possible où était passé le carton des "fix" et faire livrer le matériel de remplacement. C'est ce côté "pompier" qui me plaît ! »*

## LES ÉTUDES

**NIVEAU BAC + 2**

- BTS commerce international à référentiel européen.

**NIVEAU BAC + 3**

- Licences pro spécialité chargé d'affaires à l'international ; collaborateur des activités internationales ; spécialité import export échanges internationaux, etc.

## Où travaille-t-il ?

Dans les moyennes et grandes entreprises tournées vers le commerce international (entreprises de transport, commerce de gros, biens d'équipement, biens de consommation, sociétés de services, distribution...), et, les échanges internationaux s'intensifiant, ce poste a de l'avenir.

## Quel est son profil ?

Il doit être organisé et polyvalent. Sa rapidité d'adaptation lui permet de passer facilement d'un dossier à un autre. Doté d'un bon relationnel et diplomate, il aime être confronté à de multiples cultures. Sa persévérance et son tempérament de bon négociateur lui serviront pour évoluer.

**La maîtrise de l'anglais est indispensable et celle d'une autre langue souhaitable.**

## Quelle carrière ?

Après quelques années d'expérience, il peut devenir commercial export, chef de produit export, chef de zone, chargé de mission à l'international, agent de fret, acheteur international...

# RESPONSABLE D'EXPLOITATION DE BOUTIQUE

## MARIANNE

**RESPONSABLE D'EXPLOITATION DE BOUTIQUE À LA MAISON DU CHOCOLAT** *« Vendre du bon chocolat, c'est facile : cela ne laisse personne indifférent ! Surtout dans une maison comme la nôtre qui a déjà une longue histoire. Ici, tout est fabriqué à la main, on évolue presque dans le secteur du luxe – ce qui nous donne les moyens de consacrer du temps à chaque acheteur. Une chocolaterie est un commerce de proximité. On est donc attentifs à chaque demande et on peut personnaliser nos produits. On offre très souvent un chocolat en cours de vente : cela permet d'engager la discussion plus facilement que dans les grandes surfaces ou les magasins de vêtements. »*

## LES ÉTUDES

**NIVEAU BAC + 2**
- BTS management des unités commerciales.
- DUT techniques de commercialisation.

**NIVEAU BAC + 3**
- Licence Distech.
- Licences pro du commerce et de la vente.

### Où travaille-t-il ?

Ce métier peut s'exercer dans la mode, l'alimentation, le sport, les loisirs… qu'il s'agisse d'une petite boutique indépendante, d'un commerce appartenant à une chaîne ou d'un hypermarché.

### Quel est son profil ?

Il doit être capable de régler de nombreux imprévus rapidement et efficacement. De l'endurance est également indispensable ; puisqu'il est présent de l'ouverture à la fermeture du magasin et reste après pour faire le bilan de la journée. Son travail exige d'être très souvent debout, ce qui peut s'avérer épuisant, d'autant que certains commerces sont ouverts le samedi, voire le dimanche.

### Quelle carrière ?

Il peut devenir responsable d'un magasin plus important puis directeur. Il peut aussi superviser plusieurs magasins de la même enseigne. Enfin, il peut s'installer à son compte en créant son propre fonds de commerce.

©Jon Ongkiehong

**Une expérience comme vendeur, puis comme adjoint d'un responsable de magasin, est en général nécessaire pour accéder à ce métier.**

# CHEF DE PRODUIT

**NISRINE**

**CHEF DE PRODUIT CHEZ DEVIALET** *« Je dois être créative car on s'adresse à un public très branché. Ainsi, par exemple, lors du lancement de l'enceinte Phantom (enceintes connectées), nous devions imaginer une campagne marketing novatrice – Phantom Rising –, à l'image du produit. On a donc construit un teasing basé sur la provoc et le mystère ! Nous avons invité des VIP – Philippe Manœuvre, Yodelice ou Olivia de The Dø – à tester l'enceinte en sessions privées, puis à partager leurs émotions sur Twitter ou Facebook, sans jamais dire de quoi il s'agissait. Le public pensait que c'était un nouveau groupe de rock. Peu à peu, le teasing s'est intensifié. Le but est pour chaque nouveau produit de réussir à créer de la notoriété, et pour cela il faut être créatif ! »*

## Où travaille-t-il ?

Dans la grande distribution, il travaille avec les chefs de rayon, les chefs de secteur et les fournisseurs. Chez les grands industriels (automobile, aéronautique, télécoms, informatique, pharmacie... ou dans les entreprises produisant des biens ou services de grande consommation, il collabore avec les services de la production, de la recherche-développement, des achats, du marketing et de la force de vente.

## Quel est son profil ?

Capable de suivre les tendances du marché et de s'en tenir informé en temps réel, il doit être inventif, créatif et réactif.

## Quelle carrière ?

Après quelques années, il peut devenir chef de groupe, puis directeur marketing, au sein de la même entreprise ou chez un autre employeur.

**Celui qui veut faire carrière dans le marketing a intérêt, dans un premier temps, à acquérir une expérience dans la vente.**

© Éric Larrayadieu

## LES ÉTUDES

**NIVEAU BAC + 5**

- Masters pro en marketing.
- Diplômes d'écoles supérieures de commerce et de gestion : la plupart des écoles proposent, dans leur cursus, une spécialisation en marketing. Accessibles directement après le bac (de préférence S ou ES), après un bac + 2 (classe prépa commerciale ou BTS/DUT), voire après un bac + 3 (licence).

# RESPONSABLE DE RAYON

## VALERIAN

**RESPONSABLE DE RAYON CHEZ DÉCATHLON**

*« Mon rayon – forme et running –, c'est un peu comme un petit magasin. Non seulement je dois l'organiser et l'animer, mais aussi assurer son chiffre d'affaires. Le matin, je regarde les performances de vente de la veille par rapport à celles de la semaine précédente : si elles sont mauvaises, je dois trouver des solutions, par exemple ajuster les prix par rapport à la concurrence. Quand le magasin est ouvert, j'accueille les clients, je les conseille notamment sur des produits techniques, mais dans la journée, je dois aussi recevoir les marchandises, les mettre en rayon et ranger celui-ci toutes les 30 minutes. Je peux être amené à concevoir des opérations commerciales, faire des tests produits, etc. Enfin, je suis aussi chargé de recruter les vendeurs, faire leur planning de travail, les recevoir régulièrement, etc. »*

**Pousser ses études jusqu'à bac + 5 permet d'évoluer plus vite vers des postes stratégiques.**

## LES ÉTUDES

**NIVEAU BAC + 2**

- BTS management des unités commerciales (MUC).
- DUT techniques de commercialisation.
- Titre de gestionnaire d'unité commerciale spécialisé ou non du réseau Negoventis dépendant des chambres de commerce et d'industrie (CCI).

**NIVEAU BAC + 3**

- Licence pro DISTRISUP spécialisée en commerce et distribution.
- Diplôme d'écoles de commerce dépendant des chambres de commerce et d'industrie (CCI).

**NIVEAU BAC + 5**

- Masters pro en management commercial, management distribution, marketing vente…
- Diplôme d'écoles de commerce et de gestion spécialisées en distribution ou marketing.

### Où travaille-t-il ?

Que ce soit en hypermarché, supermarché, grandes surfaces spécialisées en alimentation, bricolage, informatique, sport, culture… les lieux de travail ne manquent pas.

### Quel est son profil ?

Le sens de l'organisation est essentiel : le rayon doit être prêt chaque matin. Il sait également manager et motiver son équipe pour optimiser le travail : cela suppose un bon sens du contact.

### Quelle carrière ?

En fonction de ses résultats, il peut s'élever dans la hiérarchie du magasin ou de la chaîne d'hypermarchés pour laquelle il travaille. Dans un grand magasin, il peut prendre la responsabilité de plusieurs rayons. On le nomme alors chef de secteur.

# E-COMMERÇANTE

## FLORENCE

**E-COMMERÇANTE**
**CRÉATRICE DU SITE**
**CANAILLOUGOTH**

*« Sur mon site, je vends des vêtements et accessoires gothiques et rock pour enfants que je fabrique dans mon atelier. Comme un commerçant "classique", je dois calculer les prix de mes produits selon le coût de revient du tissu et le temps passé à les créer. Je dois aussi animer le site en mettant en avant les nouveaux produits fabriqués. Sur le Net, pour provoquer l'achat il est essentiel d'acheter des mots clés sur Google afin d'être bien référencée. J'entretiens de bonnes relations avec des mamans blogueuses qui testent gratuitement mes produits puis en parlent. Je suis aussi très présente sur les réseaux sociaux (Facebook, Twitter) pour me faire connaître, et diffuser du contenu qui attisera la curiosité dans les moteurs de recherche. Si vous ne faites rien sur la Toile, Google arrête vite de vous "aimer". »*

## LES ÉTUDES

Il n'existe pas de formation spécifique : la réalité montre que les e-commerçants sont issus d'horizons variés.
Tous les parcours sont donc envisageables, mais une formation commerciale (bac + 2 minimum type BTS management des unités commerciales ou DUT techniques de commercialisation) est un plus.

**Pour se lancer comme auto-entrepreneur, il est préférable de disposer de quelques milliers d'euros afin de pouvoir s'assurer les services des professionnels incontournables : webdesigner, agence de communication, référenceur, etc.**

### Où travaille-t-il ?

L'e-commerçant peut être à la tête de sa propre boutique Web et commercialiser des produits qu'il a sélectionnés (jeux de société, accessoires de mode, vêtements, produits du terroir, etc.) ou créés (bijoux, objets déco, cartes de visite, etc.). Ou jouer le rôle de distributeur (intermédiaire entre une marque et les consommateurs).

### Quel est son profil ?

Il doit savoir tout faire : traiter les commandes dans les délais et conditions annoncés aux clients, faire la promotion de son site et l'animer au quotidien, gérer les éventuels bugs informatiques, etc.

### Quelle carrière ?

Il peut évoluer vers un poste de directeur e-commerce dans une entreprise d'e-commerce ou de directeur conseil en agence média.

# CHEF DE PROJET MARKETING

**AUDREY** **CHEF DE PROJET MARKETING FIDÉLISATION CHEZ PRICE MINISTER**

*« Réfléchir aux besoins des clients, puis trouver des solutions permettant d'améliorer le service à leur offrir, voilà ce que j'aime. Mon objectif : fidéliser les particuliers qui vendent leurs produits chez nous, pour qu'ils n'aillent pas sur d'autres sites. Cela consiste à les recruter, à les encourager notamment par des newsletters, à mettre plus de produits en ligne, mais aussi à les coacher afin qu'ils vendent plus vite et mieux. Pour cela, je développe des idées d'e-mails automatiques à leur envoyer dans lesquels on leur apporte des conseils adaptés quant à la façon d'améliorer leurs annonces. »*

**Une expérience professionnelle antérieure est primordiale avant de devenir chef de projet e-CRM.**

## LES ÉTUDES

**NIVEAU BAC + 5**

- Masters en marketing et vente à distance, technologie du Web...
- Diplômes d'écoles de commerce.

© Jon Ongkiehong

### Où travaille-t-il ?

Appelé aussi responsable e-CRM (*customer relationship management*), il travaille le plus souvent pour un site d'e-commerce, son secteur d'origine, mais il peut œuvrer dans tous les secteurs qui ont une activité de vente en ligne : banque, voyagiste, télécommunications...

### Quel est son profil ?

La connaissance parfaite d'Internet est indispensable. Il doit, en effet, pouvoir récupérer les analyses pertinentes sur un client grâce à des codes et programmes informatiques, ainsi que des outils statistiques. Pour cela, des qualités de synthèse et d'analyse sont primordiales.

### Quelle carrière ?

Il peut évoluer vers des postes de directeur marketing, directeur de la communication... Ou acquérir une expérience nouvelle dans des domaines professionnels différents (pour des marques bien distinctes, des entreprises de plus ou moins grande taille...).

# DIRECTRICE MARKETING

**MARINA DIRECTRICE MARKETING SOIN À L'OCCITANE** *« Le service marketing travaille en lien avec tous les services de l'entreprise, de la recherche-développement jusqu'à la vente. On essaie toujours de raconter une histoire autour d'un produit, pour faire rêver nos clients et créer une relation affective. Le marketing propose des idées, mais elles ne sont pas toujours réalisables ! On réfléchit aussi aux noms des produits : l'exercice est délicat, car le nom doit surprendre, tout en étant assez explicite pour que le client comprenne à quoi sert le produit ! »*

**Savoir « rester jeune » dans sa tête, être inventif et à l'écoute sont autant d'atouts pour réussir dans ce métier.**

## LES ÉTUDES

**NIVEAU BAC + 5**

- Diplôme d'une grande école de commerce (HEC, EM-Lyon, ESSEC, ESCP Europe) accessible sur concours après une classe préparatoire.
Le CELSA et le réseau des IEP dont Sciences Po Paris préparent à des masters pro marketing.
- Masters pro marketing.

### Où travaille-t-il ?

Dans les grandes entreprises ou les grands groupes, principalement dans les secteurs de la grande distribution, de l'industrie, des nouvelles technologies, de la banque… Il dépend directement de la direction générale et il est souvent membre du comité de direction où il collabore avec les services financiers, production, commerciaux, Ressources humaines.

### Quel est son profil ?

Il doit être créatif et résistant aux pics de stress fréquents dans ce métier. À ce niveau de responsabilité, la notion d'horaires de travail n'existe pas : une grande disponibilité est donc nécessaire.

### Quelle carrière ?

Cette fonction exige de l'expérience et comporte des étapes obligatoires : chef de produit, chef de groupe, responsable marketing. Ensuite, elle peut évoluer vers des postes de direction commerciale ou de développement.

# BOULANGER

**MIKAËL**

**BOULANGER À LA FILLE DU BOULANGER À PARIS** *« À Paris, les clients achètent du pain de 6 h 45 à 20 heures. Avec mes collègues, on travaille donc en rotation : de 3 à 10 heures, de 8 à 15 heures ou de 13 à 20 heures. Même quand je dois me lever à 2 heures, j'éprouve le même plaisir. Je commence par vérifier dans la chambre de fermentation que les pains préparés la veille ont bien gonflé : la fermentation, durant la nuit, permet de développer tous les arômes. Puis, je façonne les baguettes, je pèse les pains que je vais pétrir, je mets les pains spéciaux au four… et ainsi de suite toute la journée. Mon pain préféré ? La baguette de tradition, la première que j'ai appris à réaliser. La température de la pâte, de la farine et du four, la couleur… autant de critères à réunir pour la réussir. »*

© Shutterstock/wavebreakmedia

## LES ÉTUDES

**APRÈS LA 3E**

- CAP boulanger.

**NIVEAU BAC**

- Bac pro boulanger-pâtissier.
- Brevet professionnel boulanger.

## Où travaille-t-il ?

Traditionnellement, il travaille dans une boulangerie artisanale. Mais la boulangerie industrielle et les grandes surfaces qui fabriquent leur pain ont également besoin d'ouvriers qualifiés, de l'opérateur sur chaîne au chef de laboratoire.

**Une bonne opportunité pour voyager : les boulangers de l'Hexagone ont une excellente image de marque dans de nombreux pays en Amérique du Sud, aux États-Unis, au Japon…**

## Quel est son profil ?

Le boulanger doit être résistant pour supporter les horaires nocturnes, le travail debout, la chaleur et l'humidité des laboratoires. Il est également rigoureux car la préparation de la pâte demande une grande attention, tant sur le temps de fermentation que sur la cuisson et parce que c'est un métier qui exige une hygiène irréprochable.

## Quelle carrière ?

Le boulanger peut se mettre à son compte. Il peut également travailler pour des entreprises du même secteur d'activité : minotiers, fabricants d'avant-produits de boulangerie-pâtisserie, fabricants de matériel. Dans une boulangerie industrielle, il peut devenir chef d'équipe, responsable de rayon…

TEST

# Es-tu fait pour ce secteur ?

**1 – POUR LES EXPOSÉS, TU PRÉFÈRES…**

- ■ Rédiger et afficher tes créations au tableau.
- ▲ Faire les recherches et interroger les gens.
- ● Prendre la parole et mettre en scène le projet.

**2 – TU DOIS NÉGOCIER UNE SORTIE AVEC TES PARENTS…**

- ■ Tu as attendu la dernière minute pour en parler, et tu le fais timidement, un peu embarrassé.
- ▲ Ça se joue à la tchatche, totale impro, mais tu as l'habitude.
- ● Tu élabores une stratégie, en anticipant questions et réponses.

**3 – UN COPAIN TE REVEND UN JEU VIDÉO D'OCCASION…**

- ■ Tu acceptes son prix « d'ami » sans rien dire.
- ● Tu vas sur eBay pour savoir combien il se vend ailleurs.
- ▲ Tu négocies en bonne et due forme. Chacun son intérêt.

**4 – LA REMARQUE QUE TE FONT LE PLUS SOUVENT TES PROFS…**

- ● « Belle détermination, surtout dans les matières générales. »
- ▲ « Excellent à l'oral, il faudrait faire aussi bien à l'écrit. »
- ■ « Il faut qu'il ose plus prendre la parole en classe. »

**5 – LE MATIN, SUR TON PAQUET DE CÉRÉALES…**

- ▲ Tu regardes le prix de vente, la quantité, et tu les compares avec d'autres marques similaires.
- ● Tu détailles le design du paquet, avec ses jeux, ses concours qui incitent à acheter encore plus.
- ■ Tu t'intéresses surtout à ce qu'il y a à l'intérieur.

**6 – TU PRENDS UN STAND POUR VENDRE TES VIEILLES FRINGUES LORS D'UN VIDE-GRENIERS.**

- ▲ Tu n'hésites pas à en sortir pour aborder les gens.
- ● Tu as réfléchi longtemps à la disposition de ton stand pour être le plus vendeur possible.
- ■ Tu es cool sur les prix, le but est de t'en débarrasser.

**7 – À LA TÉLÉ OU SUR LE NET, LES PUBS…**

- ▲ Tu retiens celles qui sont drôles ou marquantes. Après, tu en discutes entre copains.
- ● Tu aimes bien toutes les décortiquer pour comprendre comment elles fonctionnent.
- ■ Tu les zappes. Tu ne veux pas être influencé.

**8 – TU AS FLASHÉ SUR UN DE TES CAMARADES DE CLASSE…**

- ● Pour attaquer, tu attends sagement le bon moment.
- ■ Tu en parles à un ami qui pourra te servir d'intermédiaire.
- ▲ Il faut se jeter à l'eau, un point c'est tout. Vive la spontanéité !

**9 – QUAND TES PARENTS REÇOIVENT TA FACTURE DE PORTABLE, TU ES…**

- ● Confiant car tu connais parfaitement ton forfait, ses avantages, ses inconvénients ; aucune mauvaise surprise.
- ■ Inquiet car tu ne sais vraiment pas où tu en es de ta consommation.
- ▲ Tu prends les devants et justifies le montant : la faute à l'exposé en histoire qui t'a obligé à appeler tes camarades fréquemment.

**10 – POUR CONVAINCRE TES PARENTS, TES PROFS, TES AMIS… TU N'HÉSITES PAS À :**

- ● Argumenter.
- ▲ Enjoliver.
- ■ Mentir.

**FAIS LE TOTAL DE TES POINTS POUR CHAQUE SIGNE ET REPORTE-TOI AUX RÉPONSES.**

### MAJORITÉ DE ●

Tu t'intéresses à la façon dont les produits ont été pensés, dessinés et packagés pour répondre à une demande. Tu sais être réfléchi et créatif : le marketing, et d'une façon générale tout le travail avant la vente, peut te convenir.

### MAJORITÉ DE ▲

L'adrénaline d'avoir su convaincre quelqu'un de quelque chose, ça te plaît. Tu aimes la négociation et les bonnes affaires. Sans conteste, tu es fait pour faire du commerce.

### MAJORITÉ DE ■

Acheter et vendre participe à la marche du monde, mais tu ne tiens pas à faire du business ton fonds de commerce.

# *Pour quel métier commercial es-tu fait ?*

**1 – CHEZ TOI, LA CUISINE REPRÉSENTE :**

- ▲ Un terrain miné où tu ne mets jamais les pieds.
- ■ Un espace de liberté où tu peux exprimer ta créativité.
- ● Un lieu de convivialité où tout le monde se retrouve.

**2 – AU SEIN DE TON PETIT GROUPE D'AMIS, TU ES :**

- ● L'oreille attentive, prête à écouter les confidences de chacun.
- ▲ Le meneur… En général, c'est toi qui prends les décisions de groupe.
- ■ L'artiste… Tu aimes mettre tes talents au service des autres.

**3 – TES MATIÈRES PRÉFÉRÉES :**

- ▲ Les cours de maths qui satisfont ton esprit cartésien.
- ■ Les travaux manuels où tu peux exercer ta créativité.
- ● Celles qui font la part belle au dialogue et au travail en groupe.

**4 – POUR ACHETER UN LIVRE, TU VAS :**

- ● Chez ton libraire qui te conseille à merveille.
- ▲ Dans un grand magasin car tu aimes flâner dans tous les rayons.
- ■ Chez les bouquinistes et sur les marchés où tu trouves des livres d'occasion.

**5 – TON RYTHME DE SORTIE CINÉ :**

- ▲ Très régulier. Avec ta carte d'abonnement, tu rentabilises ton budget.
- ● Occasionnel. Ton truc c'est de pouvoir échanger sur le film avec tes amis.
- ■ Rare. Ce que tu aimes, c'est le ciné en plein air autour d'un pique-nique préparé avec soin.

**6 – DANS LES MOMENTS DE VÉRITÉ, TU ES PLUTÔT DU GENRE:**

- ■ À essayer de mettre un peu de poésie dans tes propos.
- ▲ À ne pas prendre de pincettes et à dire les choses comme tu les penses.
- ● À jouer de tes talents de diplomate pour faire passer en douceur le message.

**7 – TU ES INVITÉ À UNE SOIRÉE DÉGUISÉE :**

- ■ Tu te creuses les méninges pour créer ton habit de lumière.
- ● Au dernier moment, tu te rabats sur la boutique de location de costumes.
- ▲ Tu ne joues pas le jeu, quitte à passer pour le vilain petit canard…

**8 – QUAND ON TE DIT « SORTIE ENTRE COPAINS », TU PENSES SPONTANÉMENT À :**

- ■ Voir la dernière expo/le film dont tout le monde parle.
- ▲ Organiser à la campagne un week-end avec des activités sportives à la clé.
- ● Voir ton meilleur ami pour discuter et vous raconter vos vies respectives.

**9 – À L'ORAL, TU ES :**

- ● Comme un poisson dans l'eau.
- ▲ Comme un éléphant dans un magasin de porcelaine.
- ■ À l'aise à condition de maîtriser ton sujet.

**FAIS LE TOTAL DE TES POINTS POUR CHAQUE SIGNE ET DÉCOUVRE POUR QUEL MÉTIER COMMERCIAL TU ES FAIT.**

### MAJORITÉ DE ●

**Tu es fait pour un métier d'écoute et de conseil.** Tu aimes le contact humain et le dialogue… Tu es donc plutôt fait pour les métiers d'écoute et de conseil. Du vendeur-conseil au libraire, en passant par l'hôtesse d'accueil et le conseiller de vente en grands magasins, la palette des métiers est très diversifiée…

### MAJORITÉ DE ▲

**Tu es fait pour un métier relatif à la gestion.** Dès qu'il s'agit d'organiser, de manager, d'orienter, ou de faire les comptes, tu es à ton aise… Ton goût de l'organisation, de l'autonomie, et même des chiffres peut t'amener vers des métiers aussi divers que chef de rayon, acheteur ou responsable de magasin…

### MAJORITÉ DE ■

**Tu es fait pour un métier créatif.** Inventif, tu aimes le travail manuel, le bricolage et tu as une imagination débordante… Tu es sans doute fait pour les métiers créatifs du commerce où la mise en scène est essentielle ! Des métiers de bouche (chocolatier, pâtissier…) aux métiers de la beauté en passant par la décoration et la mise en scène de magasins, fais de ta passion ton métier !

IDÉES EN +

## D'autres idées dans ce secteur...

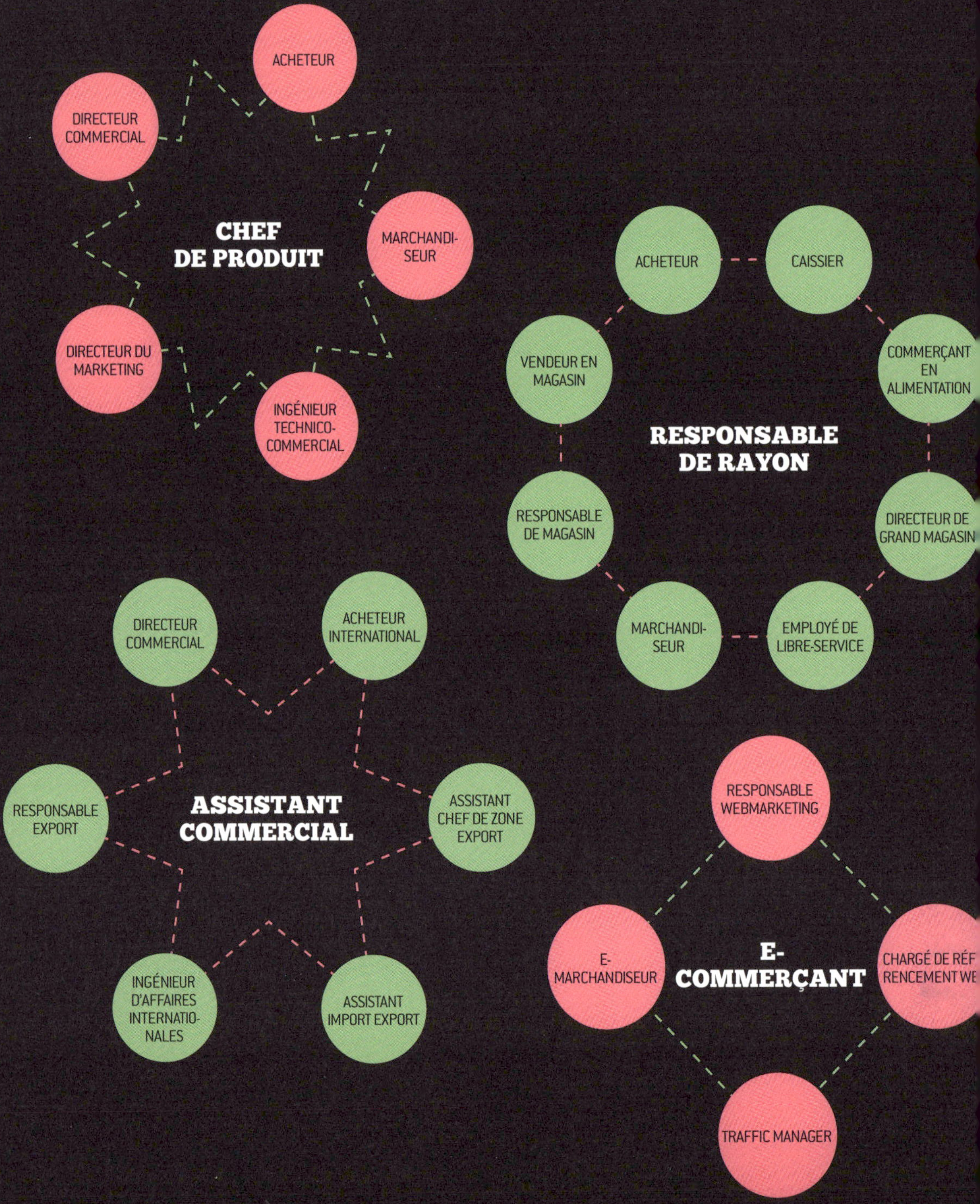

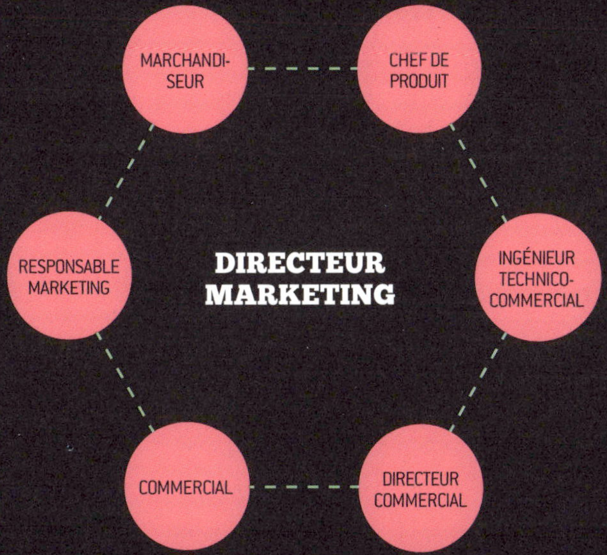
MARCHANDI-SEUR
CHEF DE PRODUIT
RESPONSABLE MARKETING
DIRECTEUR MARKETING
INGÉNIEUR TECHNICO-COMMERCIAL
COMMERCIAL
DIRECTEUR COMMERCIAL

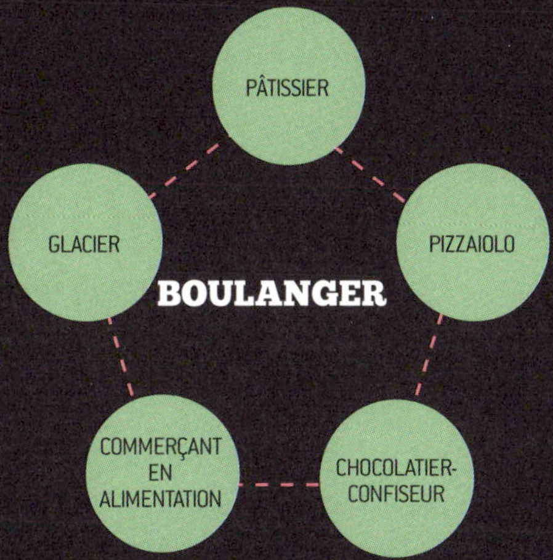
PÂTISSIER
GLACIER
PIZZAIOLO
BOULANGER
COMMERÇANT EN ALIMENTATION
CHOCOLATIER-CONFISEUR

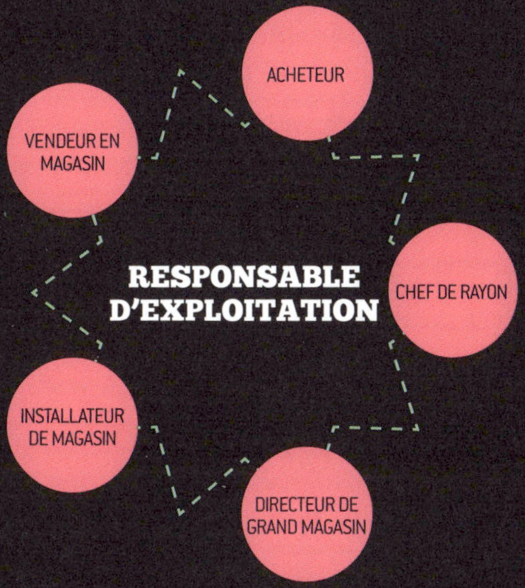
ACHETEUR
VENDEUR EN MAGASIN
RESPONSABLE D'EXPLOITATION
CHEF DE RAYON
INSTALLATEUR DE MAGASIN
DIRECTEUR DE GRAND MAGASIN

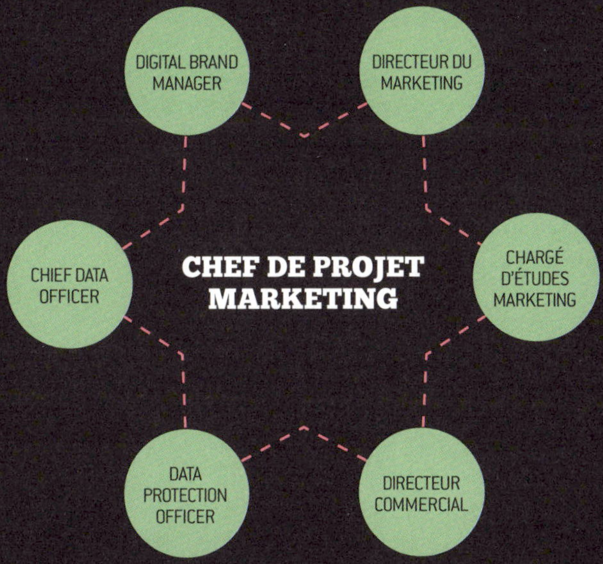
DIGITAL BRAND MANAGER
DIRECTEUR DU MARKETING
CHIEF DATA OFFICER
CHEF DE PROJET MARKETING
CHARGÉ D'ÉTUDES MARKETING
DATA PROTECTION OFFICER
DIRECTEUR COMMERCIAL

# DÉFENSE, SÉCURITÉ

*Malgré des coupes budgétaires, le secteur de la défense continue d'embaucher, à tous niveaux, des jeunes exerçant des métiers variés. Certains, à la pointe de la technologie, nécessitent des qualifications élevées. En effet, face au développement du renseignement informatique, devenu une priorité stratégique, les candidats diplômés en télécoms, réseaux ou sécurité informatique sont particulièrement recherchés. La Police nationale et les sapeurs-pompiers recrutent, en revanche, au compte-gouttes. Quelles que soient les fonctions exercées, ces professionnels ont une mission commune : assurer la sécurité des citoyens. Ils exigent donc une absolue disponibilité (astreinte, permanence de jour comme de nuit, etc.), un engagement fort, du sang-froid et un esprit « d'unité ».*

## L'ŒIL DU PRO

Que ce soit dans la Police nationale, la Gendarmerie nationale ou l'armée, ces métiers permettent d'évoluer facilement. Ainsi, un militaire de rang, un gendarme adjoint volontaire, un sapeur-pompier... ont toutes les chances de grimper dans la hiérarchie par le biais de formations.

*Cote du secteur*

*Coût des études*

*Niveau de formation*

*Salaires*

# EXPERT EN BALISTIQUE

**JEAN-PIERRE EXPERT SCIENTIFIQUE EN BALISTIQUE AU LABO DE POLICE DE LILLE**

*« L'étude de la balistique a pour objectif d'établir des vérités techniques : la position d'un tireur, le nombre de coups de feu tirés... Je dispose pour cela de plusieurs outils : un macroscope pour étudier les traces laissées sur les balles et les douilles par le percuteur ou les stries du canon. Ces marques, qu'on appelle des "stigmates" de tirs, sont propres à chaque modèle d'arme, mais également à chaque engin, un peu comme les empreintes digitales. Ainsi, même si l'arme du crime n'est pas retrouvée, on peut déterminer quel type de fusil ou de pistolet a été utilisé. J'assiste également aux autopsies afin d'identifier, avec le médecin légiste, les points d'entrée des balles dans le corps. Et je me rends bien sûr sur la scène de crime, pour mieux comprendre les trajectoires des projectiles, grâce à l'emploi de lasers. »*

## LES ÉTUDES

Le technicien de la police technique et scientifique est un fonctionnaire de l'État recruté sur concours de niveau bac + 2 minimum (DUT, BTS, licence). Après le concours, la sous-direction de la police technique et scientifique assure elle-même la formation des personnels concernés.

**Fans des séries télé, sachez que le métier est plus cloisonné dans la réalité ! On distingue les experts en balistique, des experts en incendie-explosion, etc.**

## Où travaille-t-il ?

Ce technicien de police scientifique travaille dans l'un des 5 laboratoires de police scientifique (à Paris, Lyon, Marseille, Lille et Toulouse), au service de l'identité judiciaire, etc.

© Olivier Touron

## Quel est son profil ?

Cœurs sensibles s'abstenir ! L'expert en balistique peut être confronté à des affaires très violentes : il doit savoir garder la tête froide, et avoir le cœur bien accroché. Il peut assister à une autopsie, se rendre sur des scènes de crimes parfois sordides ou malodorantes (en raison des odeurs de décomposition). Une grande disponibilité est nécessaire : lorsqu'il est d'astreinte, il est amené à travailler le week-end et les jours fériés, ou la nuit. Enfin, il doit être observateur, rigoureux, curieux, avoir le sens de l'organisation, de la méthode et de la patience pour faire avancer une enquête.

## Quelle carrière ?

Après 4 ans d'ancienneté, il peut postuler au concours interne d'ingénieur de la police technique et scientifique, mais aussi d'officier ou de commissaire de police.

# OFFICIER DE POLICE JUDICIAIRE

## CHRISTOPHE

**OFFICIER DE POLICE JUDICIAIRE À LA GENDARMERIE D'ARRAS** *« Lorsqu'un meurtre a été commis, j'interviens pour identifier les derniers faits et gestes de la victime, faire des recherches sur elle, sur ses fréquentations, amis, collègues… Je passe beaucoup de temps en interrogatoires, mais aussi à éplucher les relevés téléphoniques et bancaires. Les données recueillies sont saisies dans un logiciel, qui dresse une carte des connexions entre les personnes et les évènements : on appelle ça un schéma "anacrime". Bien sûr, je rends compte régulièrement au juge d'instruction de mes avancées. Par exemple, dans une affaire d'homicide d'une serveuse sur le parking d'une boîte de nuit, la victime avait reçu des SMS de menaces, peu de temps avant son assassinat. Nous avons cherché à identifier le propriétaire du téléphone portable… »*

### Où travaille-t-il ?

L'officier de la police judiciaire, qu'il soit lieutenant ou commissaire, est un fonctionnaire du ministère de l'Intérieur. Il peut être affecté dans un commissariat, à la PJ (police judiciaire), dans une compagnie républicaine de sécurité (CRS), à la DCRI (direction centrale du renseignement intérieur), au contrôle de l'immigration… Dans la gendarmerie, il travaille soit au sein d'une brigade de recherches (BR) en renfort d'une unité territoriale, soit en section de recherche (SR) où il couvre alors toute la France, voire l'étranger, soit dans une unité de gendarmerie départementale…

## LES ÉTUDES

**NIVEAU BAC + 3**

- Pour passer le concours de l'École nationale supérieure des officiers de police (ENSOP), il faut un bac + 3 (de préférence en droit). La formation dure 18 mois.

**NIVEAU BAC + 5**

- Pour passer le concours de l'École des officiers de la Gendarmerie nationale (EOGN), il faut avoir un bac + 5 (master 2, ingénieur…). La formation dure 2 ans.

### Quel est son profil ?

Ce métier exige assez de rigueur et de patience pour mener à bien les missions d'enquête, de renseignement et de surveillance. Il faut faire preuve d'écoute et de psychologie lors des interrogatoires. Mais les situations d'urgence réclament aussi une grande réactivité et un jugement sûr. La violence et le danger sont présents dans la plupart des missions. L'OPJ doit avoir les nerfs solides et un entraînement physique constant pour travailler de longues heures, par tous les temps et souvent avec des horaires décalés ou de nuit.

### Quelle carrière ?

Après 5 années de service, un officier a la possibilité de devenir capitaine, puis d'accéder au grade de commandant. Il peut également passer le concours interne de commissaire de police s'il justifie de 4 années d'expérience.

**La formation dans la police est rémunérée… mais il faut s'engager au moins 5 ans à compter de sa titularisation.**

© Olivier Touron

# SAPEUR-POMPIER

**ÉLODIE SOUS-OFFICIER DE SAPEURS-POMPIERS À CAEN** *« Quand je suis arrivée à la caserne, nombre de mes collègues n'avaient jamais vu de femmes dans les brigades et l'un d'eux m'a dit que je n'avais pas ma place là... Heureusement que j'ai du répondant et de l'humour...! Je dois constamment faire mes preuves, notamment sur le plan sportif : ça tombe bien, j'ai suivi une année de STAPS (sciences et techniques des activités physiques et sportives). Lors des interventions, les collègues comptent sur nous physiquement, donc on ne peut pas les décevoir ! Cette mise à l'épreuve constante me rend plus forte mentalement. Cela étant, être une femme comporte des avantages : par exemple, les victimes vous parlent facilement. Or on est beaucoup plus sollicités pour des tentatives de suicide, des problèmes familiaux... que pour des feux ! »*

## LES ÉTUDES

**NIVEAU BREVET**

- Il est nécessaire pour passer le concours externe de sapeur-pompier.
- Les sapeurs-pompiers volontaires ou jeunes sapeurs-pompiers justifiant de 3 ans d'activité sont aussi recrutés sur concours externe sans condition de diplôme.

**NIVEAU BAC + 2**

- Un bac + 2 permet de passer le concours externe de lieutenant. À l'issue du concours, une formation à l'École nationale supérieure des officiers de sapeurs-pompiers (ENSOSP) de 40 semaines est étalée sur 18 mois.

## Où travaille-t-il ?

Il travaille dans une caserne, principalement dans les grandes agglomérations ou dans les centres de secours. Il assure l'ossature des services départementaux d'incendie et de secours (SDIS).

## Quel est son profil ?

Qu'il soit simple sapeur-pompier ou sous-officier, il est confronté à des situations humainement difficiles. Courage et altruisme sont donc indispensables. Quant au risque, même calculé, il fait partie intégrante des conditions de travail. Confronté à des urgences très diverses, le sapeur-pompier doit savoir observer et évaluer rapidement une situation. Enfin avoir des réflexes sûrs, une excellente condition physique (l'entraînement est important) et une bonne résistance psychologique est nécessaire.

## Quelle carrière ?

Les différents grades (sapeur-pompier, sous-officiers, officiers) sont accessibles sur concours en externe et en interne, en fonction du degré d'ancienneté. Il est aussi possible de se spécialiser et travailler dans des groupes d'intervention particuliers : en spéléologie, en recherches sous-marines, en alpinisme, en déblaiement dans les catastrophes naturelles...

**Les membres de la brigade de sapeurs-pompiers de Paris (BSPP) et les marins du bataillon de marins-pompiers de Marseille (BMPM) sont des militaires.**

© Éric Larrayadieu

# OFFICIER MÉCANICIEN

## GUILLAUME

**OFFICIER MÉCANICIEN SUR LA BASE AÉRIENNE DE NANCY**

*« Je gère une équipe de mécaniciens qui préparent les avions avant qu'ils partent en opérations extérieures. Ceux-ci comptent de nombreux équipements, comme le pilotage automatique, qui ont des "butées", c'est-à-dire un nombre d'heures de vol limite au-delà duquel il doivent être testés pour éviter toute panne. Pendant les opérations extérieures, en tant que chef des services techniques, je gère la maintenance des avions avec mon équipe, que ce soit des réparations légères ou de la maintenance plus lourde. Je m'occupe aussi de la logistique pour toujours avoir le matériel nécessaire à la maintenance. Ma priorité, c'est de connaître la santé de la machine et savoir si le pilote a pu effectuer sa mission sans problème. Ce sont des engins très perfectionnés, donc il est intéressant de travailler dessus. »*

## Où travaille-t-il ?

Il peut être affecté en escadron de soutien technique aéronautique (unités de mise en œuvre et de maintenance des aéronefs de combat), en groupe de télécommunication, en escadron des systèmes d'information et de communication aéronautiques (unités de mise en œuvre et de maintenance des systèmes d'information et de communication – radar – réseaux informatiques – système informatique opérationnel embarqué), en atelier industriel de l'air (unité de réparation et de régénération de potentiel des aéronefs et matériels techniques).

## Quel est son profil ?

Cet officier est chargé d'encadrer des équipes de sous-officiers et militaires de rang, il doit donc être rigoureux et organisé. Être officier dans l'armée de l'air nécessite aussi des compétences techniques pointues.

## Quelle carrière ?

Les officiers de carrière doivent en principe servir pendant 25 ans. Avec le grade de sous-lieutenant en début de carrière, ils sont appelés à tenir des postes d'exécution, puis de commandement jusqu'aux plus hautes responsabilités au sein de l'armée de l'air.

## LES ÉTUDES

**APRÈS UN BAC + 3**

- Une licence est indispensable pour postuler. Après avoir réussi le concours, il y a un stage de formation militaire initiale de 4 semaines, puis un stage de formation générale d'officier de 8 semaines, au sein du cours de formation technique et militaire des officiers (CFTMO) de Salon-de-Provence.
- À l'issue de la formation, une affectation dans l'unité identifiée lors de l'engagement est effectuée.

**Durant sa formation, un aspirant perçoit 1 401 € et un lieutenant 1 877 €.**

TEST

# Es-tu fait pour ce secteur ?

**1 – PASSER DE LONGUES HEURES DERRIÈRE UN BUREAU ?**

- ● Très peu pour toi.
- ▲ Oui, si ce n'est pas tout le temps.
- ■ Oui, si c'est intéressant.

**2 – CE QUE TU PRÉFÈRES DANS LES ÉTUDES ?**

- ■ Travailler seul, tu es plus efficace.
- ● Travailler en groupe, chacun apporte son savoir.
- ▲ Cela dépend du type de travail.

**3 – LORS D'UN CONTRÔLE, TU :**

- ■ Sautes les questions difficiles, tu n'as pas tout appris.
- ▲ Remplis toute ta copie, quitte à frôler le hors-sujet.
- ● Suis scrupuleusement les consignes, l'ordre des questions.

**4 – LE SPORT ET TOI ?**

- ▲ Tu cours le dimanche pendant presque une heure.
- ● Plusieurs heures par semaine, en équipe ou individuel.
- ■ Le sport ? Uniquement quand c'est obligatoire…

**5 – TES AMIS DISENT DE TOI QUE TU ES PLUTÔT :**

- ● Rigoureux.
- ▲ Réfléchi.
- ■ Fougueux.

**6 – TON MEILLEUR AMI TE DEMANDE DE L'AIDER POUR FAIRE UN EXO DE MATHS.**

- ● C'est un devoir.
- ■ Cela dépend.
- ▲ C'est naturel.

**7 – UN ÉLÈVE DE TA CLASSE SE BLESSE ET SAIGNE…**

- ■ Tu tombes dans les pommes.
- ● Tu te précipites pour l'aider.
- ▲ Tu appelles l'infirmière.

**8 – COURSE D'ENDURANCE AUTOUR DU STADE EN EPS.**

- ● Tu fais les six tours sans faiblir.
- ▲ Tu t'arrêtes au troisième.
- ■ Tu prétends que tu es malade. Trop dur !

**9 – TRAVAILLER DEHORS, QU'IL PLEUVE OU QU'IL VENTE :**

- ▲ Cela ne te dérange pas, si ce n'est pas tout le temps.
- ■ Brrr… difficile à imaginer !
- ● Un rêve !

**10 – LE PROF DE MATHS DONNE DES CONSIGNES STRICTES POUR SON COURS.**

- ▲ Ça t'énerve, mais tu te plies à ses règles.
- ■ Tu n'y prêtes que peu d'attention.
- ● Tu les écoutes sans discuter.

**FAIS LE TOTAL DE TES POINTS POUR CHAQUE SIGNE ET REPORTE-TOI AUX RÉPONSES.**

### MAJORITÉ DE ●

Tu as le goût de l'aventure et/ou du risque, tu es endurant, tu sais garder ton sang-froid en toutes occasions et, surtout, tu as l'esprit d'équipe et le sens du contact. Ce sont les qualités essentielles pour travailler dans la défense ou la sécurité. Bref, choisis ton camp et fonce.

### MAJORITÉ DE ▲

L'action, l'autorité ne sont pas tes spécialités. Pourtant, tu fais preuve d'altruisme et tu aimes aider les autres. Tu as un esprit très scientifique, tu es méticuleux et observateur. Certains métiers de la défense et de la sécurité pourraient bien correspondre à tes valeurs ou ta personnalité…

### MAJORITÉ DE ■

Faire régner l'ordre et la sécurité, ça demande une grande discipline, et l'esprit d'équipe. Or tu es peut-être trop individualiste et préoccupé par tes petites affaires personnelles pour dédier ton temps aux autres. D'autres métiers tout aussi sportifs ou d'autres secteurs te correspondraient sans doute mieux !

IDÉES EN +

## D'autres idées dans ce secteur...

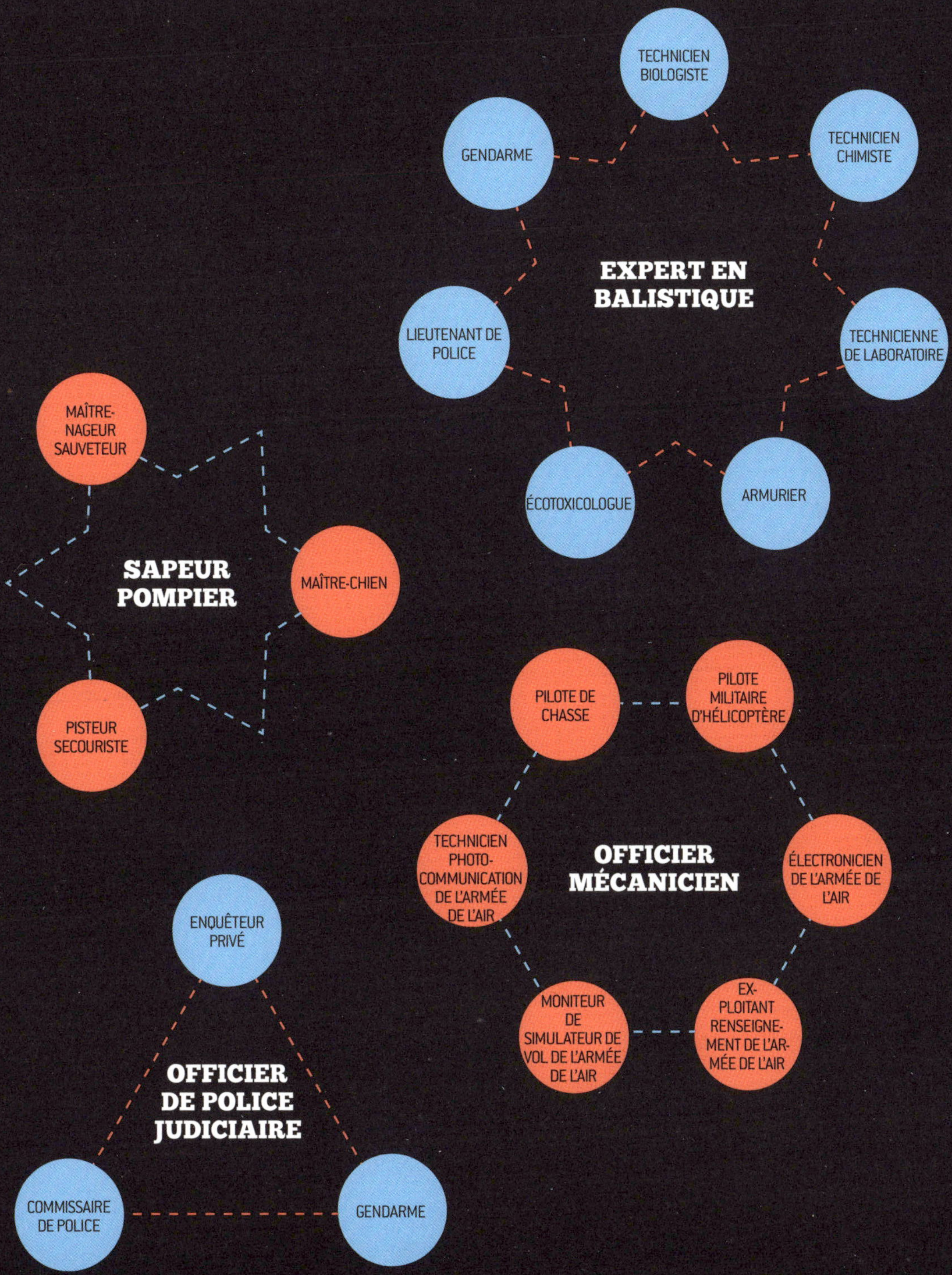

# DROIT, JUSTICE

*Les séries télé mettant en scène des avocats, et plus largement le monde judiciaire, sont légion :* Engrenage, The Good Wife *ou* The Practice. *Même si la réalité de ce milieu y est quelque peu déformée, leur succès témoigne d'un véritable engouement. Preuve en est, 30 000 jeunes débutent des études dans cette filière chaque année. Si le prestige de la robe pousse bon nombre d'entre eux à se rêver avocat ou magistrat, il existe aussi de nombreux débouchés dans le monde des affaires. Du fait de la complexification du droit, de plus en plus d'entreprises ont besoin de faire appel à des juristes dans le cadre de leurs activités commerciales. Par ailleurs, le développement du e-commerce et de toutes les pratiques liées au numérique a fait naître de nouveaux besoins et débouchés pour les professionnels du droit. Le notariat offre aussi des possibilités. Idem du côté des huissiers.*

## L'ŒIL DU PRO

Mis à part les postes d'assistants qui sont accessibles avec un bac + 2 (DUT carrières juridiques pour les secrétaires juridiques, BTS notariat pour les collaborateurs de notaire), la majorité des métiers du droit et de justice nécessite une formation longue à l'université. Un bac + 5 est le minimum requis pour accéder aux formations professionnelles de notaires, d'avocats, de magistrats, de greffiers, d'huissiers, d'officiers de police judiciaire… qui durent de 18 mois à 3 ans. Face à un marché de l'emploi compétitif, il faut aussi soigner son profil. Cabinets d'avocats internationaux et grandes entreprises sont friands de doubles formations : droit et économie, diplôme de grande école de commerce ou IEP (institut d'études politiques), LLM (*Master of laws*)…

*Cote du secteur*

*Coût des études*

*Niveau de formation*

*Salaires*

# JURISTE D'ENTREPRISE

**SOPHIE JURISTE D'ENTREPRISE À LA FNOGEC*** *« L'essentiel de mon travail, c'est de faire du conseil juridique aux associations qui gèrent les établissements d'enseignement catholique. Ces associations – animées par des bénévoles – tiennent les comptes de ces établissements. Elles me sollicitent, par exemple, pour savoir quelles aides financières des collectivités locales elles peuvent percevoir. Et si elles rencontrent un problème pour les obtenir, je les aide dans la gestion du contentieux. Soit j'essaie de trouver un terrain d'entente, un compromis, soit on engage une procédure contentieuse devant les juridictions administratives, avec ou sans avocats. Dans tous les cas, je monte et je rédige les dossiers. Cela m'oblige à suivre avec précision la législation, par exemple sur la décentralisation car cela a des impacts, même indirectement, sur nos établissements. »*

* Direction de la Fédération nationale des organismes de gestion de l'enseignement catholique.

## LES ÉTUDES

**NIVEAU BAC + 5 ET PLUS**

- DJCE (diplôme de juriste-conseil d'entreprise).
- Masters des spécialités : droit des affaires ; droit des sociétés ; droit fiscal ; droit social ; droit des contrats ; droit du commerce international ; droit de la concurrence ; droit de la consommation ; droit des brevets ; droit de l'environnement ; droit de la banque ; droit des assurances ; droit des transports...
- Mastères spécialisés juriste manager international ; gestion fiscale de l'entreprise ; juriste d'entreprise industrielle...

## Où travaille-t-il ?

Les quelque 15 780 juristes d'entreprise en France travaillent essentiellement dans les entreprises de plus de 500 salariés et les administrations. Les très grands groupes constituent même une direction juridique associant plusieurs juristes spécialisés. Parmi les principales branches du droit, en termes d'activité, on distingue le droit des contrats, le droit des sociétés, les contentieux, le droit de la propriété intellectuelle et industrielle, ou encore le droit social.

## Quel est son profil ?

Ceux qui n'aiment pas passer des heures à réviser et approfondir un cours doivent passer leur chemin ! Des capacités d'analyse et de synthèse associées à une grande rigueur sont indispensables pour comprendre la problématique d'un dossier et la résoudre. Une certaine aisance écrite et orale est également exigée. De plus, le juriste doit faire preuve d'objectivité, afin d'éviter de porter des jugements de valeur dans son interprétation de la législation.

## Quelle carrière ?

Son évolution se fait généralement en intégrant une entreprise de plus grande taille ou en obtenant un poste plus important. Pour changer de type de poste, le juriste peut aussi se tourner vers des fonctions moins juridiques, telles que la direction des relations humaines, les fonctions administratives, les secteurs de la banque, du transport, des collectivités locales, etc.

**Les doubles profils (master de droit + diplôme de juriste-conseil d'entreprise ou master de droit + école de commerce, institut d'études politiques ou diplôme de droit anglo-saxon) ont particulièrement la cote.**

# VICE-PROCUREURE

## Où travaille-t-il ?

Le vice-procureur de la République est un magistrat professionnel placé sous l'autorité du procureur de la République qui lui délègue une partie de ses compétences. Comme lui, c'est un magistrat du parquet rémunéré par l'État. Il travaille le plus souvent au sein des TGI (tribunaux de grande instance), où il peut se spécialiser : section économique et financière, mineurs, trafic de stupéfiants et criminalité organisée...

## Quel est son profil ?

Le vice-procureur a un rôle d'interface, d'orientation et de suivi des procédures qui exige de la diplomatie. Au tribunal, il doit être convaincant pour défendre son dossier, et expliquer ses décisions. Enfin travailler, de jour comme de nuit dans l'urgence, en étant confronté à des situations parfois humainement très dures exige une résistance au stress indispensable.

## Quelle carrière ?

Avant d'être vice-procureur, il faut passer par la fonction de substitut du procureur. Ensuite, pour devenir procureur de la République, puis procureur général (supérieur hiérarchique de plusieurs procureurs de la République auprès d'une cour d'appel), il doit en faire lui-même la demande. La nomination est prononcée par le ministère de la Justice.

**ÉLISE VICE-PROCUREURE AU TRIBUNAL DE GRANDE INSTANCE D'ARRAS**

*« Quand un meurtre a été commis, je vais sur les lieux, veille à ce que les officiers de la police judiciaire fassent les premières constatations, fouillent les environs à la recherche d'éléments de preuve – douilles, arme du crime... – qu'ils mènent les interrogations des personnes présentes. Comme la loi l'impose en cas de crime, le procureur de la République nomme alors un juge d'instruction. À lui de faire toute la lumière ! Si le meurtrier est identifié et que les éléments de preuve soient suffisants, le juge d'instruction rendra, après m'avoir demandé mon avis par écrit, une ordonnance de mise en accusation. Cette décision met fin à la procédure d'instruction, et renvoie l'affaire devant la cour d'assises, afin qu'elle soit jugée. En tant que magistrate du parquet*, je peux être amenée à représenter "la société" contre l'accusé, lors du procès. J'aurai alors la charge de démontrer sa culpabilité et de proposer une peine adaptée à la gravité des faits. »*

*Le parquet comprend le procureur de la République, éventuellement assisté de procureurs adjoints, de vice-procureurs et de substituts. Ils sont chargés de défendre l'intérêt général – c'est-à-dire la société.

**Pour évoluer, les magistrats doivent changer de poste, de lieu ou de fonction, au cours de leur carrière.**

© Olivier Touron

## LES ÉTUDES

**APRÈS UN BAC + 4**

- La formation (rémunérée) se déroule à l'ENM (École nationale de la magistrature) de Bordeaux.
- Le concours d'admission est ouvert aux titulaires d'un master 1, d'un diplôme d'IEP (institut d'études politiques), et aux anciens élèves d'une école normale supérieure, âgés de 31 ans au plus.
- La formation des élèves magistrats (qui ont le statut d'auditeur de justice) dure 31 mois. Elle comprend une partie théorique et de nombreux stages pratiques au sein d'une administration, d'une entreprise ou d'une institution judiciaire, dans une juridiction auprès d'un magistrat, dans un cabinet d'avocat...

# AVOCAT PÉNALISTE

**SÉBASTIEN AVOCAT PÉNALISTE** *« C'est généralement lorsqu'une personne est placée en garde à vue ou mise en examen que commence mon travail. Durant la garde à vue, j'assiste mon client pendant les interrogatoires. Tout au long de l'instruction, j'ai accès aux pièces du dossier et je suis mis au courant de chaque avancée de l'enquête. Je peux également demander au juge d'instruction des expertises supplémentaires, afin d'explorer des pistes qui auraient été négligées. Un avocat n'est pas là pour mentir ou arranger les faits : il est, lui aussi, à la recherche de la vérité. Dans l'intérêt de son client, il doit néanmoins identifier toutes les failles du dossier : le doute bénéficie toujours à l'accusé. Si un procès a lieu, je cherche toujours à établir avec exactitude son rôle dans une affaire. »*

## LES ÉTUDES

**APRÈS UN BAC + 5**

- Un bac + 5 en droit est indispensable avant de passer le concours très sélectif des centres régionaux de formation professionnelle d'avocats (CRFPA).
- La formation dure ensuite 18 mois. À l'issue de celle-ci, le candidat doit obtenir le CAPA (certificat d'aptitude à la profession d'avocat). Avant de prêter serment et s'inscrire au barreau, le futur avocat doit effectuer deux années de stage en tant que collaborateur dans un cabinet.

© Olivier Touron

**Depuis des années, les avocats travaillant pour des entreprises sont très recherchés, notamment ceux ayant une double compétence en droit et en management.**

## Où travaille-t-il ?

L'avocat est un professionnel libéral ; il exerce à titre individuel ou en tant qu'associé. Il peut aussi être collaborateur libéral d'un avocat ou d'une société d'avocats (c'est souvent le cas). Les salariés sont peu nombreux dans la profession.

## Quel est son profil ?

S'il veut réussir dans ce métier, l'avocat doit travailler sans relâche. Rigoureux, il est aussi très organisé pour jongler d'un dossier à l'autre et respecter les procédures et le calendrier judiciaire (dates des audiences...). D'excellentes capacités rédactionnelles et la maîtrise des textes de loi, des règlements et de la jurisprudence sont également indispensables. Pour cela, l'avocat s'informe continuellement de l'actualité juridique. Il est tenu au secret professionnel (il écoute toutes les difficultés judiciaires mais aussi économiques... de ses clients). Il doit s'adapter à toute situation. Enfin il doit posséder de vrais talents d'orateur et un fort pouvoir de persuasion, surtout lorsqu'il plaide au tribunal.

## Quelle carrière ?

Même si la fonction de pénaliste est l'essence même de la fonction d'avocat, c'est aussi la branche du droit qui paie le moins. L'avocat pénaliste a donc tendance à se spécialiser, en droit pénal des affaires ou en suivant des dossiers de droit des personnes menant au pénal.

# GREFFIÈRE

## ÉVELYNE

**GREFFIÈRE DU JUGE D'INSTRUCTION AU TRIBUNAL DE GRANDE INSTANCE D'ARRAS**

*« Mon travail, c'est d'assister le juge dans le cadre de son instruction. Je suis présente à toutes les étapes de la procédure. Ainsi, au quotidien, j'accompagne le juge d'instruction sur les perquisitions ou aux reconstitutions. Ensuite, c'est à moi que revient de retranscrire mot pour mot les interrogatoires, dresser les procès-verbaux (compte rendu d'une audition de témoin, déclaration d'un tiers, compte rendu d'une réunion) et rédiger les décisions du tribunal. Sans moi, tous ces actes juridiques sont considérés comme "nuls" (non valables). Ma signature garantit en effet qu'un document est authentique, c'est-à-dire réalisé en bonne et due forme. C'est un métier passionnant, car je suis présente tout au long de l'enquête. »*

© Olivier Touron

## Où travaille-t-il ?

Le greffier travaille quotidiennement avec les magistrats dans les mêmes locaux, parfois dans le même bureau. Ils sont présents dans toutes les juridictions, civiles ou pénales : cour d'assises, tribunal pour enfants, tribunal correctionnel, greffe d'un juge d'instruction, conseil des prud'hommes...

## Quel est son profil ?

Le greffier suit plusieurs affaires à la fois : il doit être rigoureux et très organisé. C'est aussi celui qui accueille le public et l'informe, c'est pourquoi un bon sens du contact et du dialogue et de la patience sont recommandés. Enfin, il doit aussi être pédagogue et faire comprendre au grand public les formalités à suivre ou lui expliquer un terme du jargon judiciaire.

## Quelle carrière ?

Après 4 ans d'expérience le greffier devient greffier en chef en passant un concours interne. Les plus motivés peuvent devenir magistrats en tentant le concours interne de l'École nationale de la magistrature. Après plusieurs années d'exercice, les greffiers en chef peuvent être recrutés en tant que magistrats.

**Des places à prendre dans ce secteur : le ministère de la Justice recrutait par exemple 800 greffiers pour l'année 2016.**

## LES ÉTUDES

### APRÈS UN BAC + 2

- Le concours du ministère de la Justice est ouvert aux titulaires d'un bac + 2 (de droit généralement). Mais de plus en plus de candidats se présentent avec un bac + 3 au minimum. Le taux de sélection est d'environ 10 %.
- La formation se déroule à l'ENG (École nationale des greffes) à Dijon. Les études durent 18 mois et sont rémunérées.

# DÉTECTIVE PRIVÉE

**MÉLISSA DÉTECTIVE PRIVÉE AU CABINET CONSEIL & INVESTIGATION PRIVÉE À ROUEN**

*« J'ai toujours été interpellée par les injustices, et par le fait que les gens n'ont pas toujours les moyens de se défendre, seuls. Parfois, le recours à la police et aux avocats ne suffit pas. Mon quotidien de détective privé ? Quelques affaires d'adultères concernant les particuliers, mais surtout des affaires de divorces : problèmes relatifs aux pensions alimentaires non payées par un des parents, aux mauvaises conditions de garde de l'enfant (retards récurrents à l'école, conduite en état d'ivresse avec un enfant à bord...). Pour les entreprises, je traite beaucoup de cas de vols commis par les salariés, par exemple sur les chantiers, ou comme cela se fait beaucoup actuellement, de carburant, de palettes... Il y a aussi les dossiers d'arrêts de travail abusifs, ou de concurrence déloyale. Dans tous les cas, j'utilise les techniques classiques de filature et de surveillance, l'enquête de voisinage, la photo et la prise de vue. Cela requiert de la patience, une filature pouvant prendre de 5 minutes à plusieurs heures. Ce qui me plaît ? C'est que le détective constitue le dernier espoir pour des gens qui se trouvent en situation de souffrance et de détresse. L'aspect humain dans ce métier est très important. Et chaque cas est différent. »*

## Où travaille-t-il ?

Le détective privé, appelé désormais agent de recherches privées (ARP) ou enquêteur, travaille de manière indépendante ou au service d'une agence. Depuis 2003, pour obtenir l'agrément nécessaire à l'exercice de ce métier, il doit être diplômé d'une formation homologuée par le RNCP (Répertoire national des certifications professionnelles) et posséder une carte professionnelle. Ce qui explique en partie la baisse du nombre d'agences en France (de 3 000 en 2000, leur nombre n'est plus que de 800 aujourd'hui).

## Quel est son profil ?

La patience, la pugnacité, la vigilance, la discrétion, l'observation, le courage mais aussi la rigueur sont des critères essentiels pour réussir ! Mais le détective doit également inspirer confiance et posséder un excellent relationnel. En effet, lors de ses filatures, témoignages et autres recherches de preuves, il doit pouvoir s'adapter à toutes les situations et tirer profit de ses enseignements et de ses compétences personnelles afin d'obtenir les infos qu'il désire. Le détective ne doit pas non plus avoir peur des horaires de travail à rallonge, de l'inconnu à chaque début de filature, des risques permanents.

**Le taux de réussite d'un détective privé est d'environ 7 affaires résolues sur 10.**

## Quelle carrière ?

Après quelques années d'expérience, le détective privé peut monter sa propre agence.

## LES ÉTUDES

Trois diplômes permettent d'accéder au métier d'enquêteur privé.

**NIVEAU BAC + 2**

- Titre de détective et agent de recherches privées de l'IFAR (Institut de formation des agents de recherches) à Montpellier.

**NIVEAU BAC + 3**

- Licence pro activité juridique, spécialité agent de recherches privées (Nîmes).
- Licence sécurité des biens et des personnes spécialité enquêtes privées (Paris II à Melun).

# NOTAIRE

## MARIE-HÉLÈNE NOTAIRE À CHEVREUSE

*« Être notaire, ce n'est pas seulement appliquer le droit. Mon rôle est de rendre le droit accessible à mes clients et de l'adapter à leurs besoins dans tous les moments heureux ou malheureux de leur vie. Que ce soit dans leur vie personnelle (mariage, divorce, acquisition d'un bien, donation, succession, etc.) ou leur vie professionnelle (création d'entreprise, fusion, fiscalité, etc.). Pour eux, ces actes sont importants et doivent refléter leurs volontés. C'est mon travail de les écouter puis les conseiller et les aider. Je suis en quelque sorte leur confident... c'est donc une relation privilégiée que j'ai avec eux. Il y a des choses que les clients me disent et qu'ils ne disent pas à quelqu'un d'autre. Par exemple, ça m'est arrivé d'apprendre l'existence d'un enfant non reconnu ou d'une relation adultérine de certains de mes clients. Comme je suis soumise au secret professionnel, cela m'impose de garder tout cela pour moi. »*

## LES ÉTUDES

**NIVEAU BAC + 5**

Le parcours est long : 7 ans d'études. Il existe 2 formations pour accéder à la profession :

- L'une à l'université : après un master professionnel en droit notarial, on prépare le diplôme de notaire (nouvelle appellation remplaçant le DSN) en alternance dans un centre de formation et dans un office, pendant 24 mois.
- La seconde, dans un centre de formation professionnelle des notaires (CFPN) : après un master en droit, on prépare le diplôme pendant 30 mois, en alternance dans un centre de formation et dans un office.

## Où travaille-t-il ?

Le notaire travaille au sein d'un cabinet de conseil ou s'associe à d'autres notaires (regroupement de professionnels). Il peut également diriger sa propre affaire en devenant titulaire d'un office, délivré uniquement par le ministère de la Justice.

## Quel est son profil ?

Le notaire doit évidemment connaître les textes législatifs et savoir les utiliser. La rigueur et la discrétion sont pour lui des qualités incontournables : à l'image d'un médecin, il est tenu au secret professionnel. Il va de soi que l'honnêteté le caractérise : lors de ventes de biens immobiliers ou de successions par exemple, il reçoit et fait parfois transiter des sommes d'argent considérables. Enfin, sa fonction impose une certaine pédagogie car il conseille un public qui ne connaît pas les textes législatifs, donc il est amené à les lui expliquer.

## Quelle carrière ?

Le notaire peut évoluer en se spécialisant. Après 4 ans d'expérience dans l'un des domaines reconnus de spécialisation, il demande une certification auprès du CNEPN (Centre national de l'enseignement professionnel notarial) : conseil en organisation et gestion du patrimoine, droit de l'urbanisme et de l'environnement, droit rural et de l'entreprise agricole, droit de l'entreprise et des sociétés, droit international privé...

**Le nombre d'études notariales est contingenté par le ministère, mais celles-ci embauchent des salariés notaires et des clercs à tour de bras.**

TEST

# Es-tu fait pour ce secteur ?

**1 – UN AMI TE CONFIE UN SECRET.**

■ Une heure après, tout ton groupe de potes est au courant.

▲ Tu finis par le livrer si l'on te questionne avec insistance.

● Tu es une tombe : personne ne saura rien de ce secret.

**2 – PETIT DÉBAT ENTRE AMIS SUR LE DERNIER JEU VIDÉO OU LA COMÉDIE MUSICALE EN VOGUE.**

▲ Tu as toujours le premier mot. Jamais le dernier !

■ Tes arguments sont solides mais parfois pas autant que ceux de tes amis.

● Malgré leurs arguments, tu arrives toujours à convaincre tes amis, et ce quel que soit le sujet traité.

**3 – APPRENDRE TES COURS PAR CŒUR…**

● Tu aimes ça et souhaites continuer à apprendre le plus longtemps possible.

▲ Tu ne détestes pas… mais vivement que cela se termine.

■ Tu as hâte de passer à autre chose… Franchement, il y a plus passionnant !

**4 – TON ENTOURAGE DIT DE TOI**

▲ Que tu as du caractère.

● Que tu es conciliant.

■ Que tu es trop gentil.

**5 – TON MEILLEUR AMI EST ACCUSÉ D'AVOIR TRICHÉ EN COURS :**

● Tu fais tout pour démontrer par les faits que c'est faux.

■ Tu le laisses se défendre.

▲ Tu t'accuses à sa place.

**6 – TES PROFS TE TROUVENT :**

● Méthodique.

▲ Motivé.

■ Brouillon.

**7 – ON TE DEMANDE DE RENDRE TON DEVOIR DE MATHS PLUS TÔT QUE PRÉVU :**

● Tu t'y mets de suite…

▲ Cela ne change rien à tes plans.

■ Cela te stresse.

**8 – TU DOIS FAIRE UN EXPOSÉ EN GROUPE, TU PRÉFÈRES…**

● Présenter l'exposé.

■ Préparer les slides.

▲ Effectuer les recherches.

**9 – TU N'ARRIVES PAS À MONTER UNE ÉTAGÈRE D'UN CÉLÈBRE FABRICANT DE MEUBLES SUÉDOIS.**

● Tu persévères coûte que coûte.

■ Tu laisses tomber.

▲ Tu essaieras à nouveau un peu plus tard !

**10 – TU ES PLUTÔT :**

■ Créatif.

● Rigoureux.

▲ Curieux.

**FAIS LE TOTAL DE TES POINTS POUR CHAQUE SIGNE ET REPORTE-TOI AUX RÉPONSES.**

### MAJORITÉ DE ●

Le milieu du droit, de la justice, cela semble être ton truc. Tu sembles avoir toutes les capacités et compétences nécessaires pour t'y épanouir. Tu sais qu'il faudra travailler d'arrache-pied pour réussir, mais cela te paraît en valoir la peine.

### MAJORITÉ DE ▲

Ta personnalité semble plutôt correspondre à un profil « métiers du droit », mais peut-être as-tu encore quelques difficultés scolaires ou doutes sur cette vocation ? Pas de panique, avec de la détermination et une véritable motivation, tu te sentiras à l'aise dans cette filière. Bien entendu, ce ne sera pas tous les jours facile, alors accroche-toi !

### MAJORITÉ DE ■

Les métiers du droit… tu vas peut-être avoir du mal à y réussir. Ta motivation ne semble pas assez forte pour envisager de longues études dans ce domaine, et surtout pour faire preuve de rigueur et de sérieux tout en étant organisé et renseigné. Dans ces métiers, il faut s'investir corps et âme !

IDÉES EN +

## D'autres idées dans ce secteur...

### DÉTECTIVE PRIVÉ

- AGENT SECRET
- AGENT DE PRÉVENTION ET DE SÉCURITÉ
- GARDE DU CORPS
- LIEUTENANT DE POLICE
- POLICE TECHNIQUE ET SCIENTIFIQUE

### NOTAIRE

- ADMINISTRATEUR DE BIENS
- ADMINISTRATEUR JUDICIAIRE
- COMMISSAIRE-PRISEUR
- SECRÉTAIRE JURIDIQUE
- EXPERT-COMPTABLE
- GREFFIER
- AVOCAT
- HUISSIER DE JUSTICE
- CLERC DE NOTAIRE

### JURISTE D'ENTREPRISE

- ADMINISTRATEUR JUDICIAIRE
- AVOCAT

### GREFFIER

- AVOCAT
- MAGISTRAT
- HUISSIER DE JUSTICE
- JUGE POUR ENFANTS
- PROCUREUR
- SECRÉTAIRE JURIDIQUE

### VICE-PROCUREUR

- AVOCAT
- MAGISTRAT
- SUBSTITUT DU PROCUREUR
- GREFFIER
- HUISSIER DE JUSTICE
- JUGE POUR ENFANTS
- PROCUREUR

### AVOCAT PÉNALISTE

- GREFFIER
- HUISSIER DE JUSTICE
- MAGISTRAT
- NOTAIRE
- PROCUREUR

# ÉDITION, PUBLICITÉ, COMMUNICATION, JOURNALISME

*Présenter le journal de 20 heures, imaginer les slogans des grandes campagnes de pub, dénicher le futur prix Goncourt, s'occuper des relations avec la presse pour un artiste... autant de métiers « glamour » qui font rêver mais pour lesquels les places sont chères ! Un niveau bac + 4 ou + 5, une très bonne culture générale et la maîtrise de plusieurs langues sont souvent nécessaires. Et pour espérer décrocher un poste, mieux vaut compléter sa formation par de nombreux stages pour emmagasiner de l'expérience professionnelle et surtout se créer un bon réseau de relations.*

## L'ŒIL DU PRO

Le développement d'Internet a beaucoup impacté les métiers de la communication, de la pub, des médias et de l'édition ! Non seulement les professionnels de ces secteurs doivent maîtriser des compétences traditionnelles (écrire un article ou un communiqué de presse, concevoir une campagne de pub ou de communication, etc.), mais aussi des savoir-faire spécifiques comme la gestion de sites Internet ou de blogs, ou la maîtrise de réseaux sociaux. Sous peine de rester sur la touche !

*Cote du secteur*

*Coût des études*

*Niveau de formation*

*Salaires*

info
info
info
info
AUX 11
CAM 4
CAM 2
CAM 3
info
AUX 17
AUX 18
AUX 08
PP PVW
EXT-01
PP PGM
EXT-02
AUX 15
ME 1
PIERRE
CAM 3
PIERRE
CAM 5
ARIEL
FULL CTRL

# JOURNALISTE WEB

**AUDREY JOURNALISTE WEB À LA-CROIX.COM**

*« Ma journée est différente selon que je suis en édition ou en production. En édition, mon travail consiste à reprendre les papiers réalisés par mes confrères du quotidien et à les mettre sur le site. Un vrai boulot puisqu'il faut refaire les titres, les chapôs... Je dois également penser au référencement (répétition de mots-clés) de l'article. C'est primordial pour intéresser le lecteur. Je peux y intégrer aussi différentes sources de clics telles que des liens hypertextes, des vidéos, des images, du son, des tweets... Les jours où je suis en production, je fais le même travail que mes collègues du papier mais pour le site. Je réalise des interviews, des reportages, etc., sur des sujets que j'ai proposés. Mais, comme je travaille pour le Web, je ne produis pas seulement du texte – vite ennuyeux pour le lecteur Web –, mais aussi des vidéos (des images de manifestations), des infographies (par exemple pour expliquer la courbe du chômage), des diaporamas, etc. »*

## LES ÉTUDES

Quatorze formations sont reconnues par la convention collective des journalistes.

**NIVEAU BAC + 2**

• Trois IUT : Lannion, Tours et Nice Côte d'Azur.

**NIVEAU BAC + 5**

• Quatre écoles privées : le CFJ (Centre de formation des journalistes), l'IPJ (Institut pratique de journalisme) à Paris, l'ESJ (École supérieure de journalisme) de Lille, l'EJT (École de journalisme de Toulouse).

• Sept écoles rattachées à des facs : le master Journalisme de Sciences-Po Paris, l'EJCM (École de journalisme et de communication de Marseille, Aix-Marseille-II), le CUEJ (Centre universitaire d'enseignement du journalisme) de Strasbourg-III, le Celsa (devenu en 1985 l'École des hautes études en sciences de l'information et de la communication) de Paris-IV, l'ICM (Institut de la communication et des médias) d'Échirolles-Grenoble-I, l'IFP (Institut français de presse). L'IJBA (Institut de journalisme de Bordeaux Aquitaine), ex-DUT, prépare au master.

À noter : de nombreuses écoles proposent des formations non reconnues, méfiance !

## Où travaille-t-il ?

Il travaille pour des médias numériques (la-croix.com, liberation.fr, etc.). Avec le boom d'Internet et la communauté toujours grandissante d'utilisateurs à travers le monde, la demande de rédacteurs Web ne cesse de s'accroître. Tant mieux car, dans la presse écrite, les embauches sont de plus en plus rares.

## Quel est son profil ?

Il doit être polyvalent et réactif. Car contrairement à ce qui est impossible en presse papier, il peut actualiser un article après l'avoir mis en ligne et choisir ses sujets en fonction des réactions des internautes. L'interactivité est aussi primordiale : le Web est le seul média où la relation avec le lecteur est aussi étroite.

## Quelle carrière ?

Comme dans n'importe quelle rédaction, il peut devenir chef de rubrique ou même responsable éditorial de l'ensemble du site.

**Un journaliste Web doit être bidouilleur pour tirer parti de tous les outils existants, et maîtriser un minimum de langage code HTML. Il doit pouvoir retailler une image, couper et monter un son, insérer des vidéos, des tweets...**

# DOCUMENTALISTE IMAGE

## ÉLODIE
**DOCUMENTALISTE IMAGE SUR CANAL +**

*« Pour chaque émission, je dois trouver des images, en plus des reportages réalisés spécialement sur un sujet. Ces images extérieures, je les cherche, soit auprès des archives nationales de l'INA (Institut national de l'audiovisuel), soit auprès d'agences (des "banques d'images"). J'arbitre l'achat de ces images en fonction de leur prix et je fais aussi des propositions à la rédaction. Mon métier comporte également une partie technique consistant à rapatrier les images et à en faire le montage. »*

© Thomas Louapre

**Aujourd'hui, un documentaliste audiovisuel doit être capable de s'adapter aux exigences du numérique (formats d'échanges, métadonnées, problématiques juridiques, etc.).**

## Où travaille-t-il ?
Il travaille pour des sociétés de production, des chaînes nationales ou locales, ainsi que dans les agences de presse. Le documentaliste peut également se mettre à son compte en tant qu'indépendant.

## Quel est son profil ?
Mémoire visuelle, créativité et sens de l'esthétique, sens relationnel, réactivité, sens de la communication, anticipation et force de proposition sont indispensables.

## Quelle carrière ?
Avec l'évolution constante des technologies de la documentation (indexation automatique, Web sémantique...), le documentaliste peut devenir « data manager » ou administrateur de système d'information documentaire.

## LES ÉTUDES

**NIVEAU BAC + 2**
- DUT information-communication option information numérique dans les organisations.
- DEUST (diplôme d'études universitaires scientifiques et techniques) métiers des bibliothèques et de la documentation.

**NIVEAU BAC + 3**
- Licences de lettres, de langues, de sciences humaines proposant des parcours documentation.
- Licence pro métiers du livre : documentation et bibliothèques.
- Titre de gestionnaire de l'information de l'EBD (École de bibliothécaires documentalistes).

**NIVEAU BAC + 5**
- Master Information, documentation.
- Diplôme de chef de projet en ingénierie documentaire et gestion des connaissances de l'INTD (Institut national des techniques de la documentation).

# LIBRAIRE

**GUILLAUME** **LIBRAIRE À LA LIBRAIRIE M'LIRE DE LAVAL** *« Je vis au milieu de livres mais je ne passe pas mes journées à lire ! Je commence généralement ma journée en déballant les cartons de livres, en les triant et en les disposant dans les rayons du magasin. Je dois aussi gérer les stocks (commandes de CDI, de comités d'entreprise ou de particuliers, inventaire, retour des invendus...). Régulièrement, je reçois les représentants des éditeurs qui viennent me présenter leur catalogue, et je choisis les ouvrages que j'ai envie de référencer. Moi, je suis spécialisé dans les BD, alors on me montre souvent des planches pour me donner une idée du style. Je choisis aussi bien des gros blockbusters – une librairie doit bien vendre si elle veut durer – mais aussi des ouvrages différents que je souhaite faire connaître à mes clients. Je participe beaucoup à des salons pour découvrir de nouveaux auteurs. J'en invite ensuite certains pour des dédicaces à la librairie comme récemment Aurélie Guillerey, auteure de Noé et Azote. »*

**Concurrence oblige, le libraire indépendant doit diversifier ses activités (manifestations culturelles, papeterie, produits du terroir...) pour survivre et savoir animer son lieu de vente (dédicaces, ateliers, présence sur les salons...).**

## LES ÉTUDES

**NIVEAU BAC + 2**
- DUT information-communication, option métiers du livre et du patrimoine.

**NIVEAU BAC + 3**
- Licence pro métiers du livre : édition et commerce du livre.

**NIVEAU BAC + 5**
- Master métiers du livre et de l'édition.

## Où travaille-t-il ?

Il peut avoir sa propre librairie ou être salarié d'une librairie indépendante, d'une maison de la presse ou d'une librairie-papeterie (mais elles emploient généralement un ou deux vendeurs). Le gros des troupes travaillent dans les grandes surfaces spécialisées comme la FNAC, Cultura, ou les rayons livres des supermarchés et des hypermarchés.

## Quel est son profil ?

Solide culture générale et appétence pour l'actualité littéraire sont nécessaires afin de conseiller au mieux les clients. Il faut aimer conseiller le public, ne pas compter ses heures et se montrer avenant et commerçant, car c'est un métier de contact. Au-delà de l'intellect, il faut aussi avoir la capacité physique de déballer les cartons de livres commandés !

## Quelle carrière ?

Après quelques années d'expérience, un vendeur dans une grande surface spécialisée peut prendre la responsabilité d'un secteur (littérature, politique, essais, histoire, économie...). Il peut aussi ouvrir sa propre librairie indépendante ou une librairie en ligne.

# ÉDITRICE

**KARINE ÉDITRICE CHEZ BAYARD ÉDITIONS**

*« J'édite une trentaine de livres par an, dont je suis responsable depuis leur conception jusqu'à leur mise sur le marché. Là, par exemple, je m'occupe d'un livre d'Annie Jay. Il s'agit du premier tome d'une saga, intitulée Les roses de Trianon. Elle m'a d'abord proposé un synopsis de l'histoire, détaillé chapitre par chapitre. Je lui ai demandé quelques modifications pour que le récit colle au plus près du public visé. Puis, j'ai conclu un contrat d'édition avec elle, négocié une avance sur les droits (le montant) qu'elle percevra sur les ventes du livre. Une fois qu'elle a commencé à travailler sur son livre, j'ai étudié sa faisabilité. Avec notre fabricante, nous avons choisi un imprimeur. Avec le service commercial, nous avons décidé combien d'exemplaires du livre nous allions imprimer et fixé un prix de vente en fonction du prix de revient, des frais de promotion… Parallèlement, j'ai travaillé avec un graphiste sur la couverture du livre. J'ai aussi discuté du lancement avec notre responsable communication ainsi qu'avec le service promotion – en particulier de l'idée d'envoyer une rose aux journalistes avec le livre. »*

## LES ÉTUDES

**NIVEAU BAC + 5**

- Master métiers du livre et de l'édition.

**NIVEAU BAC + 6**

- Master spécialisé en management de l'édition numérique de l'École supérieure de commerce, ESCP Europe, en association avec l'Asfored.

## Où travaille-t-il ?

Les postes d'éditeurs sont peu nombreux. On les trouve majoritairement dans les grands groupes d'édition et les maisons indépendantes, dans le secteur de la littérature ou de l'édition spécialisée. Certaines agences de communication et les services communication de grands groupes emploient également des éditeurs.

**Les profils scientifiques et juridiques sont recherchés par certaines maisons d'édition spécialisées dans les ouvrages scolaires, l'édition scientifique, etc.**

## Quel est son profil ?

Évidemment, il faut aimer les livres, les mots et la littérature. Mais, ce n'est pas tout ! L'éditeur doit être intuitif et avoir le sens de l'écoute et des tendances afin de faire émerger de nouveaux auteurs prometteurs.

## Quelle carrière ?

Généralement, il commence comme assistant d'édition. Il peut devenir responsable éditorial et diriger une équipe d'éditeurs, ou packager, c'est-à-dire éditeur à son compte et fournir des ouvrages « clés en main » à des maisons d'édition qui les publient sous leur marque.

# ATTACHÉE DE PRESSE

## PAULINE

**ATTACHÉE DE PRESSE CHEZ LAURENT SUCHEL MÉDIA & COMMUNICATION**

*« Mon agence est spécialisée dans la mode et le luxe. Mes clients proposent des produits en mode féminine, lingerie/maillots de bain et accessoires (Elisabetta Franchi, Genny…). Mon rôle est de faire en sorte que ces marques soient le plus visibles possible dans les médias (magazines, webzines, télé, sur tapis rouge…). Pour cela, je vais aider les rédactrices à organiser leurs séances photo, relancer les journalistes pour voir quels sujets peuvent concerner mes marques. Je suis en relation aussi avec des célébrités pour qu'elles portent ces marques, j'organise des défilés et portes ouvertes, etc. »*

## LES ÉTUDES

**NIVEAU BAC + 3**

- Licence en information communication.
- Licence pro métiers de la communication : chargé de communication.

**NIVEAU BAC + 5**

- Masters communication des organisations ; information, communication.
- Diplômes d'écoles spécialisées (comme l'Iscom, l'Efap…) et de certaines grandes écoles de commerce.

## Où travaille-t-il ?

C'est une profession essentiellement féminine. L'attaché de presse est salarié dans le service presse ou communication des entreprises, ou employé en agence de conseil en communication, ou spécialisée en relations presse. Quelques-uns travaillent en free-lance pour le compte d'artistes ou de personnalités publiques.

**À l'ère d'Internet, l'attachée de presse coordonne désormais les relations avec d'autres publics : les leaders d'opinion, les experts, les blogueurs et autres groupes d'influence.**

## Quel est son profil ?

Il doit être capable d'argumenter chaque info donnée aux journalistes, cela nécessite force de persuasion et patience. Conférences de presse, lancements de produits, voyages de presse, coups de fil urgents… Son emploi du temps est chargé. Une grande disponibilité et des déplacements fréquents sont à prévoir.

## Quelle carrière ?

En agence, il passera directeur de clientèle puis directeur de pôle. Il peut aussi créer sa propre structure. En interne dans une entreprise, il évoluera vers un poste chargé de communication, de responsable chargé des relations publiques à directeur de la communication.

# GRAPHISTE

**Pour espérer travailler rapidement, une solide formation alliée à un book de qualité est indispensable.**

## PIERRE
**GRAPHISTE CHEZ BAYARD ÉDITIONS**

*« Mon travail consiste à donner sa forme au contenu d'un livre. Quand l'éditrice travaille sur un projet, elle me donne son résumé et son titre, pour que je réfléchisse à la couverture et aux illustrations intérieures. La difficulté, c'est de réussir, à travers une image, à refléter l'histoire, tout en attirant l'attention des lecteurs en librairie. Je travaille soit avec une illustration, soit sur un montage à partir de photos et de polices de caractères. Une fois la couverture terminée, l'auteur donne son avis. Avec l'éditrice et la fabricante, je décide aussi du papier utilisé ainsi que des gammes de couleurs pour évaluer le rendu final. »*

© Thomas Louapre

## Où travaille-t-il ?
Il peut être salarié dans une agence de publicité ou de communication, un studio de création, une maison d'édition, une entreprise de presse ou le service communication d'une entreprise. Il peut aussi être free-lance et travailler à la commande. Si les secteurs de la publicité, de l'édition ou de la presse sont de moins en moins porteurs, le multimédia et surtout le Web offrent de nouvelles opportunités.

## Quel est son profil ?
Pour répondre à la diversité des commandes, il doit être curieux, créatif, au fait des tendances, capable de s'adapter à des demandes très variées et avoir une bonne culture générale. Surtout, il doit savoir résister au stress : le rythme de travail est soutenu, particulièrement dans les périodes de conception et de bouclage.

## Quelle carrière ?
Il peut évoluer vers un poste de chef de projet, de directeur artistique, ou de directeur de la création.

## LES ÉTUDES

**NIVEAU BAC + 2**
- BTS design graphique, option communication et médias imprimés ou option communication et médias numériques.
- DMA (diplôme des métiers d'art) arts graphiques option illustration ou typographie.

**NIVEAU BAC + 3**
- Diplôme national d'art (DNA) options communication ou design.
- Licence pro en communication visuelle ; graphisme et conception éditoriale.

**NIVEAU BAC + 4**
- Diplôme supérieur d'arts appliqués (DSAA) mention graphisme.

**NIVEAU BAC + 5**
- Diplôme national supérieur d'expression plastique (DNSEP), options communication ou design.
- Diplôme national supérieur des arts décoratifs (ENSAD).
- Diplôme délivré par une école d'art privée.

# RESPONSABLE DE LA COMMUNICATION

## BRIGITTE

**RESPONSABLE DE LA COMMUNICATION CHEZ PARROT***

*« Quand on a lancé les minidrones, j'ai conçu tous les supports pour communiquer sur ces produits. J'ai réuni les enfants de nos collaborateurs pour tester nos premières vidéos sur ces drones. Cela nous a aidés à écrire les messages qui s'adressaient aux jeunes et à leurs parents : ceux qui achètent ! Ce n'était pas facile, car il fallait vulgariser toutes les infos techniques que me donnaient les ingénieurs. Mais cela nous a permis de réaliser les vidéos promotionnelles. Avec mon équipe, nous avons aussi réalisé des vidéos plus classiques, comme le film vitrine, réalisé à la façon d'un vrai film de cinéma, ou celles destinées aux présentoirs Parrot dans les magasins. »*

*Entreprise qui fabrique et vend des drones, minidrones et objets connectés.

## Où travaille-t-il ?

Dans une petite ou une grande structure, agences de communication, organismes culturels, collectivités, associations ou encore institutions parlementaires.

## Quel est son profil ?

Il a une curiosité suffisante pour assimiler parfaitement la culture de son entreprise, ses produits, son histoire et ses projets. Pour obtenir de bonnes relations avec l'extérieur, il a le sens du contact et de l'écoute. Pédagogique, il doit savoir faire le lien entre la direction générale et les chargés de communication, les attachés de presse et les community managers, les équipes créatives (les graphistes par exemple) et la production (responsable de fabrication).

## Quelle carrière ?

Il peut devenir directeur de communication ou bien se mettre à son compte en tant que consultant en communication.

## LES ÉTUDES

**NIVEAU BAC + 3**

- Licence information et communication.
- Licence pro métiers de la communication : chargé de communication ; chef de projet communication.

**NIVEAU BAC + 3**

- Diplôme d'écoles de commerce.
- Diplôme d'instituts d'études politiques avec spécialisation en communication et ressources humaines.
- Diplôme d'écoles spécialisées en communication : Celsa, Iscom, ISCPA, ISTC...
- Masters information ; communication ; communication des organisations...

**Maîtriser les nouvelles technologies de l'information et de la communication (Web, blogs, réseaux sociaux, intranet, newsletter électronique, jeu virtuel...) et les principaux langages de programmation utilisés dans le Web (HTML, XML...) est indispensable.**

# CONSULTANT EN STRATÉGIE DE MARQUE

## MIKAËL

**CONSULTANT EN STRATÉGIE DE MARQUE CHEZ WEBEDIA**

*« Mon travail consiste à proposer des stratégies commerciales à des clients concernant tous les médias en ligne de mon entreprise (Allociné, jeuxvideo.com, PurePeople, Puretrend, 750g.com, Easyvoyage…). Cela peut consister à leur proposer d'acheter de classiques bannières ou des carrés de pub sur ces sites, mais je peux aussi concevoir des opérations spéciales pour ces annonceurs (dispositifs éditoriaux, opérations de communication, animation de communautés internes et externes…) : par exemple, j'avais proposé à Hewlett Packard – un de mes clients – de sponsoriser durant tout le Festival de Cannes 2015 des lives du YouTubeur Norman qui passaient sur nos sites. Mes clients sont issus de l'univers jeune ou ont envie de communiquer auprès de ce public via nos sites. Je suis là pour écouter leurs souhaits et leur proposer des solutions. Compte tenu du public qu'ils veulent toucher, cela passe souvent par des jeux ou des vidéos. »*

## LES ÉTUDES

**NIVEAU BAC + 5**

- Diplôme d'écoles de commerce.
- Diplôme d'écoles de communication (type Iscom).

**C'est un poste rarement confié à un débutant, mais plutôt à un professionnel ayant de l'expérience de commerce on-line.**

### Où travaille-t-il ?

Le consultant en stratégie de marque, appelé aussi consultant branding, travaille le plus souvent au sein d'agences de conseil en communication, d'agences média et de régies publicitaires.

### Quel est son profil ?

À mi-chemin entre un planneur stratégique et un chef de projet, il doit être réactif et très souple pour s'adapter à toutes les situations. Il doit aussi avoir le sens de l'analyse, de l'écoute et de l'observation, être créatif et savoir innover, et être capable de convaincre.

### Quelle carrière ?

En prenant de l'expérience, il va être de plus en plus confronté à la partie stratégique des missions et va laisser peu à peu la main sur la partie opérationnelle. Il peut également devenir indépendant.

# DIRECTEUR DE CRÉATION

**GREG DIRECTEUR DE CRÉATION CHEZ MERLIN AGENCY**

*« Mon agence aide des start-up à créer une marque et à communiquer dessus. Mon job consiste à superviser le travail des équipes créatives – composées du directeur artistique et du concepteur-rédacteur –, qui œuvrent à créer une identité artistique.*

*Par exemple, nous avons récemment travaillé pour Drust, une start-up qui a conçu un boîtier branché à la prise OBD des voitures, et connecté à une application mobile qui transmet au conducteur des infos pour améliorer sa conduite. D'un produit innovant, nous avons fait une marque. En travaillant sur les mots, nous avons évolué de la baseline originelle « Drive / Save / Trust », trop fonctionnelle, vers Drust (contraction de Drive et Trust). Et nous avons aussi cogité sur la promesse de la marque (« Be a Superdriver ») pour placer l'émotionnel au cœur de la proposition des valeurs de Drust. Un travail qui demande, en amont, de bien comprendre le client, son produit, ses besoins et d'être ensuite créatif pour trouver des solutions. »*

## LES ÉTUDES

**NIVEAU BAC + 5**

- Masters dans les domaines des lettres et sciences humaines, sciences sociales, communication, histoire, économie ou droit ; master mention communication, publicité.
- Diplôme d'écoles spécialisées en communication et publicité (type Iscom).
- Diplôme d'écoles de commerce.
- Diplôme d'instituts d'études politiques (IEP).

**C'est un métier difficilement exportable car, pour travailler à l'étranger, il faut être bilingue et biculturel.**

## Où travaille-t-il ?

Soit dans une agence de communication, de publicité ou une agence média disposant d'un département communication. Soit au sein d'entreprises qui investissent dans les campagnes de communication ou produisent de nombreux catalogues (luxe, grande consommation…), soit au sein de studios de création indépendants.

## Quel est son profil ?

Il doit avoir une bonne culture générale et bien maîtriser la langue française. Il doit également être doté d'une imagination débordante, d'une créativité et d'une intuition remarquables…

## Quelle carrière ?

Être directeur de création, c'est un peu la consécration suprême. Généralement, il débute comme concepteur-rédacteur junior, puis médium et enfin senior. Après quelques années comme directeur de création, il peut évoluer vers un poste de directeur général ou bien devenir son propre patron en lançant son agence de communication ou de publicité.

# COMMUNITY MANAGER

**SOUFYANE COMMUNITY MANAGER AU STUDIO IVORY TOWER (QUI DÉVELOPPE DES JEUX POUR UBISOFT)** *« Je fais le lien entre les joueurs et le studio de création. Sur les réseaux sociaux, j'anime la communauté en postant des infos, des vidéos... Je lis tout ce qui concerne les jeux qui sortent, je discute avec les joueurs pour savoir ce qu'ils attendent du jeu, ce qui leur plaît ou aiment moins. Des modifications sont effectuées suite à ces échanges comme, par exemple, la possibilité de changer les vitesses sur la manette, alors que ce n'était pas prévu. Je piste aussi les "influenceurs", des joueurs particulièrement motivés qui parlent des jeux bien avant leur sortie. Je leur donne les dernières infos et aussi de petits privilèges : bonus pour le jeu, tee-shirts... »*

## LES ÉTUDES

**NIVEAU BAC + 3**
- Bachelors ou licences professionnelles en communication Web ou e-marketing.

**NIVEAU BAC + 5**
- Écoles de commerce.
- Écoles de communication avec une spécialisation « social media ».
- École du Web comme HETIC, Sup'Internet, EEMI, Sup de Web, Webschool Factory.

© Philippe Schuller/Signatures

**Un cinquième des community managers sont recrutés via les réseaux sociaux, notamment sur Twitter.**

## Où travaille-t-il ?

Il peut travailler au sein d'une agence de communication et s'occuper d'un portefeuille de clients, ou être directement intégré dans une entreprise. Au niveau du secteur d'activité, un community manager sur trois travaille dans la communication ou les médias, et près de 20 % dans une entreprise informatique.

## Quel est son profil ?

Polyvalent, il doit être un bon animateur, courtois et amical avec sa communauté d'internautes, savoir faire preuve de réactivité et de curiosité pour s'adapter à toutes les évolutions sur le Web, être force de proposition et créatif.

## Quelle carrière ?

Selon ses goûts, sa formation... il peut se spécialiser dans l'e-commerce, la gestion de médias sociaux, la communication, la publicité... Il peut aussi devenir chef de projet.

TEST

# Ce secteur te correspond-il ?

**1 – TU DÉCOUVRES UNE BONNE GROSSE FAUTE D'ORTHOGRAPHE SUR UN MESSAGE SNAPCHAT OU FACEBOOK :**

- ▲ Cela te fait sourire.
- ■ Cela ne te fait ni chaud ni froid.
- ● Cela te choque.

**2 – TON MEILLEUR AMI A UNE TENUE QUE TU JUGES RIDICULE :**

- ▲ Tu es cash et lui dis que sa tenue est ridicule.
- ● Tu lui fais remarquer avec diplomatie (pour ne pas le/la vexer) que sa tenue n'est pas top.
- ■ Certes tu la trouves grotesque… mais après tout, c'est son choix !

**3 – TON ORDI PLANTE…**

- ● Tu fais des manipulations jusqu'à trouver le problème.
- ■ Tu laisses tomber et vas chercher quelqu'un de plus doué que toi.
- ▲ Tu fais quelques manipulations avant de chercher de l'aide sur des forums.

**4 – FIDÈLE À « TOP CHEF », « THE VOICE », ETC., TU PASSES L'ÉMISSION À :**

- ▲ Essayer de convaincre ta mère qu'un tel est mieux qu'une telle.
- ■ Te moquer des prestations des candidats.
- ● Twitter tous tes commentaires en direct.

**5 – POUR TROUVER UN STAGE DANS LE DOMAINE QUI TE PLAÎT :**

- ● Tu envoies un e-mail à tous les amis de tes parents, aux parents de tes amis, etc.
- ▲ Tu envoies des e-mails à des entreprises évoluant dans ce domaine.
- ■ Tu demandes à tes parents.

**6 – LA PROF DE MATHS VOUS DONNE UN DEVOIR MAISON À RENDRE DANS DEUX JOURS.**

- ■ C'est panique à bord, tu n'auras jamais le temps.
- ● Tu vas y arriver quitte à bosser tard le soir.
- ▲ Tu stresses un peu mais commences immédiatement en rentrant chez toi.

**7 – UN AMI TE DEMANDE DE RELIRE SON EXPOSÉ…**

- ▲ Tu corriges ses fautes d'orthographe et de grammaire..
- ● Tu lui donnes des conseils pour une intro et une conclusion plus percutantes.
- ■ Tu relis vite fait l'exposé, sans faire aucune remarque.

**8 – QUAND TU ES AMENÉ À TRAVAILLER AVEC UN CAMARADE, TU AS TENDANCE À…**

- ▲ Vouloir tout décider et tout contrôler.
- ● Vouloir tout faire à deux.
- ■ Faire ta part de travail de ton côté.

**9 – TON ÉTABLISSEMENT ORGANISE UNE FÊTE DE FIN D'ANNÉE.**

- ■ Tu viendras le jour J avec ta plus belle tenue.
- ● Tu t'investis à fond en proposant tes services pour la playlist, le buffet ou la déco.
- ▲ Tu attends qu'on vienne te solliciter.

**10 – ON DIT DE TOI QUE TU ES :**

- ● Curieux et spontané.
- ▲ Créatif et réactif.
- ■ Réservé et réfléchi.

**FAIS LE TOTAL DE TES POINTS POUR CHAQUE SIGNE ET REPORTE-TOI AUX RÉPONSES.**

### MAJORITÉ DE ●

Passionné par les mots, tu as le sens de la formule, tu t'investis à fond quand quelque chose te plaît, tu es créatif, débrouillard, persévérant… bref tu possèdes l'essentiel des qualités pour travailler dans les secteurs de l'écrit et de la communication.

### MAJORITÉ DE ▲

Tu manies bien l'art du langage, tu trouves la bonne formule quand il s'agit de convaincre les autres… mais es-tu suffisamment résistant au stress, créatif ou persévérant pour travailler dans ces secteurs ? Réfléchis et pèse le pour et le contre. Il s'agit de métiers exigeants.

### MAJORITÉ DE ■

Les métiers de ce secteur ne semblent pas te correspondre plus que cela. Tu ne sembles pas très passionné par la langue, l'art de la rhétorique ou de l'écrit. Peut-être ne ressens-tu pas assez le besoin de convaincre les autres, ou de faire passer des messages…

# Es-tu fait pour les métiers de l'édition ?

**1 – QUAND ON TE DIT LECTURE, TU RÉPONDS ?**

- ■ Corvée et mortel ennui.
- ● Plaisir, découverte et évasion vers des contrées inconnues.
- ▲ BD avant tout ! Ce sont surtout les images qui t'intéressent.

**2 – LE CDI, TU Y METS LES PIEDS…**

- ■ Contraint et forcé.
- ● Régulièrement pour emprunter livres et revues.
- ▲ Juste de temps en temps pour travailler au calme.

**3 – TU TE SOUVIENS DE CE QUE RACONTAIT LE DERNIER LIVRE QUE TU AS LU ?**

- ■ Oulala, non c'est trop loin pour m'en rappeler précisément.
- ● Oui, car c'était hier soir avant de m'endormir.
- ▲ Plus ou moins, c'était il y a plusieurs semaines.

**4 – POUR TOI, UNE LIBRAIRIE C'EST…**

- ● Un lieu chaleureux où l'on peut rencontrer des écrivains, faire faire des dédicaces, flâner…
- ■ La quatrième dimension : tu n'y mets jamais les pieds.
- ▲ Un grand supermarché avec des livres.

**5 – TOI ET LE FRANÇAIS…**

- ■ Tu assures le minimum et tes résultats ne sont pas terribles.
- ● Tu adores cette matière et d'ailleurs tu as de bonnes notes.
- ▲ Tu aimes lire, mais tu as plus de mal avec les travaux écrits.

**6 – TU TE VOIS TRAVAILLER DANS LE MONDE DES LIVRES MAIS…**

- ▲ Tu ne veux pas devenir un rat de bibliothèques.
- ■ Tu redoutes le travail en équipe.
- ● Tu n'as pas le sens de la diplomatie.

**7 – L'ÉCRITURE ET TOI…**

- ● Tu tiens un journal intime ou un blog.
- ▲ Tu aimes prendre la plume et inventer des histoires.
- ■ Tu n'es pas à l'aise du tout dès qu'il faut écrire autre chose qu'un SMS !

**8 – TU RÊVES SURTOUT D'UN MÉTIER :**

- ● Qui te permette de rencontrer des personnes très différentes.
- ■ Qui te fasse gagner beaucoup d'argent.
- ▲ Qui t'offres accès à un milieu créatif.

**9 – APRÈS AVOIR LU UN LIVRE, TU AIMES :**

- ▲ En discuter avec ton entourage pour le défendre ou le descendre.
- ● Le relire et le relire (si tu l'as aimé).
- ■ Le ranger dans ta bibliothèque et savoir qu'il y reste.

**10 – DANS LES MOMENTS DE VÉRITÉ…**

- ▲ Tu ne prends pas de pincettes pour dire ce que tu as à dire.
- ● Tu joues de tes talents de diplomate pour ne pas blesser ton interlocuteur.
- ■ Tu retardes toujours le moment de l'explication.

**FAIS LE TOTAL DE TES POINTS POUR CHAQUE SIGNE ET REPORTE-TOI AUX RÉPONSES.**

### MAJORITÉ DE ●

Tu sembles fait pour les métiers de l'édition ! À toi de trouver ceux qui te conviennent le mieux. Métiers de la conception (auteur, scénariste de BD, éditeur…), de la fabrication (chef de fabrication, correcteur, designer graphiste, illustrateur, maquettiste…) ou liés à la commercialisation (libraire, attaché de presse, chef de produit, etc.).

### MAJORITÉ DE ▲

Tu pourrais t'épanouir dans certains métiers de l'édition… mais pas dans tous. Ce sont moins les métiers de la création que ceux de la fabrication ou de la commercialisation qui te correspondent le plus. Renseigne-toi, car les voies qui y mènent ne sont pas les mêmes. Mais ces métiers comportent souvent plus de débouchés que les autres !

### MAJORITÉ DE ■

Tu ne sembles pas fait pour travailler dans l'édition, ce n'est pas pour toi. Pour la simple et bonne raison que tu n'aimes pas particulièrement le monde des livres, la lecture, la langue, etc. Ce n'est pas grave, il existe plein d'autres métiers dans lesquels tu vas pouvoir t'épanouir !

IDÉES EN +

## D'autres idées dans ce secteur...

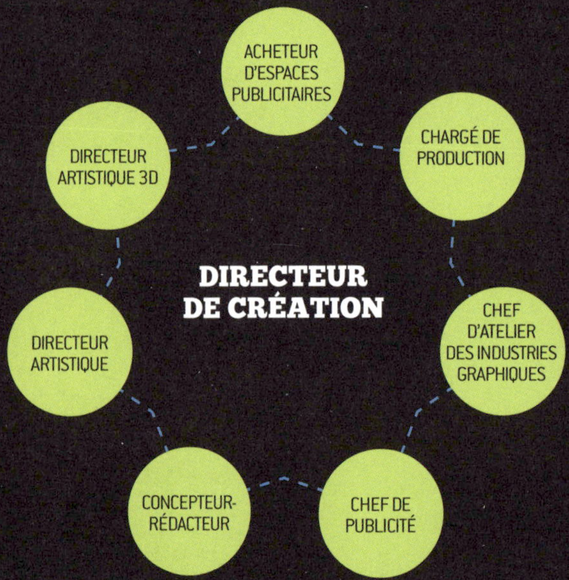

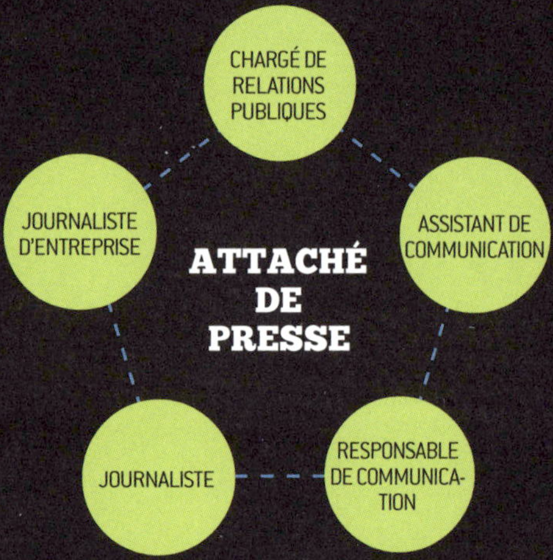


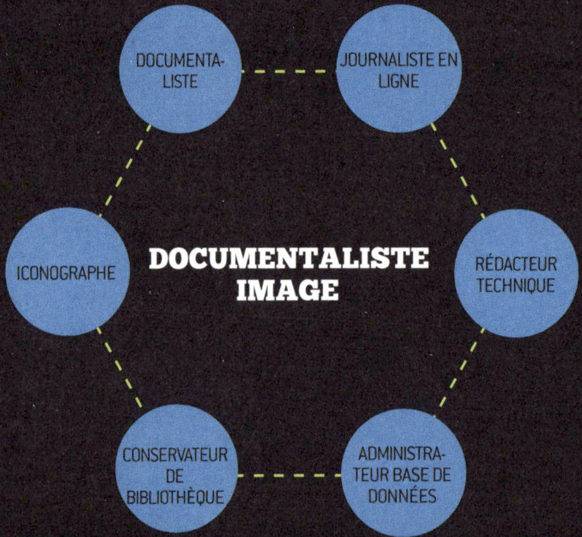


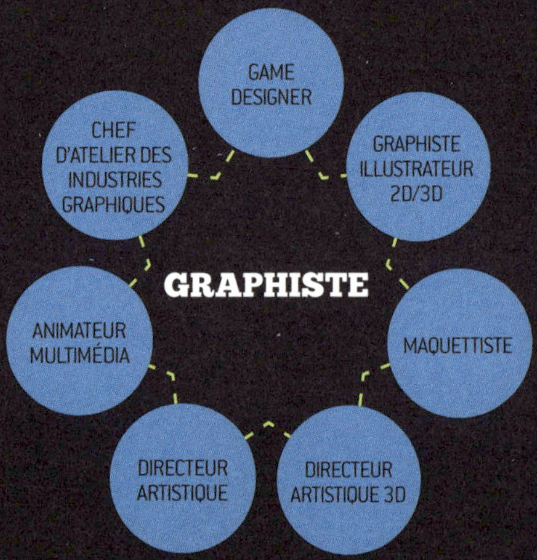

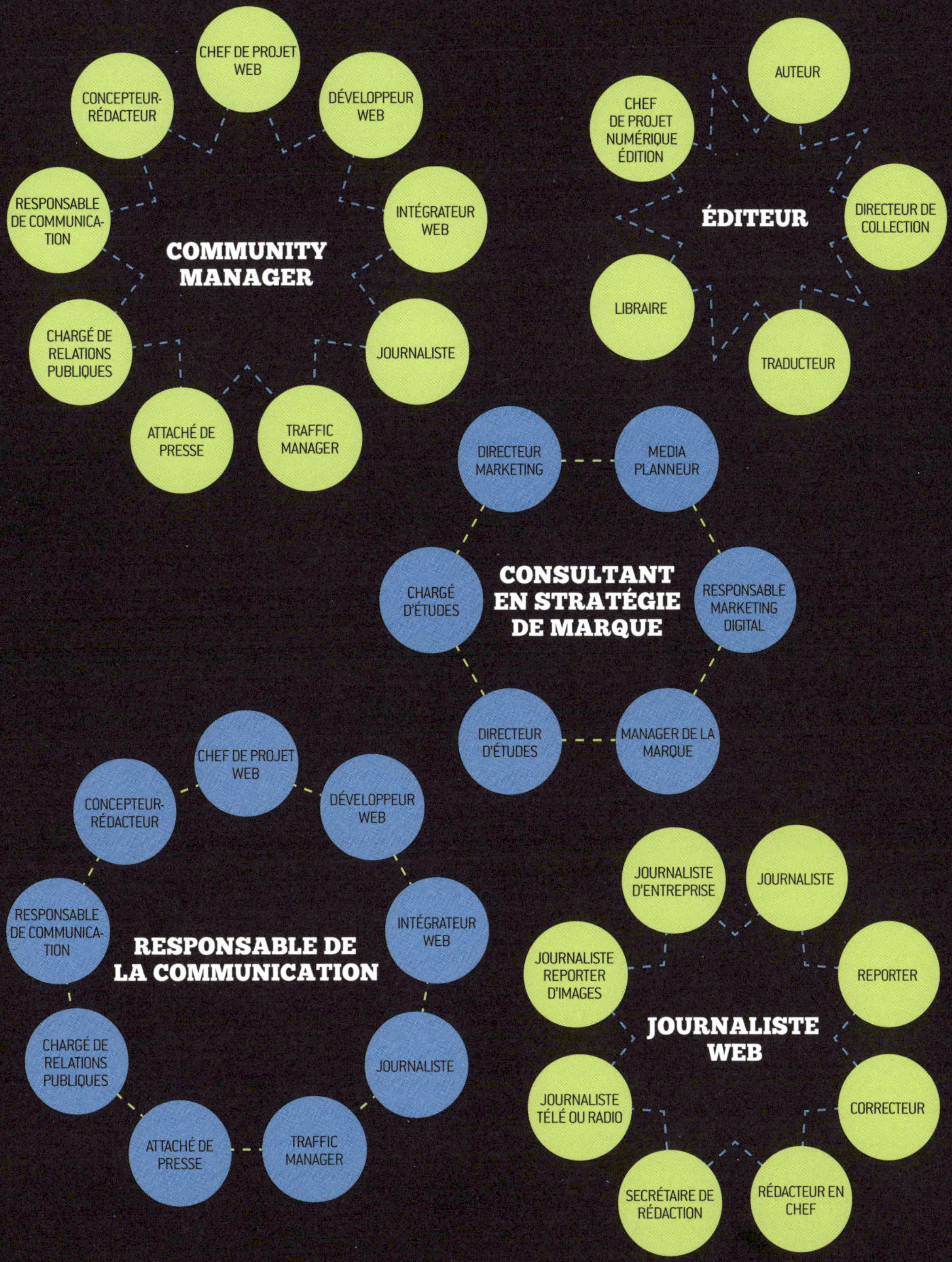
COMMUNITY MANAGER
CHEF DE PROJET WEB
DÉVELOPPEUR WEB
INTÉGRATEUR WEB
JOURNALISTE
TRAFFIC MANAGER
ATTACHÉ DE PRESSE
CHARGÉ DE RELATIONS PUBLIQUES
RESPONSABLE DE COMMUNICA-TION
CONCEPTEUR-RÉDACTEUR
ÉDITEUR
AUTEUR
DIRECTEUR DE COLLECTION
TRADUCTEUR
LIBRAIRE
CHEF DE PROJET NUMÉRIQUE ÉDITION
CONSULTANT EN STRATÉGIE DE MARQUE
DIRECTEUR MARKETING
MEDIA PLANNEUR
RESPONSABLE MARKETING DIGITAL
MANAGER DE LA MARQUE
DIRECTEUR D'ÉTUDES
CHARGÉ D'ÉTUDES
RESPONSABLE DE LA COMMUNICATION
CHEF DE PROJET WEB
DÉVELOPPEUR WEB
INTÉGRATEUR WEB
JOURNALISTE
TRAFFIC MANAGER
ATTACHÉ DE PRESSE
CHARGÉ DE RELATIONS PUBLIQUES
RESPONSABLE DE COMMUNICA-TION
CONCEPTEUR-RÉDACTEUR
JOURNALISTE WEB
JOURNALISTE D'ENTREPRISE
JOURNALISTE
REPORTER
CORRECTEUR
RÉDACTEUR EN CHEF
SECRÉTAIRE DE RÉDACTION
JOURNALISTE TÉLÉ OU RADIO
JOURNALISTE REPORTER D'IMAGES

# ENSEIGNEMENT, FORMATION

*Pour être sûr de trouver un emploi, c'est vers l'enseignement et la formation qu'il faut se tourner ! Car si pendant longtemps le métier de prof a séduit, c'est moins le cas désormais, avec un niveau d'études plus élevé pour passer les concours, des salaires peu attractifs et des conditions d'exercice pas toujours faciles. Pourtant l'intérêt du métier et ses avantages sont là : faire réussir des élèves, transmettre son savoir, partager une passion, avoir un emploi à vie, profiter de longues vacances et d'une relative liberté d'action... la plupart des profs n'échangeraient pour aucun autre leur métier ! Et à ceux qui ne veulent pas travailler avec les enfants, rappelons qu'enseigner est aussi possible avec des adultes ou dans le cadre d'activités extra scolaires.*

## L'ŒIL DU PRO

L'enseignement recrute : en 2017, l'Éducation nationale a embauché 30 991 profs et conseillers principaux d'éducation dans les établissements publics et 3 780 dans l'enseignement privé sous contrat (1$^{er}$ et 2$^{nd}$ degrés). Cette tendance devrait se maintenir, sachant que certaines disciplines manquent de candidats (maths, anglais, lettres...). Côté formation, près de 400 organismes privés emploient environ 20 000 salariés. Il y a de vrais besoins, en informatique, en langues, ou pour des formations pré-professionnelles ou d'insertion.

*Cote du secteur*

*Coût des études*

*Niveau de formation*

*Salaires*

# FORMATRICE D'ADULTES

**JOANNA** **FORMATRICE D'ADULTES**
**FONDATRICE DE LA SOCIÉTÉ EVOLVIO**

*« Mes programmes en entreprise visent à améliorer l'efficacité des salariés et à leur permettre d'évoluer. Par exemple, dans une formation pour mieux se connaître et mieux s'organiser, je propose un test de personnalité puis apprends à gérer les priorités, à savoir dire non, à utiliser des apps pour faire des To Do List, avoir un agenda, etc., autant de choses à mettre en application très vite. Je dispense généralement des formations assez courtes – d'une demi-journée à trois jours. La différence avec l'école : je suis sur des sujets plus concrets, et je ne mets pas de notes ! Et j'adapte mon programme en fonction des critiques et des besoins des entreprises. »*

## LES ÉTUDES

**NIVEAU BAC + 3**

- Licences pro : formateur d'adultes, formateur en milieu professionnel, formation et accompagnement, métiers de la formation, de l'insertion et de l'accompagnement…

**NIVEAU BAC + 5**

- Master pro : enseignement, apprentissage et formation, conseil en éducation, sciences de l'éducation et de la formation…

## Où travaille-t-il ?

Il existe de grands organismes de formation comme l'Afpa (Association pour la formation professionnelle des adultes), les Greta (groupements d'établissements publics locaux d'enseignement), le Cesi (Centre des études supérieures industrielles) ou encore la Cegos (Commission générale d'organisation scientifique du travail), et de petites structures. Un formateur anime soit des séances en groupe dans les locaux de l'organisme de formation, soit dans les entreprises.

## Quel est son profil ?

Des compétences pédagogiques sont incontournables ; l'adaptabilité à des interlocuteurs très différents aussi : une même formation n'est pas dispensée de la même façon à une vendeuse en magasin et un patron d'entreprise. Il doit aussi s'adapter au groupe qu'il anime : certains sont dynamiques, d'autres moins. Enfin un certain charisme est indispensable : pas question de se laisser déstabiliser par les stagiaires ou par des questions inattendues.

## Quelle carrière ?

Il peut évoluer vers un poste de responsable des ressources humaines.

**La formation d'adultes nécessite de bien connaître le monde de l'entreprise… Y avoir travaillé auparavant est un vrai atout.**

© Fotolia/Woodapple

# PROF DE FRANÇAIS

**CLAIRE PROF DE FRANÇAIS AU LYCÉE COULOMB, À ANGOULÊME**

*« Prof au lycée, c'est un bonheur ! À partir de la seconde, la littérature ouvre plein de nouveaux univers aux élèves. Ils découvrent qu'elle est tout sauf rébarbative. J'aime aussi faire redécouvrir des auteurs – comme Molière –, en amenant mes élèves voir des pièces contemporaines. Bien sûr, en 1re, il y a le bac et je dois un peu leur mettre la pression pour qu'ils travaillent. Mais je déteste le bachotage et j'essaie toujours de leur donner envie d'apprendre. Le côté le moins sympa du métier ? Les copies à corriger ! »*

## Où travaille-t-il ?

Un prof certifié (titulaire du CAPES, certificat d'aptitude au professorat de l'enseignement du second degré) assure 18 heures de cours hebdomadaires. Tandis qu'un agrégé (titulaire d'une agrégation) en assure 15, le plus souvent en lycée ou en classe prépa. Les recrutements sont ajustés chaque année en fonction des budgets alloués et des besoins dans chaque discipline. Les disciplines qui recrutent le plus sont les lettres, les maths et l'anglais.

## Quel est son profil ?

Les conditions d'enseignement dépendent évidemment des classes, des établissements et des populations concernées. Mais une immense patience et une solidité physique et psychologique sont indispensables pour exercer ce métier. Tout comme un don pour la pédagogie, une autorité naturelle, et la capacité à travailler en équipe...

## Quelle carrière ?

Avec 5 ans d'ancienneté, un prof peut se présenter au concours de chef d'établissement scolaire ou d'inspecteur de l'Éducation nationale. Il peut aussi devenir à son tour formateur de profs.

## LES ÉTUDES

**NIVEAU BAC + 5**

- Les concours du CAPES (certificat d'aptitude au professorat de l'enseignement secondaire) ou du CAFEP-CAPES (l'équivalent du CAPES pour l'enseignement privé) et de l'agrégation sont accessibles avec un master, de préférence MEEF (métiers de l'enseignement, de l'éducation et de la formation).
- Les épreuves d'admissibilité se déroulent en fin de M1 et celles d'admission en fin de M2.

**S'il est prof principal, un professeur coordonne aussi les conseils de classe, organise les relations avec les parents et exerce une responsabilité dans l'orientation de ses élèves, en collaboration avec le conseiller d'orientation-psychologue.**

# PROF DES ÉCOLES

**YANNICK PROF DES ÉCOLES A L'ÉCOLE LANGEVIN-WALLON, CHÂTILLON** « *Prof des écoles, c'est un boulot chronophage. Bien évidemment, il y a le temps passé à faire la classe, etc., mais, surtout, il y a la préparation des cours. Par exemple, le recueil des documents, l'élaboration d'un cours sur l'histoire de France depuis la préhistoire à travers le monde paysan m'a pris des semaines. Car ce projet couvre toutes les disciplines : histoire de l'art, français, maths, etc. Je dois aussi compter avec la correction des cahiers et des contrôles. Moi, je ne mets pas de notes chiffrées car ce qui m'intéresse, ce sont les compétences que les élèves arrivent à acquérir. Bref, l'école, j'y pense constamment, même quand le week-end, je vais visiter des musées pour moi !* »

## LES ÉTUDES

**NIVEAU BAC + 5**

• Il faut s'inscrire en master MEEF (métiers de l'enseignement, de l'éducation et de la formation) et réussir le concours de recrutement de professeurs des écoles (CRPE). La formation en alternance en 2e année de master se déroule à temps partiel dans une école.
Attention : s'il est possible de se présenter au concours dès la fin du M1 (1re année de master), le recrutement définitif et la titularisation sont soumis à la validation du M2 (2e année de master).

© Fotolia/ Chlorophylle

**Savoir s'adapter et se remettre constamment en question sont des atouts précieux.**

## Où travaille-t-il ?

Le prof des écoles (ex-instituteur) fait la classe à des enfants de 2 à 11 ans, scolarisés de la maternelle à la fin élémentaire (CM2). De nombreux enseignants doivent être formés et embauchés dans les années à venir.

## Quel est son profil ?

Fort d'une autorité naturelle, pédagogue, patient, il aime transmettre, mais est aussi résistant physiquement que nerveusement. Il doit savoir travailler avec les autres membres de l'équipe pédagogique, et être bienveillant. Dans une classe, quand des élèves ont des problèmes de comportement ou d'apprentissage, il faut être capable de les mettre autant que les autres en situation de réussite.

## Quelle carrière ?

Après plusieurs années d'enseignement et une formation, il peut devenir enseignant spécialisé pour s'occuper d'enfants handicapés ou en difficulté, formateur de profs, conseiller pédagogique ou psychologue scolaire (à condition d'avoir suivi des études de psychologie). Il peut aussi envisager de devenir directeur d'école, directeur d'établissement spécialisé ou inspecteur de l'Éducation nationale premier degré.

# COACH EN ORIENTATION

**CATHY COACH EN ORIENTATION, FONDATRICE DU CABINET ELEVATIO**

*« Coacher signifie aider une personne à atteindre son objectif : en l'aidant à réfléchir sur elle-même, en l'incitant à mettre en place des actions... Mais en aucun cas en ne faisant les choses à sa place. Beaucoup de jeunes ont des problèmes pour choisir une orientation : je ne la trouve pas pour eux, mais les aide à se poser les bonnes questions. Par exemple j'ai reçu un élève de terminale qui devait faire ses choix d'orientation sur APB. Il voulait étudier le commerce et plus tard créer sa boîte, mais ne savait pas s'il était plutôt fait pour la fac, une prépa ou une autre voie. Nous avons travaillé sur ses compétences scolaires : il est ressorti qu'il avait besoin d'être très encadré, donc que la fac ne lui convenait pas. J'ai aussi coaché un jeune qui n'arrivait pas à se projeter à l'âge adulte. On a plutôt travaillé sur les valeurs qu'il avait envie de mettre en œuvre. Chaque cas nécessite une approche spécifique ! »*

**Le coaching existe également dans le monde sportif, de la décoration, de la mode, du développement personnel, de la communication...**

## LES ÉTUDES

**NIVEAU BAC + 5**

- Il n'existe pas de diplôme spécifique au coaching. Mais une formation de niveau bac +5 (type master) en sciences humaines et sociales ou en psychologie peut permettre d'accéder à ce métier.

## Où travaille-t-il ?

Le coach en motivation et orientation reçoit dans son cabinet, et intervient plus rarement dans les établissements scolaires. Certains coachs interviennent en entreprise pour accompagner les salariés au cours de leur carrière et les aider à évoluer. Ils exercent alors dans un cabinet de prestataires de services aux entreprises.

## Quel est son profil ?

Fin psychologue, il doit posséder des qualités d'écoute et de communication pour pouvoir cibler et répondre avec efficacité aux besoins de son client. Réactif, il sait se montrer disponible dans chacune des étapes qui constituent sa mission d'accompagnement.

## Quelle carrière ?

Avec de l'expérience, il peut s'établir à son compte et fonder son propre cabinet de coaching.

# CONSEILLER PRINCIPAL D'ÉDUCATION

## LAURENT

**CONSEILLER PRINCIPAL D'ÉDUCATION**
**LYCÉE COULOMB, À ANGOULÊME**

*« CPE est un travail de médiation et de communication : je fais le lien entre les élèves, les profs, le personnel et les familles. Une multitude de problèmes découlent de la vie scolaire : à moi de les gérer. Par exemple, je dois convoquer des élèves souvent en retard ou absents, et trouver avec eux une solution. Certains viennent me voir spontanément, quand ils traversent des problèmes familiaux : je peux être amené à les rediriger vers l'assistante sociale. D'autres rencontrent des problèmes avec un prof : j'essaie de faire le relais avec l'enseignant concerné. Ces dernières années, je dois aussi gérer de plus en plus des problèmes d'orientation. Enfin, je participe aux conseils de classe, j'anime la vie scolaire avec la maison des lycéens, le CVL (conseil de la vie lycéenne), etc. »*

## LES ÉTUDES

**NIVEAU BAC + 5**

• Inscrit en master MEEF (métiers de l'enseignement, de l'éducation et de la formation) mention encadrement éducatif, on passe un concours national en fin de 1re année (300 postes offerts au concours en 2014). Ensuite, le stagiaire suit une formation en alternance dans un établissement en 2e année de master. Après validation de son stage et de sa 2e année de master, il est titularisé.

## Où travaille-t-il ?

Il travaille dans les établissements de l'enseignement secondaire : collège, lycée d'enseignement général et technologique, lycée professionnel ou agricole.

## Quel est son profil ?

Son rôle de médiateur exige une grande capacité d'écoute, de la patience, du doigté, de la discrétion... De la pédagogie et de la psychologie sont également nécessaires pour trouver un terrain d'entente quand les parties en cause refusent de coopérer. Il doit être organisé pour jongler entre les conseils de classe, le projet d'orientation d'un élève, le planning des assistants d'éducation... Enfin prendre des décisions suppose de savoir analyser une situation, faire des choix et les assumer.

## Quelle carrière ?

Après 5 ans d'ancienneté, le CPE peut passer le concours de personnel de direction 2e classe. Une fois reçu, il deviendra adjoint au chef d'établissement, puis chef d'établissement.

**En fonction de la taille de l'établissement et de son implantation géographique, il peut y avoir un ou plusieurs postes de CPE.**

# ANIMATEUR MULTIMÉDIA

**ALI ANIMATEUR MULTIMÉDIA DANS UNE MUNICIPALITÉ DES HAUTS-DE-SEINE** *« J'anime différents ateliers ou stages : par exemple dans un atelier cinéma, j'initie des enfants à l'écriture de scénario, au tournage, au montage. Récemment, j'ai animé un stage de stop motion (animation image par image). Avec les adultes, je gère un club photo : c'est ma passion ! Je leur apprends les bases. Nous réalisons aussi des évènements plusieurs fois par an, comme une expo sur les murs de la ville. Cette année, le thème est l'humain dans l'urbain. Je m'occupe aussi d'un atelier informatique où j'apprends à des seniors à créer ou gérer une boîte e-mail, par exemple. Ces ateliers se déroulent pendant la journée ou le soir, après 20 heures. Les horaires, c'est l'inconvénient du métier. »*

## LES ÉTUDES

**NIVEAU BEP**
- Brevet d'aptitude professionnelle d'assistant animateur technicien (BAPAAT).

**NIVEAU BAC**
- Brevet professionnel de la jeunesse, de l'éducation populaire et du sport (BPJEPS).

**NIVEAU BAC + 2**
- DUT carrières sociales option animation sociale et socioculturelle (CS ASSC).
- DEUST métiers de l'animation.
- Diplôme d'État de la jeunesse, de l'éducation populaire et du sport spécialité animation socio-éducative ou culturelle (DEJEPS).

**NIVEAU BAC + 3**
- Licences pro métiers de l'animation sportive, culturelle, sociale, scientifique et technique...

## Où travaille-t-il ?

Il intervient auprès de tout type de public : les enfants, adolescents ou jeunes adultes, les personnes âgées et les handicapés... dans des associations (maisons des jeunes et de la culture, espaces publics internet...), des collectivités territoriales, des services municipaux, ou encore dans des établissements sociaux et médico-sociaux (maisons de retraite, foyers de travailleurs, centres d'accueil...). Attention, la précarité est souvent au rendez-vous dans ce métier. Les associations ou municipalités proposent fréquemment des temps partiels, voire des contrats de quelques heures pour des ateliers à thème. L'animateur doit alors cumuler différents emplois.

## Quel est son profil ?

L'animateur doit être polyvalent pour animer aussi bien un tournoi de foot qu'un atelier multimédia avec des plus âgés... Il doit avoir de la patience, savoir transmettre, faire preuve d'écoute et de dialogue pour construire des projets intéressants.

## Quelle carrière ?

Il peut prendre des responsabilités et évoluer vers des fonctions d'encadrement ou de direction de projet. Il peut aussi se présenter aux concours de recrutement des ministères de la Jeunesse et des Sports.

**Une grande disponibilité est indispensable.**

© Fotolia/Photographee.eu

TEST

# Es-tu fait pour l'enseignement ?

**1 - AVEC DES POTES, TU DÉCIDES D'ORGANISER UNE PETITE FÊTE :**

- ● Tu prends les choses en main et distribues les tâches.
- ■ Tu réfléchis au thème de la soirée et proposes de réaliser LA play-list qui mettra l'ambiance.
- ▲ Tu notes la date et attends qu'on te fasse signe pour la préparation de cette soirée.

**2 - TA MEILLEURE AMIE A RÉALISÉ UN TRIMESTRE POURRI… QUI SE SOLDE PAR UN AVERTISSEMENT.**

- ■ C'est sûr, elle va repiquer : tu ne te gênes pas pour lui dire.
- ● Tu lui proposes de bosser avec elle le week-end pour lui permettre de remonter la pente.
- ▲ Pas de panique. Moyennant quelques week-ends de boulot, elle devrait remonter la pente.

**3 - TA VOISINE TE DEMANDE DE GARDER SON FILS DE SIX ANS PENDANT UN RENDEZ-VOUS.**

- ▲ Pourquoi pas ? Tu lui apporteras ton jeu de Puissance 4.
- ● Pas de problème. Tu lui liras la collection entière de Max et Lili, et discuteras avec lui.
- ■ Sûrement pas. Trois heures à s'occuper d'un enfant, très peu pour toi.

**4 - LA QUALITÉ QUE TON ENTOURAGE TE RECONNAÎT :**

- ● Ta patience.
- ■ Ton sens de l'humour.
- ▲ Ton sérieux.

**5 - TON COUSIN, QUI VIT À L'AUTRE BOUT DE LA FRANCE, VIENT PASSER SES VACANCES CHEZ TOI.**

- ■ Super, vous allez vous échanger les derniers trucs hype en matière de fringues, musique, etc.
- ● Chouette, tu vas pouvoir lui faire des visites guidées de ta région.
- ▲ Super. Une bonne occasion d'échanger sur vos régions. Tu veux en savoir plus sur la sienne.

**6 - UN DE TES CAMARADES N'A RIEN COMPRIS AU DERNIER COURS DE MATHS :**

- ■ Tu es bien en peine de l'aider…
- ▲ Tu essaies tant bien que mal de lui réexpliquer le cours.
- ● Avec tes mots et des exercices réalisés en classe, tu lui expliques clairement le cours.

**7 - TON GRAND-PÈRE VIENT D'ACHETER UN NOUVEAU PORTABLE.**

- ▲ Réexpliquer 10 fois les manips t'énerve un peu, mais tu persévères.
- ● À chaque manip expliquée, tu lui demandes de l'appliquer sur-le-champ.
- ■ Il repose toujours les mêmes questions ! Va falloir acheter un modèle moins compliqué !

**8 - TES PARENTS SONT PARTIS POUR LA SOIRÉE… EN TE LAISSANT LE CHIEN.**

- ■ Il en profite pour dormir sur ton lit, tu laisses faire.
- ● Ses yeux d'affamé devant ton plateau télé ne servent à rien. Tu avales ton hamburger.
- ▲ OK pour un bout de viande, mais juste une fois.

**9 - LE PLUS EFFICACE POUR OBTENIR CE QUE TU VEUX AVEC TES POTES :**

- ■ Hurler.
- ▲ Répéter.
- ● Être convaincant.

**10 - TES SPORTS PRÉFÉRÉS :**

- ▲ Les sports collectifs : foot, rugby, hand…
- ■ Le tennis, la natation.
- ● Tu aimes les sports collectifs, mais aussi individuels…

**FAIS LE TOTAL DE TES POINTS POUR CHAQUE SIGNE ET REPORTE-TOI AUX RÉPONSES.**

## MAJORITÉ DE ●

Les métiers de l'enseignement et de la formation sont faits pour toi : tu as le désir de transmettre tes connaissances, bien sûr, mais aussi des aptitudes pédagogiques. En effet, ton sens de l'écoute te prédispose à imaginer comment les autres pourraient comprendre le message que tu veux faire passer et tu sais faire preuve d'empathie. Dernier bon point, tu as méthode et sens de l'organisation. Vas-y, fonce !

## MAJORITÉ DE ▲

La passion d'un domaine et/ou le désir de transmettre ne suffisent pas pour exercer un de ces métiers. Ainsi, si tu as le sens de l'organisation, ainsi que l'envie de partager ton amour d'une discipline, auras-tu pour autant assez de patience devant un groupe d'enfants ou d'adultes ? Prends le temps de réfléchir à fond aux avantages et inconvénients avant de trancher.

## MAJORITÉ DE ■

L'enseignement ou la formation, très peu pour toi. Même si tu as envie de transmettre ta passion pour une discipline, tu ne sembles avoir ni la patience, ni les qualités de pédagogue, ni la diplomatie, ni la fermeté nécessaires.

IDÉES EN +

# D'autres idées dans ce secteur...

## CONSEILLER PRINCIPAL D'ÉDUCATION

- PSYCHOLOGUE SCOLAIRE
- PROF DOCUMENTALISTE
- PROF DE LYCÉE ET COLLÈGE
- ÉDUCATEUR SPÉCIALISÉ
- CONSEILLER D'ORIENTATION-PSYCHOLOGUE

## COACH EN ORIENTATION

- RESPONSABLE DES RESSOURCES HUMAINES
- CHARGÉ DE RECRUTEMENT
- FORMATEUR
- PSYCHOLOGUE
- ENTRAÎNEUR SPORTIF

## PROFESSEUR DE FRANÇAIS

- MAÎTRE DE CONFÉRENCES
- PROF D'UNIVERSITÉ
- PROF DES ÉCOLES

## ANIMATEUR MULTIMÉDIA

- ÉDUCATEUR DE JEUNES ENFANTS
- MÉDIATEUR SOCIAL
- ANIMATEUR DE CLUB DE VACANCES
- ANIMATEUR DE FORMATION
- ANIMATEUR ENVIRONNEMENT

## PROFESSEUR DES ÉCOLES

- ANIMATEUR DE FORMATION
- ASSISTANT DE RESSOURCES HUMAINES
- DIRECTEUR DES RESSOURCES HUMAINES
- PROFESSEUR DE LYCÉE ET COLLÈGE

## FORMATEUR D'ADULTES

- ANIMATEUR DE FORMATION
- ASSISTANT DE RESSOURCES HUMAINES
- DIRECTEUR DES RESSOURCES HUMAINES
- PROFESSEUR DE LYCÉE ET COLLÈGE

# ENVIRONNEMENT, AMÉNAGEMENT, DÉVELOPPEMENT DURABLE...

*Près de 144 000 personnes exercent aujourd'hui une profession « verte ». Cela ne signifie pas qu'elles évoluent au contact de la nature, mais surtout qu'elles travaillent dans les domaines de l'assainissement et du traitement des déchets (35 %) ou de la production et distribution d'énergie et d'eau (45 %). Parce que protéger l'environnement implique d'économiser et traiter l'eau, gérer les déchets, développer des énergies renouvelables, réduire des polluants atmosphériques, lutter contre les nuisances sonores... Par ailleurs, plus de 3 millions de personnes voient leur métier impacté par des préoccupations environnementales, que ce soit dans les domaines du bâtiment, des transports, de la recherche, de l'agriculture, de la sylviculture et de l'entretien des espaces verts, etc.*

Dares, Les professions de l'économie verte, janvier 2017.

## L'ŒIL DU PRO

Si de nouveaux emplois, très variés, naissent avec la « vague verte », ils exigent toutefois d'avoir suivi une formation classique à laquelle a été rajouté un volet environnement. Les jeunes diplômés spécialisés dans l'environnement sont donc confrontés à une forte concurrence : par exemple, celle des diplômés d'écoles d'ingénieurs dans des filières pointues, ceux des écoles de commerce ou encore ceux des filières droit, communication, finance.

*Côte du secteur*

*Coût des études*

*Niveau de formation*

*Salaires*

# TECHNICIEN VALORISATION DES DÉCHETS

**ALEXIS TECHNICIEN DANS UN CENTRE DE VALORISATION DES DÉCHETS EN HAUTE-MARNE**

*« Avec l'énergie récupérée grâce à la combustion des ordures ménagères, nous produisons de l'électricité et du chauffage. C'est ce qui m'intéresse dans ce poste. Je m'occupe plus particulièrement de la maintenance des machines. Dans cette usine arrivent chaque année 74 000 tonnes de déchets ménagers. Ils sont pesés, puis entreposés avant d'être brûlés dans une chaudière. Je dois entretenir les machines nécessaires au processus d'incinération et de transformation pour éviter toute panne. Mais je gère aussi les dysfonctionnements et l'amélioration de la qualité des machines, par exemple en diminuant leur consommation d'énergie. Seul inconvénient du métier, les astreintes. Comme l'usine fonctionne 7 jours sur 7 et 24 heures sur 24, j'ai régulièrement des semaines de permanence durant lesquelles je peux être appelé à n'importe quel moment du jour ou de la nuit. »*

## Où travaille-t-il ?

Il peut travailler dans des usines de retraitement des déchets, des laboratoires, des décharges, des sociétés de collecte ou de grosses entreprises industrielles qui ont leur propre système de retraitement. D'une manière générale, c'est un métier qui s'exerce dans un environnement bruyant, poussiéreux, malodorant et parfois dangereux (manipulation de produits toxiques).

## Quel est son profil ?

Il doit être observateur, pour repérer les pannes sur les machines le plus tôt possible, par exemple en décelant les bruits anormaux. Rigueur et méthode sont également indispensables, notamment pour démonter et remonter certaines pièces sur les machines. Enfin, il faut prendre des initiatives pour savoir anticiper une panne simple avant qu'elle ne devienne une panne compliquée.

## Quelle carrière ?

Ce technicien peut devenir responsable d'un service ou d'un site de traitement des déchets, et prendre en charge sa gestion et son développement.

## LES ÉTUDES

Il faut être titulaire au minimum d'un diplôme de niveau bac + 2.

**NIVEAU BAC + 2**

- BTS métiers des services à l'environnement.
- BTS maintenance des systèmes, option systèmes de production.
- DUT HSE (hygiène, sécurité, environnement).
- DEUST environnement et déchets.

**NIVEAU BAC + 3**

- Licences pro dans le domaine de l'environnement (exemples : métiers du démantèlement, des déchets et de la dépollution, et de la maîtrise des risques industriels de l'université de Nîmes ; protection de l'environnement spécialité gestion et traitement des déchets de Besançon...).

**120 000 personnes travaillent en France dans le secteur de la gestion des déchets. Des effectifs qui vont se renforcer dans les années à venir.**

# ÉCO-CONCEPTEUR

## Où travaille-t-il ?

Toute entreprise est aujourd'hui concernée par l'éco-conception (plasturgie, automobile, électroménager, informatique, agroalimentaire, emballage...) et s'adjoint les services d'un éco-concepteur. Mais celui-ci peut aussi travailler dans les collectivités territoriales ou encore en cabinet de conseil indépendant où il multiplie les missions pour différentes entreprises.

## Quel est son profil ?

La conception de produits est souvent plus complexe qu'il n'y paraît, et l'éco-concepteur doit prendre en compte les aspects techniques autant que financiers, ainsi qu'être ouvert d'esprit pour aborder ses problématiques sans préjugés. Il doit savoir faire preuve de rigueur scientifique pour vérifier les études, les hypothèses. Et avoir le sens du contact, car, quand il exerce au sein d'une entreprise, l'éco-concepteur est à la croisée de tous les services.

## Quelle carrière ?

Dans une entreprise, il peut être responsable d'équipes d'études, chef de projet, développeur de produits propres, technico-commercial en éco-produits et animateur environnemental.

**En 2011, seulement 18 % des entreprises industrielles françaises avaient engagé des démarches d'éco-conception. Une situation qui devrait progresser...**

**LOÏS ÉCO-CONCEPTEUR AU SEIN DU PÔLE ÉCO-CONCEPTION, À SAINT-ÉTIENNE**

*« Au quotidien, je rencontre des chefs d'entreprise pour les sensibiliser à l'impact environnemental de leurs produits : depuis les matières premières jusqu'à leur recyclage, en passant par l'énergie utilisée pour leur fabrication. Je "plante des graines" auprès des industriels, à eux de s'en saisir pour fabriquer des produits plus écologiques. L'éco-conception concerne tous les produits : pompes à vélo, coussinets d'allaitement 100 % biodégradables, poignées de porte, mannequins pour vitrines, agrafes en plastique biodégradable... Par exemple, sur une chaise, les accoudoirs sont très costauds car au départ conçus pour s'appuyer donc construits avec des matériaux très résistants. Mais si on réfléchit, on s'aperçoit qu'ils servent aussi à différencier le statut dans l'entreprise, avec des chaises à accoudoir réservées aux chefs, et donc qu'au fond ils ne sont pas autant utilisés que prévu. »*

© Fotolia/ WavebreakmediaMicro

## LES ÉTUDES

**NIVEAU BAC + 2**

- DUT génie biologique, option génie de l'environnement.

**NIVEAU BAC + 3**

- Licence pro production industrielle, spécialité éco-conception des produits industriels, énergies, environnement (université de Lorraine).
- Licence pro éco-conception des systèmes innovants (Lille-I).

**NIVEAU BAC + 5**

- Plusieurs écoles d'ingénieurs délivrent des diplômes et des masters spécialisés en éco-conception : ENSAM, ESIEC, les CESI, EME, les INSA, etc.
- Master pro : éco-conception et déchets (Cergy), éco-conception de produits (université de Franche-Comté)...

# CHEF DE PROJET BIODIVERSITÉ

**BLANCHE** CHEF DE PROJET BIODIVERSITÉ
**À SITA FRANCE, ENTREPRISE DE GESTION ET VALORISATION DES DÉCHETS**

*« Dès que mon entreprise décide de construire un centre de compostage, incinérateur ou centre de stockage des déchets, je dois vérifier que cette nouvelle installation respecte bien les réglementations environnementales en vigueur et ne détériore pas – ou le moins possible – les écosystèmes. Pour ce faire, je me fie aux études d'observation que mènent des ingénieurs écologues sur la faune et la flore. Ils préconisent des mesures pour éviter, réduire ou compenser les impacts potentiels de l'exploitation sur la biodiversité. Mon rôle est de les aider à proposer des solutions pertinentes, au regard des enjeux écologiques et des contraintes d'exploitation de mon entreprise. Je caricature un peu, mais, en gros, d'un côté il y a ceux qui veulent préserver la biodiversité et de l'autre ceux qui veulent l'exploiter. Mon rôle est de réussir à faire en sorte que ces deux tensions cohabitent. Ensuite, nous présentons le projet à la DREAL (Direction régionale de l'environnement, de l'aménagement et du logement) et expliquons les mesures de préservation de la biodiversité à mettre en place sur le site. En fait, je suis un peu comme un chef d'orchestre ! »*

## LES ÉTUDES

**NIVEAU BAC + 5**

- École d'ingénieurs agronomes avec une spécialisation en environnement.
- Master pro en écologie scientifique (conservation de la biodiversité, gestion de milieux naturels), biologie, chimie, géologie, physique, génie civil ou rural.
- Des connaissances naturalistes et une spécialité (botanique, oiseaux, amphibiens, insectes…) sont très appréciées.

## Où travaille-t-il ?

Il travaille principalement en cabinet d'ingénierie ou dans un bureau d'études spécialisé en environnement. On le retrouve dans l'industrie (sociétés autoroutières, entreprises du BTP…), ou dans le secteur public : parcs naturels, collectivités territoriales, organismes de recherche, ministères du Développement durable, de l'Agriculture, administrations du type directions régionales de l'environnement, de l'aménagement et du logement ou établissements publics comme l'Office national des forêts.

## Quel est son profil ?

Il doit évidemment disposer d'une expertise dans le domaine de l'écologie, de la botanique et de la faune. Mais aussi disposer d'une solide culture scientifique et technique et de connaissances en droit de l'environnement.

## Quelle carrière ?

Avec un peu d'expérience, il peut devenir directeur de bureau d'études, responsable de service au sein d'un organisme public ou d'un grand groupe, ou encore expert indépendant.

**Le secteur de la biodiversité mobilise plus de 30 000 personnes aujourd'hui en France (et 40 000 à l'horizon 2020).**

# EXPERTE EN BILAN CARBONE

**SABRINA EXPERTE EN BILAN CARBONE CHEZ ECOACT*** *« Mon quotidien, c'est d'évaluer les émissions de gaz à effet de serre produites par les collectivités (communes, départements, régions…) ou les entreprises. Électricité, consommation de gaz, de carburant, quantité de déchets en poids, kilos de papier consommés… je regarde tout à la loupe. À la fin de mon évaluation, j'attribue à l'entreprise ou à la collectivité un équivalent $CO_2$ qui lui permet de voir où elle est la plus émissive. Ainsi, elle peut mettre en place des actions concrètes pour réduire ses émissions de gaz à effet de serre (GES). Il peut s'agir d'améliorer l'efficacité de la flotte de véhicules, d'entreprendre des travaux sur les bâtiments, de changer une chaudière, de réduire les déchets, etc. Certaines sont coûteuses au départ, mais peuvent générer des économies sur le long terme. C'est aussi mon rôle de sensibiliser les chefs d'entreprise et les élus aux économies d'énergie. »*

* société de conseil spécialisée dans l'amélioration de la performance durable des entreprises et des collectivités.

**Depuis 2012, les entreprises de plus de 500 salariés et les collectivités de plus de 50 000 habitants ont l'obligation de réaliser un bilan de leurs émissions de gaz à effet de serre.**

## LES ÉTUDES

Il n'existe pas de diplôme spécifique. La plupart sont des ingénieurs, qui ont ensuite suivi une formation courte à l'IFC (Institut de formation carbone).

**NIVEAU BAC + 5**

- Diplôme d'ingénieur en environnement, génie thermique, énergétique, développement durable.
- Master pro en environnement, énergie, génie thermique, génie climatique, physique-chimie…

## Où travaille-t-il ?

Il peut travailler en interne dans une entreprise pour laquelle il est salarié, mais également dans un bureau d'études ou dans un cabinet de conseil, tous deux spécialisés en management environnemental ou en maîtrise de l'énergie.

## Quel est son profil ?

Pour convaincre les usagers d'adopter un moyen de locomotion durable, il doit pouvoir s'exprimer en français à l'écrit comme à l'oral, être à l'aise avec l'outil informatique et posséder de solides capacités de travail, d'adaptation et d'analyse. Mais il faut aussi qu'il montre l'exemple dans ses déplacements professionnels et dans sa vie privée (en utilisant le vélo, les transports en commun, etc.) ! C'est une question de crédibilité !

## Quelle carrière ?

Il peut devenir responsable environnement en entreprise, responsable d'un pôle environnement dans un bureau d'études, voire directeur de bureau d'études.

# CONSEILLER EN ÉCO-ÉNERGIE

**YEELEN CONSEILLER EN ÉCO-ÉNERGIE AU SEIN DE L'AGENCE LOCALE DE L'ÉNERGIE DE LYON**

*« Construire des bâtiments moins gourmands en énergie et produisant moins de gaz à effet de serre... c'est ma problématique. Concrètement, j'aide des particuliers à réduire leur facture énergétique. La majorité des appels concerne la question des aides financières auxquelles ils peuvent avoir accès : éco-prêt à taux zéro, crédit d'impôt, chèque éco-énergie... Mais c'est souvent un point d'entrée pour aborder plus largement la question de la rénovation énergétique. À moi de les conseiller sur les petits gestes du quotidien et les travaux qui peuvent aboutir à des économies d'énergie : isolation, chauffage —solaire, éolien — récupération d'eau de pluie... Les appels téléphoniques sont de plus en plus nombreux. Les particuliers ont besoin de se renseigner auprès d'experts indépendants avant de construire ou d'entreprendre des travaux de rénovation énergétique. »*

**Bruxelles appelle l'Union européenne à réaliser 30 % d'économies sur l'énergie pour 2030.**

## LES ÉTUDES

Plus de 85 % des conseillers info-énergie sont titulaires d'un diplôme de niveau bac + 2 ou + 3.

**NIVEAU BAC + 2**

- BTS fluides énergies domotique, option froid et conditionnement d'air (FCA).
- BTS fluides énergies domotique, option génie climatique et fluidique (GCF)
- DUT génie thermique et énergie
- DUT génie civil, construction durable (GCCD)

**NIVEAU BAC + 3**

- Licence pro énergie et génie climatique ; aménagement du territoire et urbanisme, spécialité en gestion et aménagement durable, bâtiment et construction, spécialité choix constructifs à qualité environnementale.

## Où travaille-t-il ?

La plupart des conseillers travaillent au sein des 250 espaces info-énergie répartis dans toute la France et subventionnés par l'ADEME (Agence de l'environnement et de la maîtrise de l'énergie). Devant l'importance de la question des économies d'énergie dans l'habitat, ce métier est amené à se développer.

## Quel est son profil ?

La toute première qualité est une aisance en matière de relations humaines. Il faut un bon contact avec les usagers pour arriver à comprendre leurs demandes et leurs besoins, et savoir y répondre. Pour réussir dans ce métier, de solides compétences techniques, juridiques et économiques sont également nécessaires.

## Quelle carrière ?

Ses missions peuvent s'élargir : collecte sélective des déchets ménagers, rationalisation des transports en commun, incitation au covoiturage, aménagement de la voirie...

# INGÉNIEUR PROJETS SOLAIRES

**PIERRE INGÉNIEUR PROJETS SOLAIRES AU SEIN DE LA GÉNÉRALE DU SOLAIRE** *« Mon travail commence dès que l'ingénieur commercial a signé un contrat avec un client (exploitant agricole, propriétaire d'un site industriel, collectivités locales…). Je lui explique ce que nous allons faire, par exemple, un projet d'ombrières de parking pour un supermarché. Ainsi, à Saint-Paul-lès-Romans (Drôme), nous avons créé des abris pour protéger les véhicules contre les intempéries (pluie, grêle) et les fortes chaleurs, et avons posé dessus des panneaux photovoltaïques. Je me suis mis en relation avec le service administratif pour que la centrale solaire soit raccordée à ERDF. Parallèlement, je travaille avec le bureau d'études qui conçoit l'installation, et le service achats qui commande le matériel. Ma préoccupation à ce stade : ne pas exploser le budget. Enfin, lors de sla réalisation, j'ai un œil sur le chantier pour veiller à ce que l'installation soit conforme à celle établie dans le contrat. C'est très intéressant de suivre des projets de A à Z. »*

## Où travaille-t-il ?

On le retrouve dans des bureaux d'études, des cabinets de consultants de management de projets ou de maîtrise d'ouvrage, des entreprises de construction, des cabinets de conseil ou encore chez des opérateurs photovoltaïques. Il intervient sur des projets industriels de grande ampleur comme les centrales solaires au sol (puissance de plusieurs dizaines de MW) ou les centrales solaires intégrées aux bâtiments (de moindre puissance).

## Quel est son profil ?

Spécialiste des énergies renouvelables, il possède des compétences techniques mais aussi juridiques et économiques spécifiques au solaire. C'est aussi un gestionnaire, un meneur d'hommes et un fin diplomate.

## Quelle carrière ?

Le secteur de l'énergie solaire offre des possibilités d'emploi à l'étranger. Certaines entreprises du secteur photovoltaïque ont développé une activité en Afrique, Amérique latine, Asie…

## LES ÉTUDES

De l'expérience en conduite de projet et des doubles compétences sont un plus.

### NIVEAU BAC + 5

- École d'ingénieurs spécialisée dans le domaine du génie énergétique, de l'environnement.
- École d'ingénieurs généraliste et en 3e année ingénierie environnementale (Centrale Lyon et Paris ; l'ENI de Metz, les ENSA de Rennes et de Toulouse…).
- Masters pro orientés vers les énergies renouvelables.

©Julie Balagué

**Sur la planète, d'ici à 2030, le seul secteur de l'énergie solaire pourrait employer plus de 9,5 millions de professionnels…**

# TECHNICIENNE MAINTENANCE ÉOLIEN

**ANNE-GAËLLE TECHNICIENNE DE MAINTENANCE ÉOLIEN CHEZ VALEMO** *« Chaque jour, je veille au bon fonctionnement des machines qui tournent au gré des vents dans les parcs éoliens de Loire-Atlantique. Je passe environ 20 % de mon temps dans un bureau et 80 % sur le terrain. Je travaille en équipe, généralement en binôme, car il peut y avoir des accidents : c'est un métier à risques ! Une fois l'éolienne arrêtée, on l'escalade jusqu'à son sommet... Pas moins de 80 mètres d'échelle, il ne faut pas avoir le vertige ! Arrivé au sommet, on commence la maintenance ou le dépannage. Pour la maintenance, on dispose d'une check-list et on doit vérifier que tout fonctionne, à la fois les parties mécaniques, hydrauliques et électriques de l'ensemble de la machine. Pour le dépannage, c'est une autre affaire. Il s'agit de trouver la panne et d'intervenir sur la machine. Nous ne savons jamais combien de temps cela prendra. C'est un aspect de mon travail qui me plaît beaucoup. Pas de routine : il faut se creuser les méninges pour trouver la cause du dysfonctionnement. Un peu comme si l'on menait une enquête ! »*

© Fotolia/jcg.oida

## LES ÉTUDES

**NIVEAU BAC + 2**

- BTS électrotechnique.
- BTS maintenance des systèmes option A systèmes de production.
- BTS maintenance des systèmes option C systèmes éoliens.
- DUT génie industriel et maintenance.

### Où travaille-t-il ?

Le technicien peut être embauché chez les constructeurs d'éoliennes ou par des entreprises de sous-traitance extérieures.

### Quel est son profil ?

Il faut être en très bonne santé pour tenir le coup, monter et descendre les 80 mètres d'échelle tous les jours. C'est très physique, très fatigant. C'est aussi un métier à risques car le technicien, en hauteur, n'est jamais à l'abri d'un accident. Il doit être extrêmement vigilant, à tout moment. Mais c'est compensé par l'adrénaline que cela procure et par le fait de pouvoir travailler au grand air. Certains techniciens sont même amenés à travailler sur une corde.

### Quelle carrière ?

Le technicien peut évoluer vers un poste de responsable d'équipe technique, puis de directeur de la maintenance : il gère alors plusieurs secteurs, plusieurs personnes et, surtout, il s'occupe davantage de politique de maintenance.

**La filière éolienne en France emploie 10 000 personnes à temps plein. Le nombre de travailleurs devrait atteindre 60 000 en 2020.**

# CHARGÉE DE MISSION ÉCOMOBILITÉ

**GWENAËL CHARGÉE DE MISSION ÉCOMOBILITÉ AU SEIN DE L'AGENCE ÉCOMOBILITÉ DE CHAMBÉRY** *« J'interviens principalement auprès des jeunes, à l'école primaire, au collège ou au lycée. Mon objectif est de les sensibiliser à l'écomobilité. Je prospecte les établissements, parle des moyens de transport durables et envisage les projets à mettre en place. Par exemple, je travaille depuis plusieurs années avec un collège de Chambéry. Au départ, j'ai fait un diagnostic pour voir quelles sont leurs habitudes en matière de transport pour venir au collège. Puis, j'ai proposé un projet pour favoriser l'utilisation du vélo. Je suis intervenue en cours pour les sensibiliser à ce mode de transport, j'ai mis au point une formation à l'utilisation du vélo (en termes de sécurité, par exemple). Nous avons aussi organisé le Défi Mouv', une semaine pour expérimenter le vélo pour venir au collège. Là, nous préparons une classe itinérante à vélo de 3 jours dans le parc des Bauges. »*

## LES ÉTUDES

**NIVEAU BAC + 5**

Il n'existe pas de filière menant spécifiquement à ce métier. Mais un minimum de bagage universitaire est nécessaire. Par exemple : un master pro sciences, technologies, santé, mention sciences de la Terre, spécialité gestion de l'environnement et du développement durable.

**Les salariés se rendant au travail à vélo perçoivent une compensation financière selon le nombre de kilomètres parcourus.**

## Où travaille-t-il ?

Depuis 2000, la loi SRU (loi relative à la solidarité et au renouvellement urbains) oblige les agglomérations de plus de 100 000 habitants à mettre en place un service de conseil en mobilité sur leur territoire. Après des débuts difficiles, le métier est en train de s'affirmer. On trouve des conseillers en mobilité dans les villes ou les intercommunalités (Nantes, Lyon...), les autorités organisatrices des transports urbains (AOTU), les agences de mobilité ou d'urbanisme, les DDE (directions départementales de l'équipement)...

## Quel est son profil ?

Pour convaincre les usagers d'adopter un moyen de locomotion durable, il doit être convaincant aussi bien à l'écrit qu'à l'oral. À l'aise avec l'outil informatique, il possède de solides capacités de travail, d'adaptation et d'analyse. Mais il doit aussi montrer l'exemple dans ses déplacements professionnels et dans sa vie privée (en utilisant le vélo, les transports en commun, etc.) ! C'est une question de crédibilité !

## Quelle carrière ?

Le conseiller peut monter sa propre agence d'écomobilité ou devenir responsable d'une équipe de conseillers.

# TEST L'environnement… un milieu pour toi ?

**1 – TU VISITES UN CHAMP D'ÉOLIENNES…**

- ● Cela te passionne. Tu veux tout savoir sur cette technologie.
- ▲ Tu trouves cela intéressant… mais quel dommage que cela dénature le paysage.
- ■ Tu espères bien que le propriétaire du terrain a reçu des dommages et intérêts.

**2 – LE SOIR, TU AIMES TE PLONGER DANS :**

- ▲ *Sciences et vie junior*.
- ● Un documentaire sur l'état de la planète.
- ■ Un bon film en streaming sur ton ordinateur.

**3 – TU ES INVITÉ À PASSER L'APRÈS-MIDI CHEZ UN COPAIN.**

- ■ Tu demandes à tes parents de te déposer en voiture.
- ● Tu enfourches ton vélo.
- ▲ Tu y vas en bus ou en train.

**4 – QUAND TU TRAVERSES UNE FORÊT, TU TE DIS QUE :**

- ● Ce sont les arbres qui te permettent de respirer.
- ■ Il y a beaucoup de bêtes, quand même.
- ▲ La nature est belle… Parfois les écologistes en rajoutent.

**5 – APRÈS UNE GROSSE JOURNÉE DE COURS, LE RÉCONFORT POUR TOI, C'EST :**

- ■ Une tartine de Nutella et un bon bain.
- ● Une pomme et une rapide douche tiède.
- ▲ Un verre de Coca et une douche chaude.

**6 – AU COLLÈGE OU LYCÉE, TU FAIS PARTIE :**

- ■ De rien, tu es déjà suffisamment dans l'enceinte scolaire.
- ● D'une association de protection de la nature qui organise des évènements dans ce domaine.
- ▲ D'un club qui participe au tri des déchets : c'est à la mode.

**7 – APRÈS-MIDI SHOPPING. TU PRÉFÈRES :**

- ▲ Les friperies.
- ● Les magasins de troc.
- ■ Les grandes chaînes de prêt-à-porter.

**8 – SELON TOI, UN ÉCOLOGISTE EST :**

- ■ Un utopiste.
- ▲ Quelqu'un qui élève des chèvres dans le Larzac.
- ● Une personne préoccupée par l'environnement et le vivre-ensemble.

**9 – LORSQUE TU QUITTES UNE PIÈCE, TU :**

- ● Éteins systématiquement la lumière.
- ▲ Éteins parfois la lumière, mais tu l'oublies souvent.
- ■ Laisses tout allumé. Ça te rassure.

**10 – TU AS ASSEZ MÂCHÉ TON CHEWING-GUM.**

- ■ Tu le jettes par terre.
- ● Tu pars en quête d'une poubelle.
- ▲ Tu le mets dans un mouchoir, en attendant.

**FAIS LE TOTAL DE TES POINTS POUR CHAQUE SIGNE ET REPORTE-TOI AUX RÉPONSES.**

### MAJORITÉ DE ■

La protection de l'environnement, c'est quoi ? Tu manges des fraises en hiver, tu jettes verre et plastique dans la même poubelle… et vogue la galère. Alors pas question pour toi de passer tes journées à sensibiliser la population aux enjeux environnementaux, réfléchir au traitement des déchets, développer les énergies renouvelables, tu risques d'être peu convaincant dans les métiers de l'environnement.

### MAJORITÉ DE ●

Travailler dans l'environnement, c'est ta vocation. Depuis tout petit, tu es un véritable exemple en matière de protection de l'environnement : tu prends des douches rapides plutôt que des bains, tu tries tes déchets, manges bio… bref, tu ne peux envisager un métier qui déroge à tes principes 100 % « vert ». Fonce !

### MAJORITÉ DE ▲

Tu sembles sensible à la protection de l'environnement, mais un peu contraint ou influencé par ton entourage. Un conseil : oriente-toi vers un métier classique dans un premier temps. Tu pourras peut-être l'exercer dans le domaine de l'environnement, si au cours de ta carrière ton intérêt pour les grands enjeux environnementaux se confirme.

# Quels métiers te correspondraient le plus ?

**1 – AU CLUB DU JOURNAL DE TON ÉTABLISSEMENT, TU AIMES :**

- ★ Sensibiliser les autres à ta cause grâce à ton journal.
- ▲ Chercher des subventions.
- ■ Élaborer des partenariats.
- ● Travailler sur le site du journal.

**2 – TON JOB D'ÉTÉ :**

- ● Animateur(trice) dans une colonie de vacances.
- ■ Vendeur(se) dans un magasin de produits bio.
- ★ Participer à la construction d'une école au Burkina Faso.
- ▲ Standardiste.

**3 – AVOIR UN COMPORTEMENT « DURABLE », C'EST :**

- ■ Acheter bio.
- ★ Ramasser les déchets sur la plage pendant l'été.
- ▲ Œuvrer pour les pauvres.
- ● Ne plus prendre l'avion.

**4 – TU AIMERAIS, PLUS TARD, FAIRE UN MÉTIER :**

- ● Qui te permet de voyager.
- ■ Qui te laisse de l'autonomie.
- ★ Loin d'un bureau.
- ▲ Où tu n'auras pas à bouger.

**5 – TU AS UN EXPOSÉ SUR LE RÉCHAUFFEMENT CLIMATIQUE :**

- ▲ Tu aurais préféré un devoir écrit.
- ● Tu as préparé un document de présentation très complet.
- ■ Tu es plus doué(e) pour écouter que pour parler.
- ★ Les beaux discours c'est bien, mais en images c'est mieux.

**6 – TA PRIORITÉ SUR L'ENVIRONNEMENT :**

- ● T'informer sur les solutions pour sauver la planète.
- ★ Favoriser la prise de conscience du problème.
- ■ Étudier les causes des dangers qui nous menacent.
- ▲ Militer pour faire évoluer les lois qui protègent la planète.

**7 – POUR TOI, UN MÉTIER DE L'ENVIRONNEMENT, C'EST :**

- ★ Un travail en plein air.
- ● Un travail scientifique qui valorise la biodiversité.
- ■ Un travail de com pour mettre sur pied des projets innovants.
- ▲ Un travail permettant d'étudier en profondeur les besoins.

**8 – TES MATIÈRES PRÉFÉRÉES :**

- ● Les sciences.
- ▲ Le Français.
- ★ Le sport.
- ■ L'histoire-géo et l'économie.

**9 – TON BAHUT ORGANISE UN VOYAGE À L'ÉTRANGER TON PREMIER RÉFLEXE :**

- ● Te renseigner sur le pays.
- ▲ Faire une liste de tout ce que tu dois emporter.
- ■ Imaginer ta séance de shopping.
- ★ Lister les amis à qui envoyer des cartes.

**FAIS LE TOTAL DE TES POINTS POUR CHAQUE SIGNE ET REPORTE-TOI AUX RÉPONSES.**

### MAJORITÉ DE ●

**Tu serais à l'aise dans les métiers scientifiques et techniques.** Avec ta rigueur scientifique et ta persévérance, tu pourrais devenir acousticien du bâtiment, chef de projet photovoltaïque, éco-concepteur, hydrobiologiste, ingénieur en environnement…

### MAJORITÉ DE ▲

**Tu pourrais exercer dans les métiers administratifs et juridiques.** Persuasif, avec un sens aigü de la justice, à l'aise à l'écrit, tu pourrais devenir juriste ou avocat spécialisé en droit des énergies naturelles renouvelables, expert bilan carbone…

### MAJORITÉ DE ■

**Les métiers du commerce et de la gestion te correspondent.** Habile en négociation, organisé, bon en affaires, tu serais sans doute à l'aise comme responsable commercial recyclage, technico-commercial en agrofournitures, etc.

### MAJORITÉ DE ★

**Tes qualités te portent vers les métiers de l'aménagement et du cadre de vie.** Amoureux de la nature, du beau, acquis à la cause de l'environnement, tu t'épanouirais comme paysagiste, animateur nature, garde-pêche, conseiller en environnement, etc

IDÉES EN +

## D'autres idées dans ce secteur...

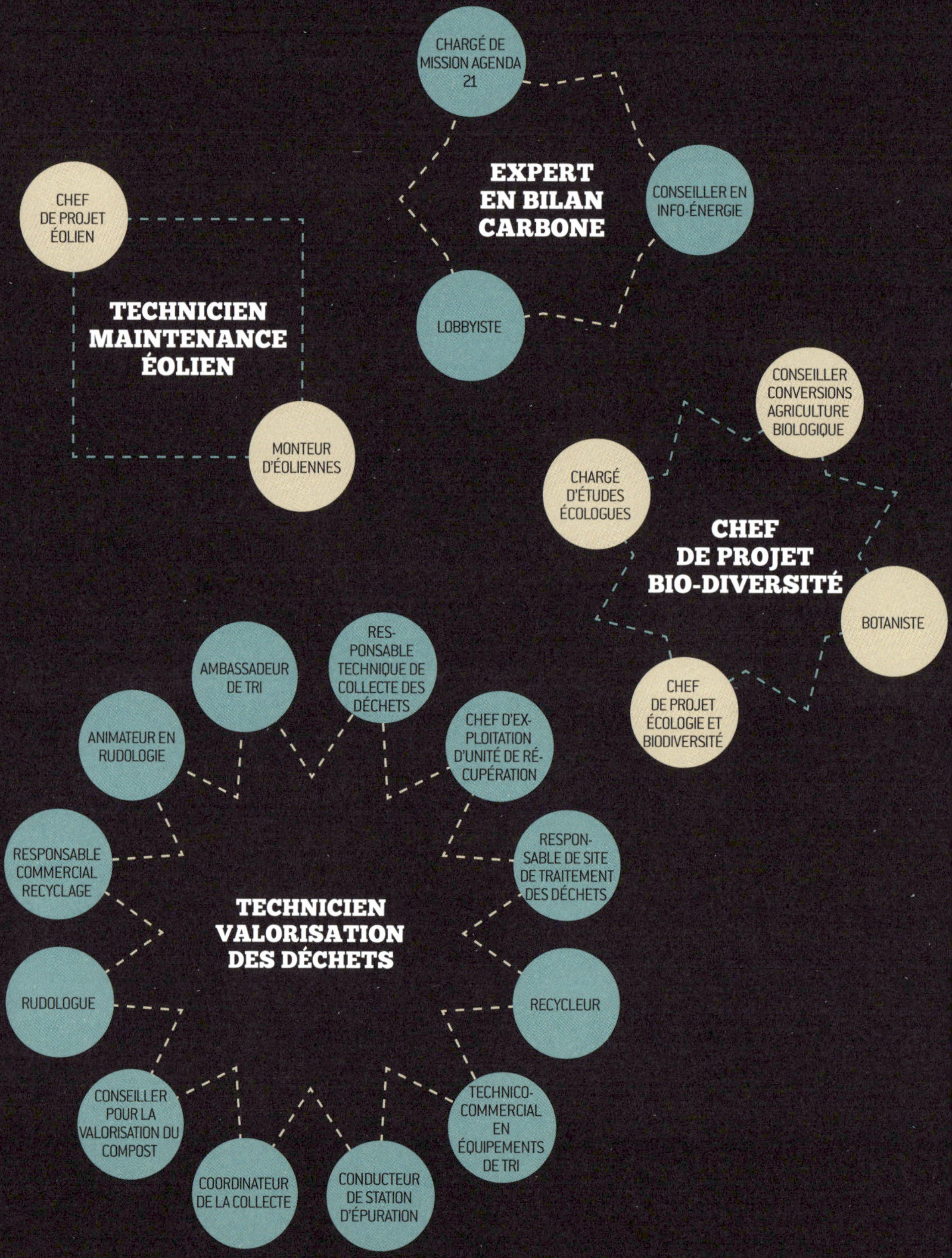

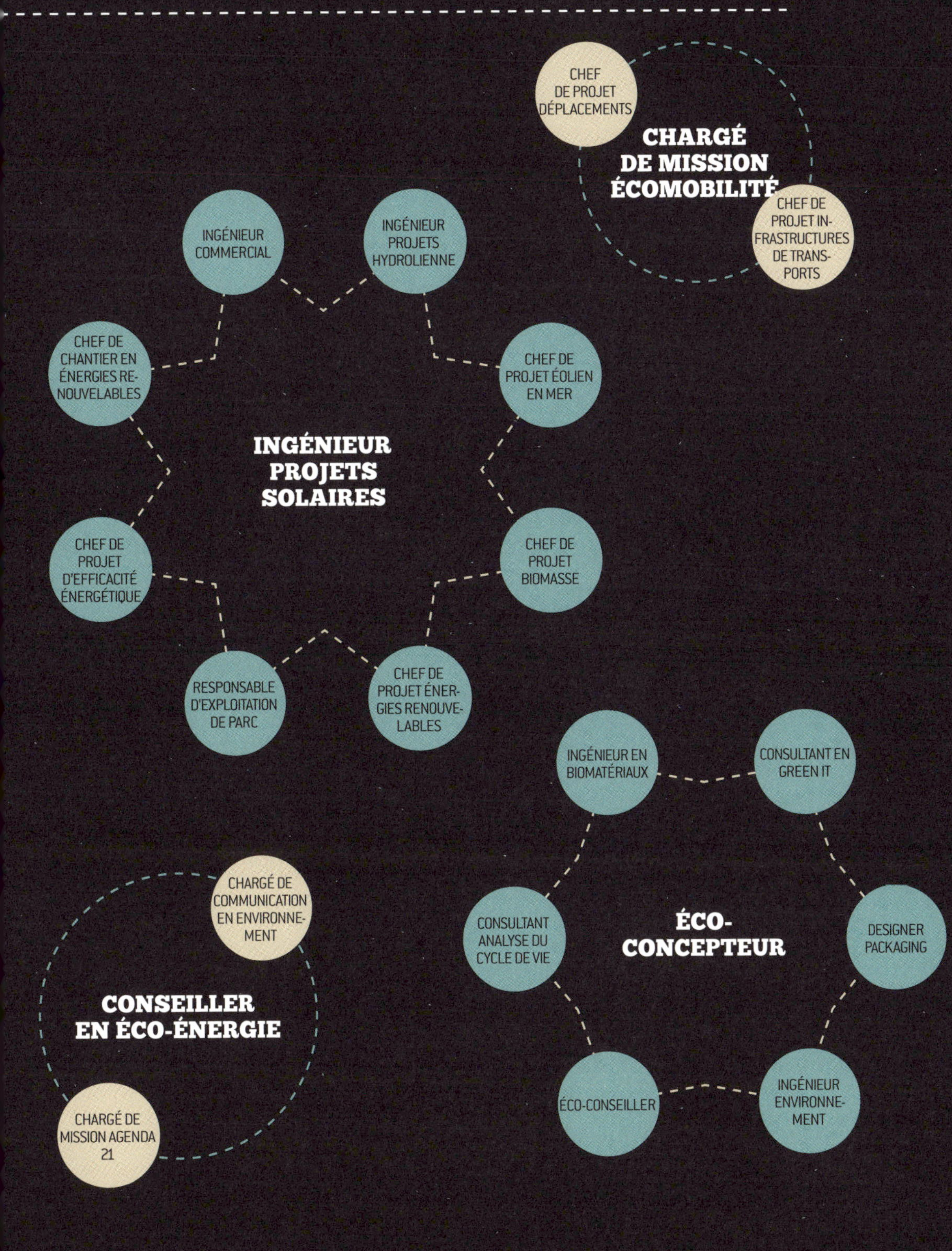
CHARGÉ DE MISSION ÉCOMOBILITÉ
CHEF DE PROJET DÉPLACEMENTS
CHEF DE PROJET INFRASTRUCTURES DE TRANSPORTS
INGÉNIEUR PROJETS SOLAIRES
INGÉNIEUR COMMERCIAL
INGÉNIEUR PROJETS HYDROLIENNE
CHEF DE PROJET ÉOLIEN EN MER
CHEF DE PROJET BIOMASSE
CHEF DE PROJET ÉNERGIES RENOUVELABLES
RESPONSABLE D'EXPLOITATION DE PARC
CHEF DE PROJET D'EFFICACITÉ ÉNERGÉTIQUE
CHEF DE CHANTIER EN ÉNERGIES RENOUVELABLES
ÉCO-CONCEPTEUR
INGÉNIEUR EN BIOMATÉRIAUX
CONSULTANT EN GREEN IT
DESIGNER PACKAGING
INGÉNIEUR ENVIRONNEMENT
ÉCO-CONSEILLER
CONSULTANT ANALYSE DU CYCLE DE VIE
CONSEILLER EN ÉCO-ÉNERGIE
CHARGÉ DE COMMUNICATION EN ENVIRONNEMENT
CHARGÉ DE MISSION AGENDA 21

# TRAVAILLER DANS LA FONCTION PUBLIQUE

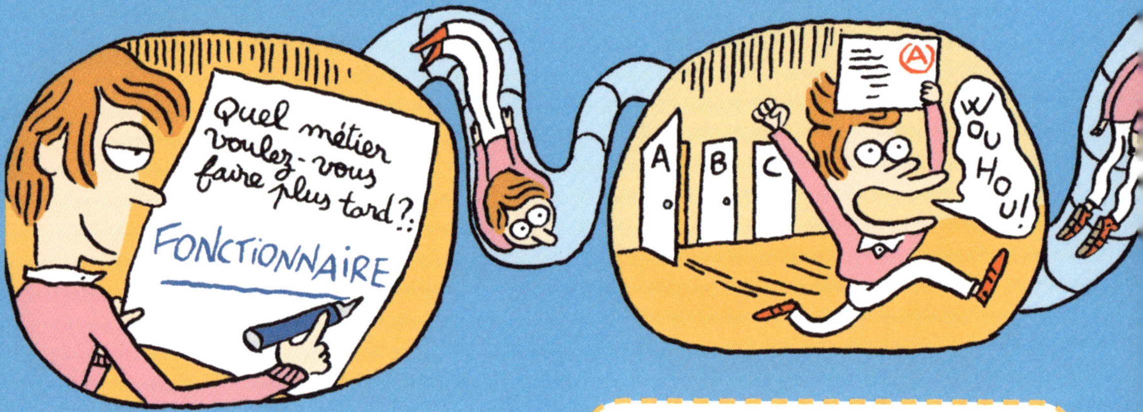


## LE RECRUTEMENT PASSE PAR UN CONCOURS

Pour rentrer dans la fonction publique, il faut passer un concours. Ils sont répartis en 3 catégories (A, B et C) qui correspondent à 3 niveaux de formation : bac + 3 ou plus pour les concours de la catégorie A ; bac ou équivalent pour la catégorie B ; aucune condition de diplôme ou un CAP (certificat d'aptitude professionnelle) pour la catégorie C. Dans la réalité, les candidats ont généralement des diplômes supérieurs. Les lauréats des concours, notamment en catégorie A, sont souvent obligés de suivre une formation dans une des écoles administratives (École nationale d'administration, Instituts régionaux d'administration, École nationale des impôts et École nationale des finances publiques). Dans les autres cas, ils suivent un stage avant d'être titularisés, c'est-à-dire avant de devenir fonctionnaire.

## DES POSTES ASSURÉS DANS CERTAINS SECTEURS

Même si le nombre de postes tend globalement à diminuer ces dernières années, certains secteurs sont plus porteurs que d'autres : la petite enfance (auxiliaire de puériculture, éducateur de jeunes enfants…), la propreté et la gestion des déchets (ambassadeur du tri, médiateur en propreté urbaine…), les affaires sociales et juridiques (responsable des affaires juridiques, gestionnaire des assurances…), etc. Les directions embauchent également des agents de niveau cadre (ressources humaines, communication, etc.). À noter que, quel que soit le métier, les postes sont accessibles sur concours.

*Travailler dans la fonction publique, cela veut dire travailler au service de l'État. Ce statut particulier concerne 5,5 millions d'agents en France et près de 500 métiers, des plus connus (profs, infirmiers, policiers, surveillants de l'administration pénitentiaire...) aux moins connus (greffiers des tribunaux, contrôleurs de gestion, ou techniciens du patrimoine...). Les agents sont répartis dans trois grands secteurs : la fonction publique de l'État, qui regroupe les personnes travaillant au sein des ministères, préfectures, rectorats, et des assemblées parlementaires ; la fonction publique territoriale qui rassemble les agents travaillant dans les régions, départements, agglomérations, etc., ainsi que dans les établissements publics comme les centres communaux d'action sociale ; enfin la fonction publique hospitalière qui englobe les hôpitaux, les établissements sociaux et médico-sociaux.*

## UN CONCOURS = UN EMPLOI... OU PRESQUE

S'il réussit un concours de la fonction publique de l'État ou de la fonction publique hospitalière, le lauréat a automatiquement un emploi. Pour un concours de la fonction publique territoriale, il est inscrit sur une liste d'aptitude. C'est à lui ensuite de postuler auprès des collectivités territoriales pour trouver du travail (sauf pour la Ville de Paris qui offre un poste à chaque candidat reçu). Mais, pour tous, le statut de fonctionnaire garantit une certaine sécurité de l'emploi. En contrepartie, les fonctionnaires ont des devoirs : obligation de réserve et de discrétion professionnelle, obéissance hiérarchique, obligation d'accepter des postes parfois éloignés de leur domicile en début de carrière, mutations pas nécessairement souhaitées...

## UN MODE DE PAIEMENT SPÉCIFIQUE

La façon dont sont payés les fonctionnaires est spécifique et compliquée. Le montant de leur traitement (terme utilisé pour désigner le salaire dans la fonction publique) est fixé selon le grade de l'agent et son échelon.
À chaque échelon est associé un indice brut qui détermine la position de l'agent sur une échelle indiciaire. À chaque indice brut correspond un indice majoré permettant le calcul de la rémunération. De plus, il peut s'y ajouter, ou non, des primes et des indemnités propres à chaque profession... Et, comme dans le privé, il existe des inégalités : ainsi la fonction publique de l'État est celle qui paie le mieux, parce qu'elle compte beaucoup d'agents de catégorie A (niveau cadre).

# AMBASSADEUR

**JÉRÔME AMBASSADEUR À L'AMBASSADE DE FRANCE À SÉOUL, EN CORÉE DU SUD**

*« Mon travail consiste à défendre les intérêts français en Corée. L'heure étant à la mondialisation, nous devons par exemple aider les entreprises françaises à vendre, à investir, à s'implanter ici. La Corée est mal connue en France, et l'ambassade a aussi pour rôle de mieux expliquer le pays, pour éviter certaines erreurs aux Français qui viennent s'installer ici. Nous menons aussi des actions pour développer les relations politiques, la coopération scientifique et les échanges culturels. Je suis très heureux de voir que le nombre de jeunes Coréens qui vont étudier en France augmente tous les ans. Ils sont 2 600 cette année. Ici, la France bénéficie d'une excellente image, qu'il faut entretenir. En tant qu'ambassadeur, on rencontre des gens très différents : députés, artistes, professeurs, mathématiciens, moines bouddhistes...*
*Je ne me suis jamais ennuyé au cours de ma carrière ! »*

## LES ÉTUDES

Il faut réussir les concours de conseiller ou de secrétaire des Affaires étrangères, accessibles aux titulaires d'un bac + 3 minimum (la plupart à niveau bac + 5).

**NIVEAU BAC + 3**

- Licence langues et civilisations étrangères (LCE) ou langues étrangères appliquées (LEA).

**NIVEAU BAC + 5**

- Diplôme d'IEP (institut d'études politiques).
- Diplôme de certaines grandes écoles (type ENA : École nationale d'administration).
- Diplôme d'écoles d'ingénieurs.

## Où travaille-t-il ?

Il travaille dans l'une des 163 ambassades françaises à l'étranger, ou dans un consulat, selon le pays et son importance. C'est le président de la République qui le nomme en Conseil des ministres sur proposition du ministre des Affaires étrangères. Le choix se porte presque toujours sur des diplomates ayant une bonne pratique de leur métier, autrement dit ayant atteint le grade de ministre plénipotentiaire (habilité à négocier en tant que représentant d'un État) ou au moins de conseiller de première classe.

## Quel est son profil ?

Le métier impliquant certaines contraintes, comme exercer dans des pays où la situation politique est compliquée, il faut être motivé, passionné, mais aussi disponible, et posséder une véritable ouverture d'esprit et de bonnes capacités d'adaptation. En outre, avoir le sens de la conciliation, le don des langues, et bien sûr justifier de solides connaissances politiques, juridiques, historiques et économiques est nécessaire. Bien entendu, il faut être prêt à habiter à l'étranger.

## Quelle carrière ?

L'ambassadeur est amené à changer de pays régulièrement : tous les trois ou quatre ans environ.

**Travailler au moins quinze ans au service du ministère des Affaires étrangères est indispensable avant de devenir ambassadeur.**

# CONSEILLER POLITIQUE

## PIERRE

**CONSEILLER POLITIQUE À L'AMBASSADE DE FRANCE À SÉOUL, EN CORÉE DU SUD**

*« En charge des questions politiques, je suis spécialiste des questions stratégiques, comme la prolifération nucléaire et les relations entre la Corée du Sud et ses voisins (Corée du Nord, Chine...). Mon rôle est de transmettre les positions de la France au gouvernement coréen, par exemple, pour lui demander son soutien lors de négociations au sein du Conseil de sécurité de l'ONU, à New York. Mon métier m'amène à rencontrer beaucoup de journalistes, professeurs, exilés nord-coréens... J'aide aussi à préparer les visites de délégations françaises. La France défend certaines valeurs et nous servons à les mettre en œuvre sur le terrain. Ainsi, l'ambassade a notamment participé à la Journée mondiale de lutte contre l'homophobie (rencontres avec des ONG, stand d'informations sur l'action de la France). »*

### Où travaille-t-il ?

Il travaille dans les ambassades, ou auprès d'organisations internationales, dans des antennes diplomatiques et dans le réseau consulaire à travers le monde.

### Quel est son profil ?

Il doit être diplomate : éviter les conflits ou les régler sans mettre en cause les bonnes relations entre deux pays implique de mesurer chacun de ses propos. Il doit évidemment être capable d'analyser toutes les données d'un problème, d'en extraire l'essentiel, de rédiger des rapports clairs et concis à partir d'infos ou de situations souvent complexes.

### Quelle carrière ?

Il peut prendre progressivement plus de responsabilités, puis devenir consul au bout d'une dizaine d'années et, pourquoi pas, ambassadeur.

### LES ÉTUDES

**NIVEAU BAC + 5**

- Diplôme d'IEP (institut d'études politiques).
- Diplôme de l'ENA (École nationale de l'administration).

© Christophe Nivaggioli

**C'est un métier soumis aux aléas de la vie politique. Si l'ambassadeur est désavoué, le conseiller politique est souvent désavoué lui aussi.**

# CONSERVATRICE DE BIBLIOTHÈQUE

**SÉVERINE CONSERVATRICE DE BIBLIOTHÈQUE À LA BNF (BIBLIOTHÈQUE NATIONALE DE FRANCE)** *« Je suis en charge d'une équipe de "catalogueurs", dans le domaine des sciences humaines (sociologie, droit, psychologie...). Les catalogueurs, ce sont les personnes qui rédigent des notices bibliographiques. Cela consiste à décrire l'aspect matériel d'un ouvrage (pour identifier par exemple les différentes éditions qui sont parues) et son contenu, avec des mots-clés, pour permettre aux chercheurs de faire des recherches dans le catalogue de la BnF (afin de savoir où trouver telle ou telle information parmi l'immense masse de livres dont nous disposons). Cela permet de reconstituer l'histoire éditoriale d'un ouvrage : l'élaboration des notices est encadrée par des normes internationales. »*

## Où travaille-t-il ?

Il travaille dans une bibliothèque municipale ou départementale (il est alors fonctionnaire territorial) ou dans les bibliothèques nationales comme la BnF, celle du Centre Pompidou... et universitaires (il est alors fonctionnaire de l'État).

## Quel est son profil ?

La curiosité intellectuelle est la qualité première. Culture générale, rigueur et mémoire sont aussi indispensables. Il doit également avoir un bon contact humain, car ce métier repose sur la transmission d'informations et le conseil au public.

## Quelle carrière ?

Il peut s'orienter vers la gestion de structures de plus en plus grandes. Ou vers des établissements dotés d'une spécialité se rapprochant de ses domaines de compétences.

© Fotolia/Yeko Photo Studio

## LES ÉTUDES

**NIVEAU BAC + 2**

- DUT information-communication, option métiers du livre et du patrimoine.
- Diplôme d'études universitaires scientifiques et techniques (DEUST) métiers des bibliothèques et de la documentation.

**NIVEAU BAC + 3**

- Licences pro métiers du livre : documentation et bibliothèques.
- Titre de gestionnaire de l'information de l'École des bibliothécaires-documentalistes (EBD).

**NIVEAU BAC + 5**

- Masters métiers du livre et de l'édition, sciences de l'information et des bibliothèques...
- Diplôme de conservateur de l'École nationale des chartes.
- L'ENSSIB (École nationale supérieure des sciences de l'information et des bibliothèques) prépare à plusieurs masters : Information scientifique et technique (SIBIST), Publication numérique (PUN), Archives numériques (ARN), Politique des bibliothèques et de la documentation (PBD) ainsi que (après un concours de niveau bac + 3) aux titres de conservateur d'État et bibliothécaire d'État.

**Ce métier évolue en permanence avec l'avancée des nouvelles technologies : typologie des documents, catalogage, communication des documents au public, conservation des documents et recherche bibliographique exigent une adaptation aux nouveaux supports...**

# ATTACHÉE TERRITORIALE

**Les perspectives de recrutement vont exploser dans les prochaines années : d'ici à 2017, la moitié des 23 700 attachés territoriaux en activité partira à la retraite.**

**ÉLODIE ATTACHÉE TERRITORIALE ASSISTANTE JURIDIQUE AU SYNDICAT INTERCOMMUNAUTAIRE DES MONTS DU LYONNAIS (SIMOLY)** *« Déjà pendant mes études de droit, je savais que j'aimerais travailler plus tard sur les conséquences juridiques de problématiques locales. J'ai donc passé le concours d'attaché territorial. Aujourd'hui, mon travail consiste à informer les élus municipaux sur ce qu'ils peuvent faire ou non sur le plan juridique. Car ils ont beaucoup d'idées mais ne savent pas les mettre en place. Par exemple, s'ils veulent acheter un gros équipement pour leur ville, ils ne peuvent pas aller au magasin du coin. Ils doivent mettre en concurrence plusieurs fournisseurs. C'est à moi de m'en occuper : rédiger et suivre les appels d'offres, convoquer la commission qui va choisir, etc. Si un des fournisseurs qui n'a pas été retenu pose un recours devant un tribunal administratif, c'est aussi à moi de gérer le problème. »*

## LES ÉTUDES

**NIVEAU BAC + 3**

- La licence (de préférence en droit) est le niveau requis pour passer le concours de catégorie A d'attaché territorial. Mais de nombreux candidats se présentent avec un bac + 5.
- Le concours comprend cinq spécialités (administration générale, animation, gestion du secteur sanitaire et social, analyste et urbanisme). Une fois admis, les candidats sont inscrits sur une liste d'aptitudes. Ils doivent ensuite postuler sur les emplois déclarés vacants par les collectivités territoriales.

## Où travaille-t-il ?

Il exerce dans les communes de plus de 2 000 habitants, les départements, les régions, les offices publics de l'habitat et les établissements publics rattachés. Fonctionnaire (de catégorie A) de la fonction publique territoriale, il peut se voir confier toutes sortes de missions : gestion des ressources humaines, gestion des achats et des marchés publics, gestion financière et de contrôle de gestion, gestion immobilière, études en urbanisme, développement informatique, action sociale...

## Quel est son profil ?

C'est un homme ou une femme de l'ombre : ce sont les élus qui mettent en avant les réalisations, mais c'est lui qui fait le travail concret en amont. Il doit savoir rester discret. Le contact avec les élus demande également une certaine diplomatie.

## Quelle carrière ?

Il peut prendre en charge un service (comme le service des marchés publics), puis la direction générale des services.

TEST

# Es-tu fait pour ce secteur ?

**1 – TU ES ALLERGIQUE…**

- ■ Au règlement de ton collège.
- ▲ Aux après-midi sans programme.
- ● À la « société de consommation ».

**2 – AUX PROCHAINES VACANCES, TU AS PRÉVU :**

- ▲ De faire du baby-sitting.
- ■ D'aller faire du surf à Biarritz.
- ● De participer à un chantier de restauration archéologique.

**3 – PLUS TARD, TU AS PEUR :**

- ● De ne pas trouver d'emploi.
- ■ De ne pas devenir riche.
- ▲ De ne pas avoir une vie de famille épanouie.

**4 – TES PARENTS REFUSENT QUE TU PASSES L'APRÈS-MIDI CHEZ TES COPAINS.**

- ▲ Tu tentes vaguement de négocier.
- ● Tu leur obéis mais tu leur fais la tête tout l'après-midi.
- ■ Tu prétextes une visite à la bibliothèque pour t'échapper.

**5 – À L'ÉCOLE :**

- ● Tu as été élu délégué de classe plusieurs fois.
- ▲ Tu es la personne qui accompagne les autres à l'infirmerie.
- ■ Tu es le clown de service.

**6 – TA FUTURE VIE :**

- ● Pourquoi ne pas découvrir d'autres villes en France ?
- ▲ Pas question de quitter ta région !
- ■ Tu feras tout pour t'envoler vers l'étranger.

**7 – UN CONTRÔLE SURPRISE EN MATHS.**

- ■ Tu adores ces montées d'adrénaline.
- ▲ Tu n'aimes pas trop, mais bon…
- ● Tu détestes les surprises.

**8 – LA VALEUR DANS LAQUELLE TU TE RECONNAIS LE PLUS :**

- ▲ La fraternité.
- ■ La liberté.
- ● L'égalité.

**9 – TA PERSONNALITÉ PRÉFÉRÉE :**

- ● Mimie Mathy.
- ■ Kev Adams.
- ▲ Omar Sy.

**10 – LES CONCOURS ORGANISÉS DANS TON ÉTABLISSEMENT (KANGOUROU, C.GÉNIAL, DÉFI'MOTS…) :**

- ● Tu y participes tous les ans car tu adores.
- ■ Tu as horreur des concours.
- ▲ Tu y participes de temps en temps.

**FAIS LE TOTAL DE TES POINTS POUR CHAQUE SIGNE ET REPORTE-TOI AUX RÉPONSES.**

### MAJORITÉ DE ●

Oui, tu pourrais devenir fonctionnaire ! Tu es rigoureux sans être maniaque, plutôt doué dans les relations avec les autres, tu es soucieux d'aider les gens et de faire respecter les lois. Peu importe le domaine. Un poste administratif t'irait comme un gant, que ce soit prof, assistant juridique, médecin dans la fonction publique hospitalière…

### MAJORITÉ DE ▲

Pourquoi pas ? Tu penses que travailler dans la fonction publique, c'est ennuyeux… Mais c'est parce que tu connais mal ce secteur. Tu es respectueux du droit, ambitieux, etc. Et tu n'es pas réfractaire aux règlements et à la hiérarchie. Parmi les milliers de métiers que compte la fonction publique, tu trouveras sûrement chaussures à ton pied : juge, diplomate, bibliothécaire…

### MAJORITÉ DE ■

Tu ne sembles pas fait pour ce secteur. Certes, les avantages de la fonction publique te branchent… mais tu es trop indépendant et peu disposé à te plier aux règles. En plus, tu veux bien bosser mais à condition que cela soit payé en conséquence. Bref, tu n'as pas vraiment l'état d'esprit pour travailler dans la fonction publique.

IDÉES EN +

## D'autres idées dans ce secteur...

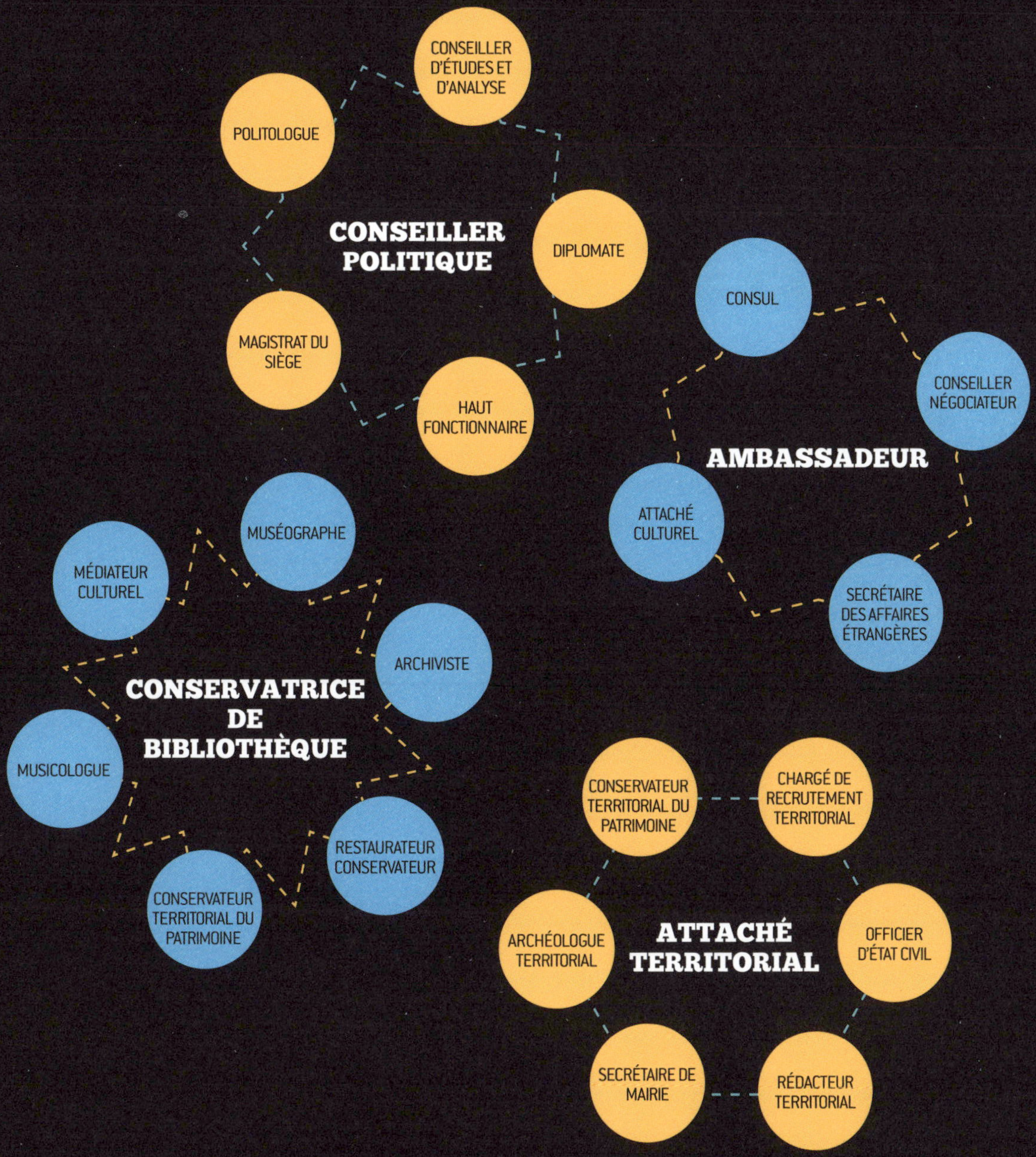


**VOIR AUSSI :**

**DÉFENSE, SÉCURITÉ** P.98
**ENSEIGNEMENT** P.132
**MÉDICAL SOCIAL,** P.190
**ENVIRONNEMENT** P.142

# HÔTELLERIE, TOURISME, RESTAURATION

Top chef *ou* Un gîte pas comme les autres *ont mis à la mode les métiers de l'hôtellerie, de la restauration et du tourisme. Au pays de la gastronomie et du tourisme, les emplois sont nombreux, et les employeurs peinent même à recruter. Opter pour un métier dans ce secteur, c'est donc décrocher un emploi à coup sûr. Plus de 905 000 personnes y travaillent aujourd'hui (dont 78 % de salariés permanents) et l'emploi dans le secteur devrait croître en moyenne de 1,2 % par an d'ici 2022. C'est la restauration – établissements gastronomiques, cafétérias, brasseries, restauration collective – qui se taille la part belle. Les métiers de l'hôtellerie, eux, se concentrent plus dans les zones touristiques.*

## L'ŒIL DU PRO

L'hôtellerie-restauration recrute du CAP au bac + 5. Au niveau CAP et bac pro, on peut surtout accéder aux métiers d'employé d'étage, de réception, de cuisine, de service en salle. Tous ces diplômes peuvent être préparés en alternance (une partie du temps en formation, l'autre dans une entreprise). Pratique pour étudier en étant payé ! Pour accéder à des postes de manager ou de gestionnaire, c'est du côté des BTS qu'il faut se tourner, voire des licences pro ou des masters.

*Cote du secteur*

*Coût des études*

*Niveau de formation*

*Salaires*

Frédéric

# CHEF DE CUISINE

**THOMAS CHEF DE CUISINE AU WAGON BLEU** *« Je dirige la cuisine du restaurant : je suis en charge des préparations, mais aussi des commandes, des livraisons, du stock de produits frais et des nouveautés de la carte. Je viens par exemple de retravailler celle des desserts. Après un échange avec les membres de l'équipe, où nous partageons nos envies, nos idées de plats, j'élabore des propositions. Je fais des tests, je goûte, mais je ne suis ni ne note aucune recette. Il y a une part d'inventivité dans ma cuisine, une assiette n'est jamais la réplique identique de celle de la veille. Les plats de la carte ne changent pas du tout au tout, car nous tenons à conserver certains plats à base de produits corses. La saisonnalité des produits influence aussi les menus, notamment les garnitures que je prépare tous les jours. »*

**Avant d'accéder aux responsabilités très convoitées de chef, il faut avoir l'expérience des autres postes en cuisine (commis, cuisinier, chef de partie puis second).**

## LES ÉTUDES

Du CAP au bac + 2, il existe de nombreuses formations pour accéder au métier de cuisinier.

**APRÈS LA 3E**

- CAP cuisine.

**NIVEAU BAC**

- Bac pro cuisine.
- Brevet professionnel cuisinier.

**NIVEAU BAC + 2**

- BTS hôtellerie-restauration option art culinaire, art de la table et du service.

## Où travaille-t-il ?

Restaurants traditionnels, gastronomiques, dans des hôtels, de collectivité, à thème (grillades, poissons, soupes...), nouvelle restauration (pizzerias, crêperies) : le chef cuisinier a l'embarras du choix pour exercer ses talents.

## Quel est son profil ?

Pour devenir chef cuisinier, il faut posséder de solides connaissances sur l'alimentation et la cuisine. Mais aussi être créatif pour imaginer de nouvelles recettes et savoir imprimer aux plats sa personnalité. Le chef de cuisine organise le travail de sa brigade et doit donc savoir manager et faire preuve d'autorité. Enfin les conditions de travail sont éprouvantes dans ce métier : journées longues et intenses, debout, avec des « coups de feu » parfois stressants ! Une bonne condition physique est indispensable.

## Quelle carrière ?

Un chef cuisinier peut devenir directeur de la restauration ou gérant d'un restaurant de collectivité, ou encore s'installer à son compte.

# BARMAN

© Pauline Le Goff

**Les barmans peuvent facilement trouver un job à l'étranger… moyennant la connaissance d'au moins une langue étrangère (notamment l'anglais).**

**FLORIAN BARMAN AU WAGON BLEU** *« Au cours de mes études, j'ai appris la fabrication de tous les cocktails basiques. Je les ai retrouvés ici sur la carte. Mais, dans tous les établissements où j'ai été employé, que ce soit à l'étranger ou en France, j'ai dû m'adapter aux particularités de chaque bar tout en apportant ma petite touche personnelle et mon savoir-faire. Ici, les boissons à base de rhum comme le mojito et en particulier celui dit cubain ou le ti-punch fonctionnent bien. J'ai découvert ici le "Frozen Margarita", dont j'ai appris la technique pour pouvoir le servir aux clients. Contrairement au chef barman de cet établissement, Patrick, je ne suis pas à ce jour assez expérimenté pour inventer mes propres cocktails. Lui parvient, en fonction des goûts des clients, à imaginer une boisson personnalisée ou une surprise. Mais cela viendra sans doute avec l'expérience ! »*

## Où travaille-t-il ?

Le barman travaille dans des hôtels ou hôtels-restaurants (généralement 3 ou 4 étoiles), des restaurants dotés d'un bar, des bars américains, des cabarets, des boîtes de nuit, des casinos… Mais il peut aussi trouver à exercer son métier dans l'hôtellerie de plein air (club, village de vacances), les bars mobiles (sur un bateau, dans un train…), etc.

## Quel est son profil ?

Avant tout, le barman doit être extrêmement sociable, à l'aise avec des personnes d'horizons différents et savoir interagir avec des clients difficiles (parfois ivres). Il doit pouvoir mémoriser les recettes de centaines de cocktails différents et se souvenir des boissons commandées par chaque client. Enfin, il doit être sympathique, conciliant et charismatique s'il veut recevoir de bons pourboires et arrondir son salaire !

## Quelle carrière ?

Après plusieurs années d'expérience, il peut devenir chef barman dans un établissement plus important, voire ouvrir son propre bar moyennant une formation complémentaire en gestion.

## LES ÉTUDES

La formation s'acquiert encore souvent sur le tas. Mais il existe cependant deux diplômes.

**APRÈS LA 3E**

- Mention complémentaire : employé barman.

**NIVEAU BAC**

- Brevet professionnel barman.

# GOUVERNANTE

© Jon Ongkiehong

## GISÈLE

**GOUVERNANTE AU GRAND HÔTEL DE CABOURG** *« Je suis une sorte de maîtresse de maison, multipliée par le nombre de clients de l'hôtel. C'est un peu comme si j'avais des invités tous les jours. Ça demande beaucoup d'organisation et de méthode. Je dois gérer les plannings des femmes de chambre selon le nombre de clients nouveaux, ceux qui restent, ceux qui partent, et faire attention à chaque spécificité : allergies, petites manies et besoins particuliers, je connais chaque petit détail de chaque client. La qualité essentielle pour exercer ce métier, c'est la patience. Car on a beau tout prévoir, rien ne se déroule jamais comme sur le papier. »*

## Où travaille-t-elle ?

La gouvernante travaille dans les hôtels de luxe et les établissements de catégorie 3 ou 4 étoiles. On en trouve également dans les centres de loisirs, les villages de vacances, les stations de tourisme, les maisons de retraite et les centres hospitaliers, etc. Elle peut travailler en France comme à l'étranger. De nombreux grands hôtels recherchent, en effet, des gouvernantes ayant une bonne culture générale et capables de gérer des équipes. De même, si elle maîtrise une ou plusieurs langues étrangères, elle a toutes les chances de se faire embaucher à l'étranger.

## Quel est son profil ?

Impossible d'être gouvernante si on n'est pas parfaitement rigoureuse, méthodique et d'apparence très soignée. Comme elle dirige une équipe qui travaille « dans l'ombre » mais contribue grandement à la réputation d'un établissement, elle doit être capable de manager avec tact et fermeté. Enfin, dans l'hôtellerie de luxe, univers où le client est roi, il lui faut faire preuve d'une grande disponibilité et de diplomatie.

## LES ÉTUDES

**NIVEAU BAC**

- Brevet professionnel gouvernante.
- Bac techno hôtellerie.

**NIVEAU BAC + 2**

- BTS hôtellerie-restauration option mercatique et gestion hôtelière.
- BTS responsable d'hébergement.

À noter : dans le domaine de l'hôtellerie, il existe aussi des formations dispensées par des écoles hôtelières privées.

**Si le recrutement est presque exclusivement féminin, les hommes font une entrée en douceur dans la profession.**

## Quelle carrière ?

Dans les grands hôtels (plus de 100 chambres), une gouvernante qui a une formation hôtelière (BTS) et de bonnes connaissances en langues peut devenir rapidement première gouvernante, assistante gouvernante générale, puis gouvernante générale. Après quelques années d'expérience, elle peut même accéder à un poste de directrice de l'hébergement.

# CHEF DE RÉCEPTION

**MARCEL CHEF DE RÉCEPTION AU GRAND HÔTEL DE CABOURG** *« J'officie à l'accueil, où je reçois les clients qui arrivent et ceux qui partent. J'essaie d'anticiper la moindre de leurs demandes : un bouquet de fleurs pour de jeunes mariés, un lit pour bébé... Je concentre toutes les infos sur les clients, puis je les communique à mes collègues afin d'améliorer encore le service. Parmi mes attributions, il y a aussi l'animation du site de l'hôtel : modification des tarifs selon la saison, mise en avant des évènements dans la région, etc. Pour faire mon métier, il faut être prévoyant, à l'écoute, et aimer les gens pour leur apporter du bonheur : parfois, ils nous le rendent bien. »*

## LES ÉTUDES

**APRÈS LA 3E**
- CAP SH - services hôteliers (niveau minimum requis pour remplir la fonction).

**NIVEAU BAC**
- Bac pro accueil, relations clients et usagers.
- Bac pro commercialisation et services en restauration.
- Bac technologique STHR (sciences et technologies de l'hôtellerie et de la restauration).

**NIVEAU BAC + 2**
- BTS hôtellerie-restauration.
- BTS responsable d'hébergement (niveau européen).

## Où travaille-t-il ?

Dans les hôtels de taille moyenne (50 à 100 chambres), car dans les établissements moins importants, une seule et même personne peut être amenée à assurer toutes les fonctions de la réception. Dans les hôtels de standing ou de luxe, il est chapeauté par un directeur de l'hébergement. La pratique de langues étrangères, si possible rares, peut être un sérieux atout pour occuper cette fonction.

## Quel est son profil ?

Pro de l'organisation, il doit avoir une véritable capacité à s'adapter aux besoins des différentes clientèles et à leurs exigences. Diplomatie et discrétion sont chez lui indispensables, l'accueil de la clientèle étant un élément essentiel pour construire l'image de marque d'un établissement. Enfin, il doit être réactif pour répondre simultanément aux besoins des clients.

## Quelle carrière ?

Après quelques années d'expérience, il peut devenir directeur d'un établissement ou encore gérant d'une unité pour une chaîne hôtelière.

**Le chef de réception est parfois logé et nourri, mais ces frais sont alors déduits de son salaire.**

# CONCEPTEUR DE VOYAGES DURABLES

**AURÉLIEN CONCEPTEUR DE VOYAGES DURABLES À L'AGENCE DE VOYAGES SOLIDAIRES DOUBLE SENS**
*« La moitié de l'année, je parcours la planète, et l'autre moitié, je gère la société Double Sens. Celle-ci propose des voyages solidaires, c'est-à-dire dont les retombées économiques sont partagées avec les communautés d'accueil. Les voyages durables permettent de découvrir des pays hors des sentiers battus en petits groupes sur des circuits alternatifs tout en favorisant les échanges entre voyageurs et autochtones. Avant de proposer une destination, je pars repérer des lieux méconnus, j'imagine des circuits, organise la logistique. Puis, je recrute des équipes locales et les forme. Ce sont elles qui accueillent les voyageurs et proposent de nouveaux circuits ou sorties, donc le recrutement est capital. Une fois la destination lancée, cela devient un travail de management et de gestion comptable. »*

## Où travaille-t-il ?

Le concepteur de voyages – appelé aussi chef de produits touristiques – travaille dans des entreprises de tourisme (tour-opérateurs, agences de voyages) en relation avec différents intervenants (clients, fournisseurs, service commercial...). Un métier qui peut impliquer des déplacements (visites de sites, des prestataires, etc.).

## Quel est son profil ?

Le sens du contact est la première qualité. Avec les clients mais aussi les équipes locales. Il faut donc être multiculturel et savoir s'adapter à toutes les manières de travailler. Autre élément indispensable : partager les valeurs inhérentes au voyage durable. Il faut également avoir de grandes qualités de logisticien, notamment le sens de l'organisation. Enfin, être rigoureux et consciencieux est essentiel car il faut concevoir, organiser et préparer les voyages de bout en bout.

## Quelle carrière ?

Il peut évoluer vers un poste de direction et manager un groupe de chefs de produits dans une entreprise de taille importante. Il devient alors chef de groupe.

**C'est un métier où il faut savoir faire face à tous les imprévus.**

## LES ÉTUDES

**NIVEAU BAC + 2**
- BTS ventes et productions touristiques (VPT).

**NIVEAU BAC + 3**
- Bachelor Tourism Management du groupe ESC Troyes ou le Bachelor Management du Tourisme du groupe ESC La Rochelle.
- Licence pro hôtellerie et tourisme avec une spécialité ingénierie du tourisme.

**NIVEAU BAC + 5**
- Diplômes d'écoles de commerce.
- Masters commerce ou tourisme.

# GUIDE CONFÉRENCIÈRE

## ÉMELINE GUIDE-CONFÉRENCIÈRE

*« Ma spécialité est pointue, c'est le Moyen Âge. Alors j'interviens sur tout ce qui concerne l'art occidental et islamique de l'Antiquité jusqu'à la fin du XIXe siècle. Quand une agence m'appelle, je prépare la visite en amassant de la documentation, telle une étudiante travaillant sur un exposé ! Cela peut prendre une semaine, comme pour l'exposition de l'Institut du monde arabe, "Osiris, mystères engloutis d'Égypte", qui couvrait une période que je connais moins bien. En revanche, pour faire visiter Notre-Dame de Paris, pas besoin de réviser ! Mais je dois toujours m'adapter au public. Par exemple, c'est compliqué de capter et garder l'attention d'un groupe d'enfants. J'ai beaucoup de visites au musée du Louvre ou d'Orsay avec des classes. Je les fais asseoir et je leur demande de regarder, de réagir à ce qu'ils voient, de rebondir. Au Louvre, ils n'ont qu'une idée en tête : voir la Joconde... mais pour cela, j'attends la fin de la visite. »*

## LES ÉTUDES

En France, la carte professionnelle de guide-conférencier est obligatoire pour la visite commentée dans les musées et monuments historiques.

**NIVEAU BAC + 3**

Pour l'obtenir, il faut posséder une licence pro guide-conférencier.
Elle est accessible notamment après un BTS tourisme, une L2 en histoire, histoire de l'art, LLCE (langues, littératures et civilisations étrangères), LEA (langues étrangères appliquées).
Attention, la pratique de deux langues étrangères est obligatoire.

**Si la plupart des accompagnateurs sont payés à la prestation, ils ne sont pas rémunérés pour le temps passé à préparer la visite !**

## Où travaille-t-il ?

Le guide-conférencier travaille pour une, voire plusieurs agences ou organisateurs de voyages. Rares sont ceux qui sont salariés à temps plein. La plupart des accompagnateurs sont indépendants et payés à la prestation, c'est-à-dire au voyage. Et la profession propose peu d'emplois. Il faut être à l'affût des offres faites par les agences et anticiper l'évolution de la demande. Par ailleurs, les guides n'ont aucune garantie de partir régulièrement et doivent souvent exercer une activité parallèle : rédacteur de guides touristiques, prof...

© Fotolia/Monkey Business

## Quel est son profil ?

C'est un métier qui nécessite de grandes connaissances du territoire (histoire politique, sociale, culturelle, artistique, touristique), mais également un sens du contact facile. Il faut savoir parler, être pédagogue, voire avoir le sens du spectacle pour dynamiser un groupe. Le guide doit transmettre son énergie et son plaisir ! Enfin, il faut savoir faire preuve de sang-froid pour réagir efficacement face aux aléas.

## Quelle carrière ?

Certains deviennent agents de développement local, attachés de presse touristique, organisateurs d'évènements locaux, directeurs d'offices de tourisme...

TEST

# Es-tu fait pour ce secteur ?

**1 – TA FAMILLE, TES AMIS, TES PROFS DISENT DE TOI QUE TU ES QUELQU'UN…**

- ■ De rebelle et renfermé.
- ▲ Qui s'adapte facilement aux situations.
- ● De ponctuel, flexible et obéissant.

**2 – COMMENT QUALIFIES-TU TON NIVEAU D'ANGLAIS ?**

- ■ Mauvais, tu as du mal à t'exprimer en anglais.
- ● Très bon.
- ▲ Bon, tu te débrouilles pour te faire comprendre.

**3 – TU VISITES UN SITE TOURISTIQUE…**

- ● Tu es en forme même au bout de trois heures de visite.
- ▲ Tu commences à râler dès le deuxième monument.
- ■ Très peu pour toi, tu te fais porter malade dès le premier monument.

**4 – ON TE DEMANDE DE FAIRE UN DEVOIR DE MATHS EN URGENCE :**

- ■ Cela te panique.
- ▲ Cela t'inquiète.
- ● Cela te motive.

**5 – TES RELATIONS AVEC LES AUTRES…**

- ▲ Tu es ami avec la plupart des élèves de ta classe.
- ● Tu as des amis partout et tu adores t'en faire de nouveaux.
- ■ Tu es très timide, t'ouvrir aux autres est difficile.

**6 – TA TENUE VESTIMENTAIRE…**

- ▲ Tu aimes te sentir à l'aise quoi que tu fasses et où que tu ailles.
- ● Tu es toujours impeccable et tiré à quatre épingles.
- ■ Tu aimes les tenues voyantes, ou négligées, etc., bref qui sortent de l'ordinaire.

**7 – TON PETIT FRÈRE T'A CONTRARIÉ AU RÉVEIL.**

- ■ Tu fais la tête toute la journée.
- ▲ Tu te forces à faire bonne figure.
- ● Tu laisses tes contrariétés à la maison et souris quoi qu'il arrive.

**8 – UN EXPOSÉ À PRÉPARER AVEC DES CAMARADES DE CLASSE…**

- ● Tu es prêt à y passer ton samedi et ton dimanche.
- ▲ Tu es prêt à bosser un peu plus, mais pas tout le week-end.
- ■ Tu insistes pour tout faire durant les heures de perm.

**9 – AVOIR DE PETITS RITUELS, FAIRE TOUJOURS LA MÊME CHOSE AU MÊME MOMENT, BREF, LA ROUTINE, ÇA…**

- ● Te fait peur.
- ■ Te rassure.
- ▲ T'ennuie.

**10 – TA CHAMBRE :**

- ■ C'est un désordre indescriptible : fringues qui traînent, restes des goûters…
- ● C'est rangé, propre, tu es une fée du logis.
- ▲ C'est un peu le bazar.

**FAIS LE TOTAL DE TES POINTS POUR CHAQUE SIGNE ET REPORTE-TOI AUX RÉPONSES.**

### MAJORITÉ DE ●

Tu es taillé pour les métiers de l'hôtellerie et de la restauration. Tu es sociable, prêt à bosser, résistant au stress, infatigable… et tu ne rechignes pas à écouter les autres lorsqu'ils font preuve d'un peu d'autorité.

### MAJORITÉ DE ▲

Ce secteur t'intéresse mais tu devras faire quelques efforts pour y arriver : être plus ordonné, plus relax, plus sociable ou plus bosseur. À toi de voir…

### MAJORITÉ DE ■

Ton profil ne correspond pas à ces métiers : un peu râleur, pas prêt à trop bosser ou à mettre une tenue correcte, pas trop sociable ou un peu stressé. Tu ne pourras y arriver qu'avec beaucoup de travail.

IDÉES EN +

## D'autres idées dans ce secteur...

### CONCEPTEUR DE VOYAGES DURABLES

- ORGANISATION D'ÉVÈNEMENTIEL
- OPTIMISATION DE PRODUITS TOURISTIQUES
- PROMOTION DU TOURISME LOCAL

### BARMAN

- GARÇON DE CAFÉ
- SERVEUR DE RESTAURANT
- SOMMELIER
- MAÎTRE D'HÔTEL

### GOUVERNANTE

- BAGAGISTE GROOM
- CONCIERGE D'HÔTEL
- RÉCEPTIONNISTE
- DIRECTEUR D'HÔTEL
- GÉRANT D'HÔTEL
- FEMME DE CHAMBRE

### CHEF DE CUISINE

- EMPLOYÉ DE RESTAURATION COLLECTIVE
- CHEF PÂTISSIER
- TRAITEUR
- CHEF DE PARTIE
- COMMIS DE CUISINE

### CHEF DE RÉCEPTION

- BAGAGISTE GROOM
- CONCIERGE D'HÔTEL
- GOUVERNANTE
- DIRECTEUR D'HÔTEL
- GÉRANT D'HÔTEL
- FEMME DE CHAMBRE

### GUIDE CONFÉRENCIER

- GUIDE-INTERPRÈTE
- FORFAITISTE
- ANIMATEUR DE CLUB DE VACANCES
- CONSEILLER EN DÉVELOPPEMENT LOCAL

# INFORMATIQUE, NUMÉRIQUE, JEUX VIDÉO

*Internet a permis le développement du commerce électronique, du multimédia et des jeux vidéo. Qu'il s'agisse de téléphoner, d'acheter une paire de baskets en ligne ou d'envoyer un Snap… ces actions quotidiennes font appel aux nouvelles technologies. Plus une seule entreprise ne fonctionnerait aujourd'hui sans l'informatique. D'innombrables logiciels interviennent pendant la conception et la fabrication de tous les produits de consommation courante, et ils gèrent également des flux d'information (achats de matières, stocks, ventes, paies, etc.) à travers le monde. Résultat, le secteur des nouvelles technologies recrute beaucoup, notamment des jeunes, mais à des niveaux d'études de plus en plus élevés. Qu'on se le dise !*

## L'ŒIL DU PRO

Les « données » (le fameux big data), c'est un peu le pétrole du XXIe siècle ! Elles vont prendre une place centrale dans la nouvelle civilisation numérique. Tout va tourner autour d'elles, leur variété, leur volume, la vitesse à laquelle on y accède, mais aussi leur degré de véracité, et plus encore la valeur de leur usage. Dans ce secteur, de nouveaux métiers sont en train d'émerger, métiers tellement nouveaux qu'ils ne sont pas encore traduits en français : CDO – chief data officer –, data scientist, data protection officer, et bien d'autres encore.

*Cote du secteur*

*Coût des études*

*Niveau de formation*

*Salaires*

THE CREW
DELL

# INGÉNIEUR HARDWARE

**XAVIER INGÉNIEUR HARDWARE CHEZ DEVIALET** *« Mon travail consiste à créer tous les composants électroniques d'un nouveau produit, ceux-là mêmes qui détermineront les fonctions que l'on souhaite lui intégrer. Par exemple, pour l'enceinte connectée Phantom, pour réussir à synchroniser jusqu'à 24 enceintes, nous avons dû concevoir la carte électronique qui permette ces connexions, en envisageant tous les cas de figure, comme l'absence ou l'interdiction du WiFi dans certaines régions du monde. Une fois que la carte de base est mise au point, on rajoute les fonctions en tâchant d'imaginer toutes les évolutions technologiques possibles. »*

## Où travaille-t-il ?

Il travaille en bureau d'études, dans les entreprises spécialisées dans la conception électronique. Il exerce aussi bien dans l'industrie automobile que dans l'aéronautique, l'industrie de l'armement, l'énergie, les transports, l'informatique industrielle, la téléphonie mobile et la domotique (détection de mouvements, alarmes…), ou le secteur médical.

## Quel est son profil ?

Féru de technologie, à l'affût des nouveautés, il doit faire preuve d'un réel sens relationnel afin de gérer au mieux les interactions avec les différents intervenants de l'entreprise. S'il doit être adaptable, il peut aussi se spécialiser dans un domaine pour y acquérir une expertise.

## Quelle carrière ?

Généralement, il débute dans un service d'études, puis s'oriente vers des postes de chef de projet ou de responsable d'unité de production, voire d'ingénieur d'affaires après plusieurs années d'expérience.

## LES ÉTUDES

**NIVEAU BAC + 5**

- Diplôme d'ingénieur spécialité électronique ; informatique ; informatique et réseaux ; informatique industrielle ; mécanique et électronique ; informatique et électronique ; systèmes électrique et électronique embarqués ; systèmes électroniques embarqués… dans l'une de ces écoles : ENSEA, Telecom ParisTech, ISEN, ISEP, ESIEE, etc.
- Masters mention automatique, robotique ; électronique, énergie électrique, automatique ; informatique ; ingénierie des systèmes complexes ; réseaux et télécommunications ; transport, mobilités, réseaux…

© Éric Larrayadieu

**Une double compétence en électricité, en robotique, en avionique, en calcul, en mécanique est précieuse, voire exigée dans certains domaines d'activité.**

# WEBMASTER

## VALENTIN

**WEBMASTER POUR LE FESTIVAL DES EUROCKÉENNES**

*« Je suis tous les projets qui ont un lien avec l'informatique. En tant que webmaster, je mets le site Internet à jour, j'agence les rubriques, j'intègre les éléments graphiques et le contenu. Mon rôle est aussi de faire en sorte que le festival soit au goût du jour en matière de numérique. Pour l'application mobile, je participe à l'élaboration du cahier des charges que je confie ensuite à une agence. Sur un plan matériel, je gère le parc informatique de l'association. Ma fonction demande d'être polyvalent, réactif, en veille permanente sur les nouveautés car mon métier évolue très vite. Pendant le festival, je m'occupe du blog qui raconte l'ambiance sur place, les actions autour des concerts… Je me sens utile quand je vois le rendu du site et son trafic : en moyenne 10 000 personnes se connectent chaque jour ! »*

**Avec l'apparition récente de professions plus spécialisées, le métier de webmaster est désormais surtout recherché par les PME.**

## Où travaille-t-il ?

Il travaille dans des agences Web qui réalisent et gèrent des sites pour le compte d'entreprises clientes, plutôt de petite taille, et des agences de communication qui développent des sites Web pour leurs clients.

## Quel est son profil ?

Il doit être autonome, car dans les petites entreprises, il est souvent seul ; et organisé car il doit jongler en permanence entre différentes disciplines, de la technique au marketing.

## Quelle carrière ?

Il peut devenir chef de projet Internet ou développeur multimédia. En fonction de sa formation et de ses compétences, il peut aussi évoluer vers d'autres secteurs, par exemple le marketing.

## LES ÉTUDES

**NIVEAU BAC + 2**

- BTS services informatiques aux organisations.
- DUT métiers du multimédia et de l'Internet (MMI).

**NIVEAU BAC + 3**

- Licences pro activités et techniques de communication, réseaux et télécommunications, systèmes informatiques et logiciels.

**NIVEAU BAC + 5**

- Masters en information et communication, en informatique.
- Diplôme d'écoles d'ingénieurs.

# ADMINISTRATEUR SYSTÈMES

## VINCENT ADMINISTRATEUR SYSTÈMES, RÉSEAUX ET SÉCURITÉ CHEZ CAFPI (LEADER DU COURTAGE EN PRÊT IMMOBILIER)

*« Mon travail consiste à mettre en place le réseau informatique de mon entreprise et à m'assurer de son bon fonctionnement : je dois installer et paramétrer les nouveaux logiciels et serveurs, assurer le déploiement automatisé des ordinateurs pour les collaborateurs de l'entreprise, gérer les switchs (équipements qui relient plusieurs serveurs), négocier avec les opérateurs Internet, etc. Mais je m'occupe aussi de toute la sécurité informatique. Par exemple, pour éviter les piratages, j'ai créé de nouvelles règles concernant les mots de passe pour les salariés et les commerciaux. Et, comme depuis quelques mois, de gros problèmes de virus informatiques sont apparus, j'ai mis en place un processus pour restaurer rapidement les données. Mon poste exige par ailleurs de faire une veille permanente des logiciels de sécurité, des virus… »*

## LES ÉTUDES

**NIVEAU BAC + 5**

- Master mention réseaux et télécommunications, mention informatique.
- Diplôme d'écoles d'ingénieurs orientées réseaux.
- Diplôme d'écoles d'informatique (comme l'IPI, l'Epitech, etc.).

### Où travaille-t-il ?

Ce métier existe dans tous les secteurs d'activité : banque et finance, médical, industrie, commerce, grande distribution, etc. Que ce soit dans des PME, des grandes entreprises, des administrations, des installateurs, des sociétés de télécoms ou encore les entreprises de services du numérique (ESN).

### Quel est son profil ?

Compte tenu de la place croissante des réseaux dans les systèmes d'information, l'administrateur est très sollicité, notamment sur des questions de performances et de disponibilité. Mais sa résistance au stress n'est pas la seule aptitude nécessaire. Il doit également être à l'écoute, polyvalent, rigoureux et bien organisé.

### Quelle carrière ?

Il peut diriger une équipe de plus en plus importante, devenir responsable informatique d'une entreprise, voire directeur des systèmes d'information (DSI).

**Avec le cloud, les métiers de l'informatique évoluent sans cesse, et un administrateur touche désormais à tout : systèmes, réseaux et sécurité.**

# RESPONSABLE DE L'ANIMATION

**ARNAUD RESPONSABLE DE L'ANIMATION CHEZ IVORY TOWER, STUDIO DE JEUX VIDÉO**

*« Mon travail consiste à modéliser et à animer les personnages, les animaux et les différents objets du jeu. Le défi, c'est de proposer des animations réalistes qui puissent s'afficher en temps réel. Pour cela, je travaille beaucoup avec les programmeurs. Les personnages ne doivent pas bouger comme des marionnettes. Pour les animer, on part de captures de mouvements d'acteurs. On travaille aussi précisément les expressions du visage : regards, froncements de sourcils, mouvements de bouche... Quand le joueur dirige le personnage, les animations doivent pouvoir s'enchaîner rapidement de façon à optimiser la réactivité. Le décor, aussi, bouge : les feuilles des arbres frémissent, un chien se promène, des piétons traversent... certaines se répètent de manière cyclique sur elles-mêmes, mais le joueur ne doit pas s'en rendre compte ! On veut lui offrir un environnement vivant tout en conservant la fluidité du jeu. »*

## Où travaille-t-il ?

Il exerce ses talents dans les bureaux de création des sociétés de production ou d'édition de jeux vidéo, de films d'animation, de films publicitaires, de CD-Rom, etc.

## Quel est son profil ?

Il doit savoir faire preuve d'originalité et imposer un style. Une fois les personnages ou décors inventés, il faut les reproduire à l'identique et ne pas négliger le moindre détail. Il doit donc être rigoureux. Enfin, pour être toujours à la pointe technologique et dans l'air du temps, il doit constamment mettre à jour ses connaissances, s'intéresser aux productions de ses concurrents, s'informer des nouveautés, etc.

## Quelle carrière ?

Il peut se diriger vers le dessin animé et le cinéma d'animation.

## LES ÉTUDES

**NIVEAU BAC +2**

- DMA (diplôme des métiers d'art) spécialité cinéma d'animation.
- BTS design graphique option communication et médias numériques.
- DUT informatique, métiers du multimédia et de l'Internet.

**NIVEAU BAC +4**

- Diplôme de dessinateur-concepteur, option dessin animé (école Émile-Cohl).

**NIVEAU BAC +5**

- Diplôme spécialisé en cinéma d'animation (École nationale supérieure des arts décoratifs : Ensad).
- Diplôme de concepteur et réalisateur de films d'animation (École de l'image-Les Gobelins).

© Philippe Schuller/Signatures

**C'est un pro qui touche à tout, capable de donner vie à des créatures fantastiques aussi bien qu'à un chat de gouttière.**

# DATA SCIENTIST

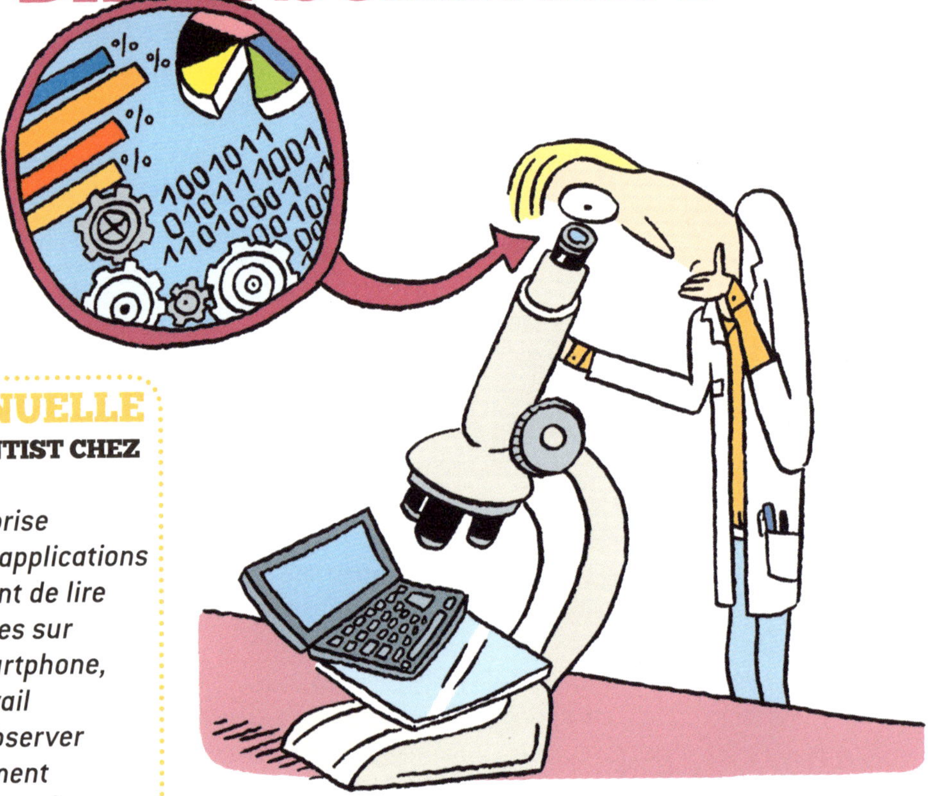

## EMMANUELLE

**DATA SCIENTIST CHEZ LEKIOSK**

*« Mon entreprise propose des applications qui permettent de lire des magazines sur tablette, Smartphone, etc. Mon travail consiste à observer le comportement des utilisateurs, à les analyser grâce à des logiciels très performants, puis à les synthétiser. Ensuite je transmets les infos à d'autres services, par exemple aux designers et développeurs afin qu'ils améliorent l'application en rajoutant des fonctionnalités. Sur une application comme celles vendues sur l'Apple Store, on gère pas moins de 30 millions de données en un mois ! Autant dire qu'il faut aimer les chiffres et l'informatique ! »*

**C'est le job « le plus sexy du XXI^e^ siècle », selon la *Harvard Business Review*. Et les entreprises s'arrachent ces moutons à 5 pattes, qu'elles paient très bien (entre 3 000 et 4 000 € à l'embauche).**

## Où travaille-t-il ?

C'est LE métier qui monte chez les géants du Web comme chez les start-up. Mais on le retrouve aussi dans la finance, l'informatique, l'assurance, l'e-commerce, la grande distribution, l'industrie...

## Quel est son profil ?

Il doit faire preuve de compétences en informatique, statistiques, mais également en marketing puisqu'il doit toujours agir dans une perspective d'amélioration de la performance et de la rentabilité de son entreprise. Le sens des affaires et une bonne aptitude à la communication sont aussi nécessaires.

## Quelle carrière ?

Il peut changer d'agence ou de société et passer d'une start-up à une plus grande entreprise. Il peut aussi évoluer vers un poste de directeur du marketing ou de développeur.

## LES ÉTUDES

**NIVEAU BAC + 5**

- Diplôme d'écoles d'ingénieurs spécialisées en statistiques (ENSAE ParisTech, ENSAI, ISUP, Polytech'Lille) ou généralistes (Centrale, Polytechnique, Telecom ParisTech, Cnam).
- Diplôme d'écoles de commerce, de gestion et marketing (HEC, EM Lyon, ESSEC, Audencia Nantes).

**NIVEAU BAC + 6**

- Une formation Big Data à Grenoble (Ensimag + EMSI).

# GAME DESIGNER

**PAUL GAME DESIGNER CHEZ IVORY TOWER, STUDIO DE JEUX VIDÉO** *« Je suis chargé de concevoir le scénario des jeux, de ses grandes lignes à ses moindres détails. Par exemple, pour renouveler le jeu de voitures The Crew – pour Ubisoft –, on a proposé des épreuves qui permettent d'accéder à des véhicules et à des terrains très variés (villes, montagnes, forêts, plages...). Après la conception du jeu sur papier, on fait les premiers tests aux manettes pour voir s'il est amusant. Il faut qu'il y ait du challenge, mais que les efforts du joueur soient assez récompensés pour qu'il ait envie de continuer. Si c'est trop facile de battre l'ordinateur, ou de jouer en équipe, on fait évoluer les règles. Enfin, on affine les réglages pour éviter chez le joueur toute sensation possible de frustration. »*

## LES ÉTUDES

**NIVEAU BAC + 3**

- Licences pros avec spécialisation en jeux vidéo.

**NIVEAU BAC + 5**

- Diplôme de Supinfogame-Rubika (Valenciennes), Supinfocom-Rubika (Valenciennes, Arles), Beaux-Arts d'Amiens, Pau, Rennes...
- Masters mention jeux et mention médias interactifs numériques (Cnam-ENJMIN, université Poitiers).
- Diplôme d'ingénieur avec spécialisation multimédia, modélisation de l'image (Esil, Ensimag-Grenoble INP...).

## Où travaille-t-il ?

Il travaille chez des éditeurs de jeux vidéo ou des studios de création. Certains sont français et de véritables références mondiales (Ubisoft, Atari, Vivendi...). Mais il en existe aussi à l'étranger dans les pays anglo-saxons (États-Unis, Canada) ou au Japon.

## Quel est son profil ?

Ce métier nécessite une bonne culture générale, de la rigueur, des capacités d'analyse très fines, de la créativité, une présence accrue sur les réseaux sociaux... et une excellente résistance au stress !

## Quelle carrière ?

Il débute souvent comme level designer, celui qui conçoit les décors et l'environnement général du jeu. Après plusieurs années d'expérience, il peut devenir chef de projet, voire directeur de production.

© Philippe Schuller/Signatures

**Pour intégrer cet univers par la petite porte, on peut solliciter des studios pour tester les jeux vidéo en cours de conception.**

# INGÉNIEURE SYSTÈME

**ANNE INGÉNIEURE SYSTÈME CLOUD COMPUTING CHEZ ORANGE BUSINESS SERVICES**

*« L'informatique, c'est encore un monde où on trouve une majorité d'hommes. Aujourd'hui, je travaille en binôme avec un commercial : j'accompagne des entreprises dans la mise en œuvre de solutions pour faire évoluer leur système informatique vers le "cloud computing", cette technologie qui permet de stocker et d'accéder à des documents ou des applications n'importe quand et n'importe où. Pour ma part, j'explique la partie technique des solutions que nous leur proposons. Il n'y a pas longtemps, un client m'a posé mille et une questions pour s'assurer que j'avais les compétences techniques requises. Alors que j'ai dix ans d'expérience ! Je prends cela comme un challenge. Et puis, une fois que les clients s'aperçoivent que je suis aussi compétente qu'eux, ils apprécient d'avoir en face d'eux une femme qui parle le même langage. »*

## LES ÉTUDES

**NIVEAU BAC + 5**

- Diplôme d'ingénieur spécialisé en informatique et réseaux...
- Masters mention informatique, spécialisé cloud computing.

**NIVEAU BAC + 6**

- Mastère spécialisé expert Cloud Computing et SAAS (Software as a Service) de l'ISEP (école d'ingénieurs privée).

## Où travaille-t-il ?

Il peut travailler soit chez les prestataires (éditeurs de logiciels, fournisseurs de plateformes ou d'infrastructures...), soit dans les entreprises ou les administrations qui utilisent ou projettent d'utiliser les services cloud.

## Quel est son profil ?

Polyvalent, il maîtrise aussi bien les algorithmes, la programmation et l'architecture des logiciels que l'animation de réunions, la rédaction de rapports et de documentation. Il doit en outre avoir un certain sens de la pédagogie pour se faire comprendre de tous, et suffisamment de curiosité pour suivre les évolutions de son secteur.

## Quelle carrière ?

C'est un métier tout récent, dont l'avenir n'est pas encore tout à fait dessiné. Mais l'ingénieur peut évoluer vers des postes à responsabilités ou vers des fonctions juridiques ou commerciales.

**Le cloud se généralise dans les entreprises : la demande est donc forte et n'est pas près de s'arrêter, car les techniques évoluent sans cesse.**

© Éric Larrayadieu

# CONSULTANTE EN E-RÉPUTATION

**MANON CONSULTANTE EN E-RÉPUTATION CHEZ MÉDIAVEILLE, AGENCE CONSEIL EN STRATÉGIE WEB** *« Mon travail, c'est de faire de la veille sur Internet. Avec les réseaux sociaux, les internautes s'expriment davantage sur les marques. Et les entreprises se demandent aujourd'hui quelle influence elles peuvent avoir sur ces commentaires. J'ai différents clients – comme des laboratoires pharmaceutiques, des mutuelles, des entreprises du paramédical, etc. – pour lesquels j'analyse en permanence ce qui se dit sur eux sur le Web. Je travaille sur un logiciel de veille auquel j'agrège différents liens (réseaux sociaux, sites d'actualités, forums...). Par exemple, j'ai un client dans le paramédical pour lequel je mène des recherches sur Doctissimo ou Amazon concernant ce qui est dit sur ses produits, son service de livraison, etc. Dès que le logiciel me fait remonter une page, je l'en informe et nous mettons en place une stratégie pour répondre. »*

## Où travaille-t-il ?

Ce métier s'exerce soit dans un cabinet de conseil spécialisé, soit dans une cellule de veille mise en place par une administration ou une grande entreprise. Son périmètre est large : le veilleur peut faire de la veille commerciale, technologique, économique, sociale, financière, concurrentielle, législative, juridique, « réputationnelle » et partenariale.

## Quel est son profil ?

Il doit avoir l'esprit de synthèse car il a beaucoup d'infos à collecter, être pragmatique et savoir trier ces infos, distinguer les sources fiables de celles qui ne le sont pas.

## Quelle carrière ?

Un veilleur e-réputation peut évoluer vers des postes de directeur de la stratégie ou encore de directeur Web et marketing.

**De solides compétences en anglais sont indispensables car la veille s'effectue fréquemment dans un environnement anglophone.**

## LES ÉTUDES

**NIVEAU BAC + 5**

- Masters en intelligence économique, en marketing ou en multimédia.
- Diplôme d'écoles supérieures de commerce.
- Diplôme d'ingénieur.

# DÉVELOPPEUR

**THIBAUT**
**DÉVELOPPEUR CHEZ MILESROCK CONSULTING**

*« Mon travail, c'est de développer – pour des clients ou pour moi – des applications sur le Web. Autrement dit, je concocte des sortes de recettes de cuisine virtuelles exécutées par l'ordinateur, et je programme des robots qui réalisent ces recettes. Par exemple, j'ai créé Rushout, une application Web et mobile qui trouve et réserve des sorties recommandées exclusivement par des "influenceurs" et passionnés (artistes, blogueurs, médias, experts...). Pour cela, j'ai inventé une recette sur mesure qui permet à l'ordinateur d'aller quotidiennement sur tous ces sites pour récupérer les infos et envoyer automatiquement celles qui intéressent l'internaute. Concrètement, j'ai défini les lignes de code informatique, c'est-à-dire les ordres que va comprendre l'ordinateur. »*

**Actuellement, les entreprises françaises ont du mal à recruter des développeurs, notamment les spécialistes des langages Javascript, iOS, Python et Ruby.**

## Où travaille-t-il ?

Il exerce son métier dans diverses structures, qu'il s'agisse d'ESN (entreprise de services du numérique), d'agences Web, de DSI (direction des systèmes d'information) de grandes entreprises, ou encore en freelance.

## Quel est son profil ?

Il doit être rigoureux, organisé et avoir de bonnes méthodes de travail, mais aussi une aptitude à travailler en équipe, en étant rapide et réactif. Pour devenir un pro dans ce domaine, il doit aussi faire de la veille et s'autoformer aux nouvelles pratiques en permanence. Enfin l'anglais (au minimum la compréhension écrite) est indispensable.

## LES ÉTUDES

**NIVEAU BAC + 3**

- Licence pro mention métiers de l'informatique : développement d'applications ou développement Internet et Intranet...

**NIVEAU BAC + 5**

- Masters mention informatique axé sur le développement d'applications.
- Diplôme d'écoles d'ingénieurs et applications sur plateformes mobiles ou développement logiciel, diplômes d'ingénieurs (Ensimag, EPSI, EPITA, ISEP, INSA...) ou d'écoles spécialisées en informatique (Epitech, Supinfo).

## Quelle carrière ?

Il peut devenir chef de projet ou cadre en développement. Le milieu de l'expertise technique lui est aussi accessible en tant qu'administrateur de systèmes, de réseaux ou de bases de données... Autres possibilités : devenir consultant logiciel au sein d'un cabinet ou ingénieur technico-commercial.

# WEBPLANNER

**EMMANUELLE WEBPLANNER CHEZ YOUZWEB, AGENCE DE CONSEIL EN MARKETING WEB** « *Mon travail consiste à aider des entreprises (e-commerçants, compagnies d'assurances, banques, etc.) à avoir plus de visibilité sur le Web, et de trafic sur leur site. Dans un premier temps, j'analyse le site du client de façon à observer le profil des visiteurs, le trafic et le contenu, regarder s'il s'affiche dans les premières réponses sur les sites de recherche ou pas, etc. Puis je propose un plan d'actions selon le budget du client. Par exemple, pour améliorer le classement de son site sur Google, je lui propose de travailler sur le référencement naturel en multipliant sur son site les mots-clés reconnus facilement par Google. Je peux aussi lui proposer un référencement payant. Pour augmenter le trafic sur un site, je propose aussi d'autres leviers : achat de bannières sur des sites proches du sien, achat d'adresses e-mails pour envoyer des pubs à de potentiels clients, campagnes de pub sur les réseaux sociaux, etc.* »

**C'est un métier dans lequel il faut aimer les chiffres.**

## LES ÉTUDES

**NIVEAU BAC + 5**

- Master sen marketing et stratégie, en communication.
- Diplôme d'une école de communication (Celsa, Iscom).
- Diplôme d'écoles de commerce avec une spécialité e-business.

## Où travaille-t-il ?

Il exerce son métier chez des pures players de l'Internet (c'est-à-dire des entreprises qui exercent leur activité commerciale uniquement en ligne, sur Internet) ; des grands annonceurs ou en agence interactive.

## Quel est son profil ?

Il faut être à la fois un bon communicant et un bon négociateur. Curieux, passionné par l'innovation et les évolutions du Web, le webplanner doit se montrer réactif et intuitif.

## Quelle carrière ?

Il peut évoluer vers le management d'une équipe de webplanners ou vers une fonction marketing pour un site Web.

TEST

# Es-tu fait pour ce secteur ?

**1 – UN DIMANCHE PLUVIEUX...**

- ● Tu bidouilles ton téléphone portable pour en faire une bête de course.
- ▲ Tu essaies de dessiner ton personnage de BD préféré.
- ■ Tu bouquines encore et encore.

**2 – UN DEVOIR À FAIRE CHEZ TOI DANS L'URGENCE.**

- ● Ça te booste, pas de problème.
- ■ Tu stresses, tu ne sais par où commencer.
- ▲ Tu mets de la musique pour te détendre.

**3 – LA DERNIÈRE CHOSE SUR LAQUELLE TU AS CRAQUÉ...**

- ● La dernière vidéo de Norman.
- ▲ Le dernier Astérix.
- ■ Le dernier Hunger Games.

**4 – INSTALLER OPEN SOURCE SUR TON ORDINATEUR...**

- ▲ Tu penses pouvoir t'en sortir.
- ■ Quel intérêt ?
- ● Tu l'as déjà fait.

**5 – QUEL ADJECTIF TE CORRESPOND LE PLUS ?**

- ■ Rêveur.
- ▲ Créatif.
- ● Innovant.

**6 – LES NOUVELLES TECHNOLOGIES (DRONES, OBJETS CONNECTÉS) :**

- ● Cela te passionne !
- ▲ Cela t'intéresse pour jouer !
- ■ Tu ne vois pas trop l'intérêt.

**7 – TON ORDINATEUR PLANTE...**

- ● Tu bidouilles jusqu'à trouver la panne.
- ■ Tu appelles vite tes parents au secours.
- ▲ Tu vas chercher la solution sur des forums.

**8 – ON TE SOLLICITE POUR PARTICIPER À LA CRÉATION DU JOURNAL EN LIGNE DE TON ÉTABLISSEMENT :**

- ▲ Tu te proposes pour créer la charte graphique.
- ■ Tu te proposes pour écrire des articles.
- ● Tu te proposes pour développer les différentes fonctionnalités du site.

**9 – TON APPLICATION PRÉFÉRÉE :**

- ▲ GameSalad pour créer ton jeu vidéo.
- ■ Short Edition pour pouvoir lire des poèmes, nouvelles, BD...
- ● Lightbot pour découvrir la programmation en t'amusant.

**10 – TU AIMES TRAVAILLER :**

- ■ À la bibliothèque, au calme.
- ● Sur ton ordinateur, seul dans ta chambre.
- ▲ N'importe où pourvu que tu aies de la musique.

**FAIS LE TOTAL DE TES POINTS POUR CHAQUE SIGNE ET REPORTE-TOI AUX RÉPONSES.**

## MAJORITÉ DE ●

Ouvrir ton portable, ton téléphone, tu adores. Tu es rigoureux, méthodique, et adaptable. Tu aimeras développer des sites Web, des applications en ligne et des interfaces Web et mobiles, gérer des bases de données, etc. Vise des études longues, et tu seras sûr de trouver un bon poste !

## MAJORITÉ DE ▲

Plutôt créatif, avec un sens de l'esthétique et visuel, tu sais aussi faire preuve de rigueur, tu es réactif, et tu te lies facilement. Tu t'épanouiras dans les métiers des jeux vidéo, si tu sais te montrer assez motivé pour te faire une place dans ce milieu.

## MAJORITÉ DE ■

L'informatique, les journées devant l'ordinateur, les lignes de codes, les algorithmes, ce n'est absolument pas ton truc, même si tu es rigoureux, méthodique, bon communicant... Vise plutôt un autre secteur pour t'épanouir.

# Quel métier du web te correspondrait le plus ?

**1 – UN WEEK-END À LONDRES T'EST OFFERT SI TU PEUX PARTIR DANS L'HEURE...**

- ● Tu fais ton sac en 3 minutes et tu sautes dans un bus direction l'aéroport.
- ▲ Tu prépares ce dont tu as besoin... un jean, deux tee-shirts et deux paires de chaussettes. De toute façon, en taxi, tu arriveras vite à l'aéroport.
- ■ Tu files à l'aéroport avec ta carte d'identité. Pour les fringues, au besoin, tu feras du shopping.

**2 – POUR OCCUPER TON TEMPS LIBRE, TU AS PLUTÔT TENDANCE À...**

- ▲ Bricoler, et ainsi apprendre de nouvelles techniques.
- ■ Faire des activités manuelles : cuisine, dessin...
- ● Militer dans une association : tu veux défendre ardemment une cause.

**3 – INTERRO SURPRISE. COMMENT RÉAGIS-TU ?**

- ■ Pas trop mal... tu comptes sur l'effet « adrénaline » du stress pour te booster..
- ▲ Pas très bien... tu respires profondément pour parvenir à retrouver ton calme.
- ● Bien... pourquoi stresser, ça ne sert à rien ?!

**4 – DANS UN MAGASIN DE FRINGUES, TU TE DIRIGES VERS...**

- ■ Les plus originales.
- ● Les fringues « tendance ».
- ▲ Les fringues les plus pratiques pour être à l'aise.

**5 – TU T'ENTHOUSIASMES LE PLUS SOUVENT POUR...**

- ● La dernière vidéo qui fait le buzz sur YouTube.
- ▲ Un nouveau logiciel.
- ■ Le blog de ton dessinateur BD préféré.

**6 – TES COPAINS DISENT DE TOI QUE TU ES...**

- ■ Plein d'imagination.
- ▲ Serviable.
- ● Super-tendance.

**7 – FÊTE DE FIN D'ANNÉE AVEC TES COPAINS. TU T'OCCUPES...**

- ▲ De la sono.
- ● De lancer les invitations.
- ■ De trouver le thème de la soirée.

**8 – DANS UN MAGAZINE, TU LIS EN PREMIER...**

- ● Le dossier qui fait la une.
- ■ Les infos qui font le buzz.
- ▲ Les articles scientifiques.

**9 – VOYAGE À BERLIN AVEC TA CLASSE...**

- ● Tu négocies pour avoir un après-midi de libre.
- ■ Tu t'évades discrètement, pour observer la ville et ses habitants.
- ▲ Le programme te convient, pas besoin de risquer de se perdre loin des autres.

**10 – TU ES SORTI DANS L'URGENCE, ET IL PLEUT...**

- ▲ Tu as toujours un parapluie avec toi.
- ■ Tiens, si tu prenais une photo de tous ces parapluies déployés !
- ● Tu comptes sur un de tes amis pour t'abriter...

**FAIS LE TOTAL DE TES POINTS POUR CHAQUE SIGNE ET REPORTE-TOI AUX RÉPONSES.**

## MAJORITÉ DE ●

Tu serais à l'aise dans les métiers du business et du marketing. Tu sais communiquer, tu es à l'aise avec l'idée de vendre. Tu es capable de t'adapter, et réagis très vite. Tu serais à ta place dans le milieu du business et du marketing Internet, de l'e-commerce, la communication, le webmarketing : par exemple tu pourrais devenir traffic manager, community manager, référenceur...

## MAJORITÉ DE ▲

Tu sembles avoir une personnalité compatible avec les métiers du développement et des technologies Web. Tu aimes comprendre comment fonctionnent les objets technologiques, tester de nouvelles applis. Sérieux, organisé, mais curieux, tu pourrais sans doute t'éclater comme développeur Web, développeur multimédia et mobile, ou gestionnaire de bases de données.

## MAJORITÉ DE ■

Tu es fait pour les métiers de la création et du design Web. Tu es un créatif, avec une sensibilité graphique et visuelle, de l'imagination et tu as un bon relationnel. Mais comme tu sembles aussi faire preuve de rigueur, tu serais capable de gérer des urgences. En bref, tu es fait pour les métiers de la création et du design comme graphiste, webdesigner...

IDÉES EN +

# D'autres idées dans ce secteur...

## CONSULTANTE EN E-RÉPUTATION

- COMMUNITY MANAGER
- CHEF DE PROJET E-CRM
- DIRECTEUR MARKETING
- DIRECTEUR WEB

## WEBPLANNER

- RESPONSABLE/ DIRECTEUR MARKETING
- DÉVELOPPEUR WEB
- RESPONSABLE E-BUSINESS
- CONSULTANT WEB ANALYTICS
- CONSULTANT INTERACTIF
- CHEF DE PROJET WEB

## INGÉNIEUR SYSTÈME

- INGÉNIEUR RÉSEAU
- CHIEF DATA OFFICER
- DATA SCIENTIST
- DATA PROTECTION OFFICER
- DÉVELOPPEUR INFORMATIQUE
- DÉVELOPPEUR WEB
- CHEF DE PROJET INFORMATIQUE

## RESPONSABLE DE L'ANIMATION

- DIRECTEUR ARTISTIQUE 3D
- GAME DESIGNER
- GRAPHISTE ILLUSTRATEUR 2D/3D
- GRAPHISTE MULTIMÉDIA
- LEVEL DESIGNER
- MODELEUR 3D
- RÉALISATEUR 3D
- SCRIPT DE JEUX VIDÉO
- TESTEUR DE JEUX VIDÉO

## INGÉNIEUR HARDWARE

- INGÉNIEUR ÉLECTROTECHNICIEN
- INGÉNIEUR R&D
- INTÉGRATEUR EN PRODUCTION ÉLECTRONIQUE
- INGÉNIEUR SYSTÈME

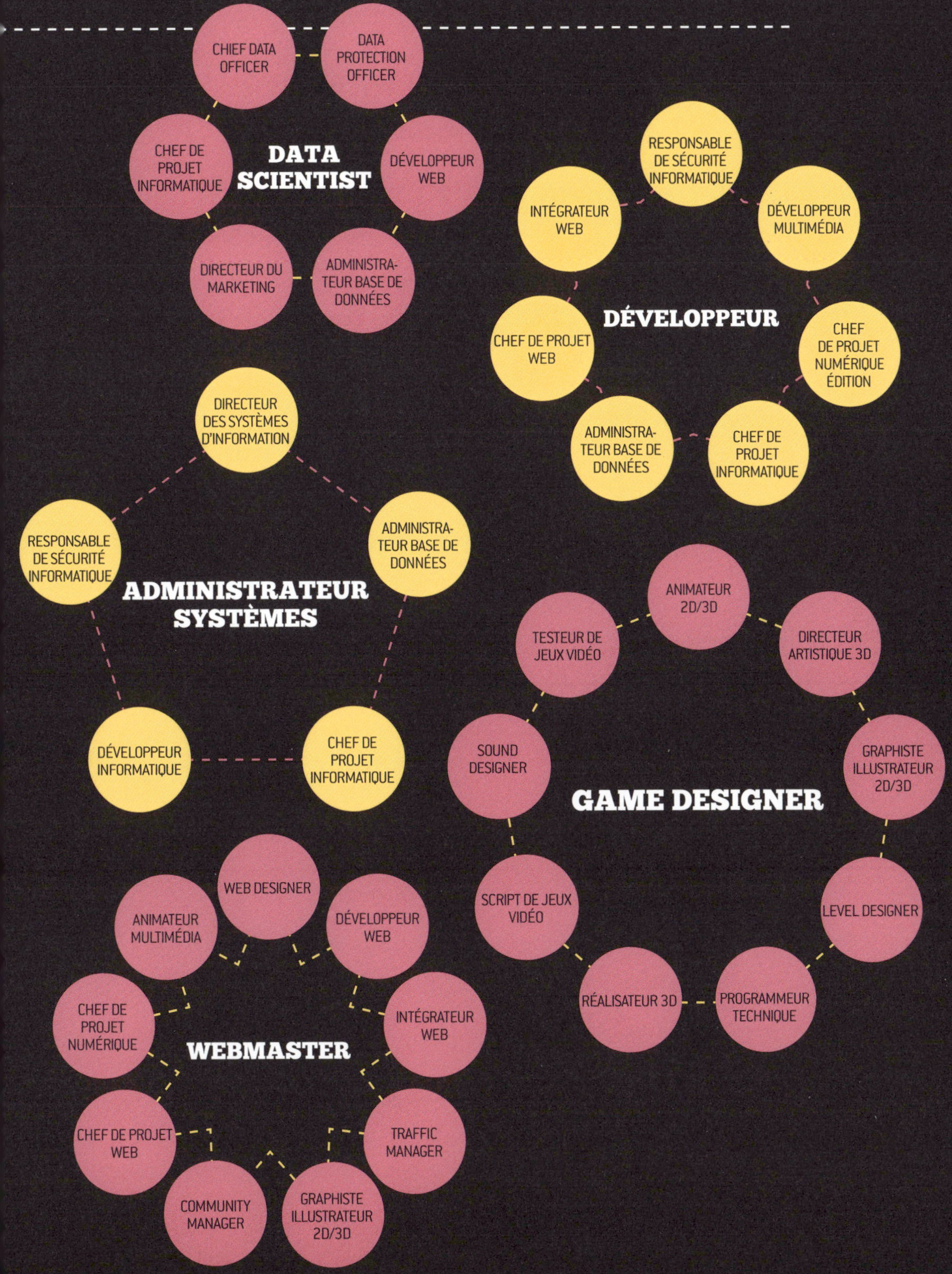
DATA SCIENTIST
CHIEF DATA OFFICER
DATA PROTECTION OFFICER
DÉVELOPPEUR WEB
ADMINISTRATEUR BASE DE DONNÉES
DIRECTEUR DU MARKETING
CHEF DE PROJET INFORMATIQUE
DÉVELOPPEUR
RESPONSABLE DE SÉCURITÉ INFORMATIQUE
DÉVELOPPEUR MULTIMÉDIA
CHEF DE PROJET NUMÉRIQUE ÉDITION
CHEF DE PROJET INFORMATIQUE
ADMINISTRATEUR BASE DE DONNÉES
CHEF DE PROJET WEB
INTÉGRATEUR WEB
ADMINISTRATEUR SYSTÈMES
DIRECTEUR DES SYSTÈMES D'INFORMATION
ADMINISTRATEUR BASE DE DONNÉES
CHEF DE PROJET INFORMATIQUE
DÉVELOPPEUR INFORMATIQUE
RESPONSABLE DE SÉCURITÉ INFORMATIQUE
GAME DESIGNER
ANIMATEUR 2D/3D
DIRECTEUR ARTISTIQUE 3D
GRAPHISTE ILLUSTRATEUR 2D/3D
LEVEL DESIGNER
PROGRAMMEUR TECHNIQUE
RÉALISATEUR 3D
SCRIPT DE JEUX VIDÉO
SOUND DESIGNER
TESTEUR DE JEUX VIDÉO
WEBMASTER
WEB DESIGNER
DÉVELOPPEUR WEB
INTÉGRATEUR WEB
TRAFFIC MANAGER
GRAPHISTE ILLUSTRATEUR 2D/3D
COMMUNITY MANAGER
CHEF DE PROJET WEB
CHEF DE PROJET NUMÉRIQUE
ANIMATEUR MULTIMÉDIA

# MÉDICAL, PARAMÉDICAL, SOCIAL

*La santé, physique comme mentale, est indispensable à l'épanouissement de chacun. C'est tout l'objectif des métiers du médical, paramédical et social : aider les personnes à se sentir mieux. Des métiers pour lesquels le travail ne manque pas ! La France recrute des médecins généralistes, des ophtalmologistes, des anesthésistes, des aides-soignants, des kinés, des éducateurs spécialisés, des assistantes maternelles, des professionnels de l'action sociale, etc. Mais, en plus d'une formation souvent très réglementée, ces métiers exigent une sacrée dose de motivation. En effet, les professionnels de ces secteurs ne comptent pas leurs heures de travail et sont souvent confrontés à des situations difficiles (maladies, décès, précarité, etc.).*

## L'ŒIL DU PRO

S'il est une population porteuse dans les années à venir, c'est celle dite du « grand âge ». La France compte déjà davantage de personnes de plus de 60 ans que de moins de 20 ans. Et cette tendance va s'accélérer du fait de l'augmentation de l'espérance de vie. Autant dire qu'il va falloir des professionnels pour s'occuper d'eux : des soignants, bien sûr, et des aides à domicile, des aides médico-psychologiques, des animateurs, des psychologues, des ergothérapeutes, etc.

*Cote du secteur*

*Coût des études*

*Niveau de formation*

*Salaires*

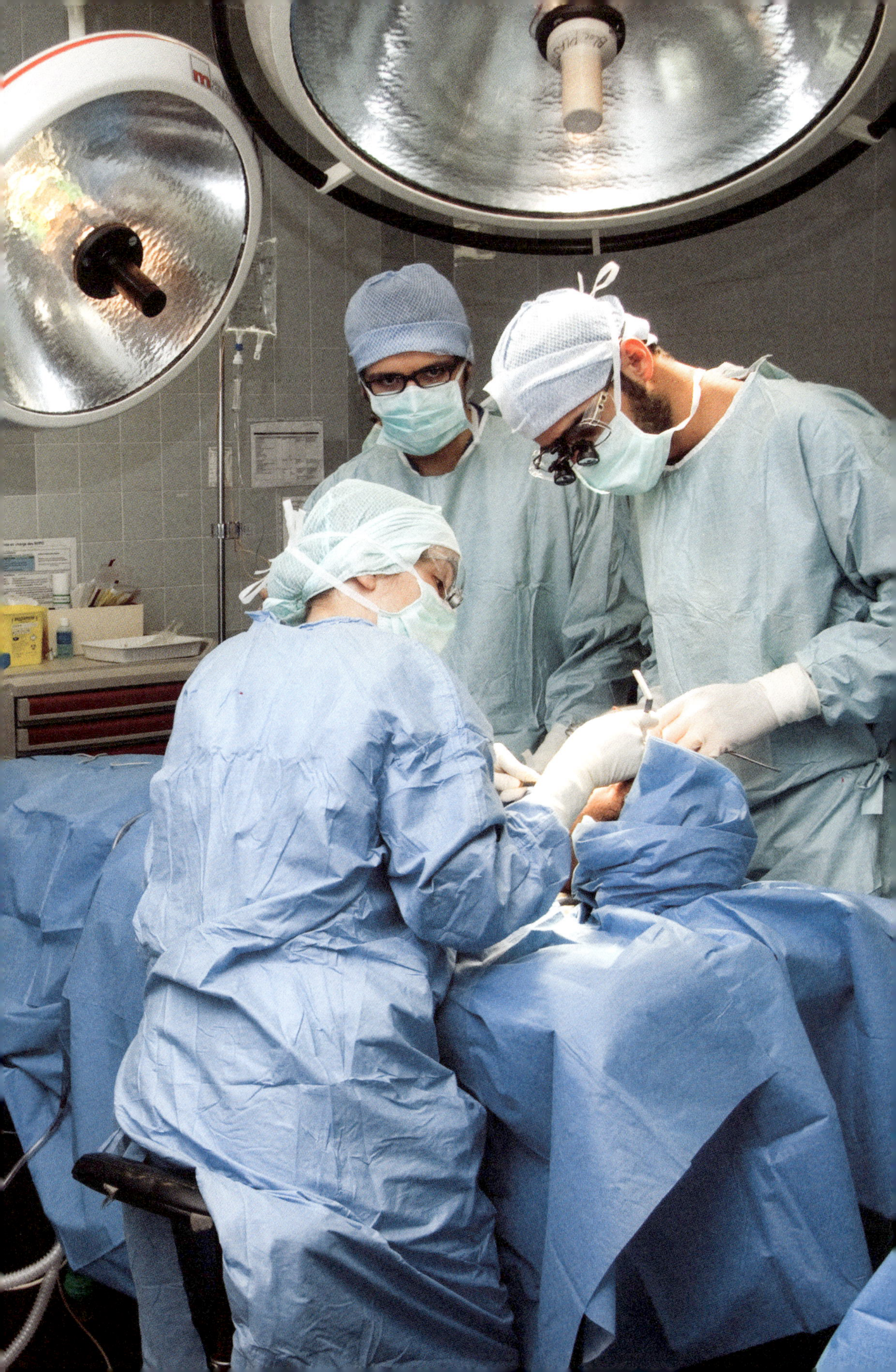

# ORTHOPTISTE

## CHRISTINE

**ORTHOPTISTE À MONTROUGE**

*« Je suis la kiné des yeux ! Dans mon cabinet, je reçois aussi bien des bébés que des adultes, pour les troubles de la vision. Ceux-ci peuvent être simples (fatigue visuelle, strabisme…) ou plus complexes (liés à des maladies neurologiques comme les AVC ou à la dégénérescence maculaire, une maladie de l'œil chez les personnes âgées). Pour les bébés, on vient très souvent me voir pour un strabisme. Après un bilan, je fais faire une gym des yeux en faisant travailler l'œil malade à l'aide de crayons. Parfois, chez les enfants plus âgés, je travaille sur des troubles visuels associés à des difficultés d'apprentissage, ou de lecture. »*

**Quatre-vingt-dix pour cent des orthoptistes sont des femmes.**

## Où travaille-t-il ?

Près de 80 % travaillent en libéral, dans leur cabinet. Les autres sont salariés dans un hôpital ou dans un centre de soins… À savoir, les grandes villes sont saturées et s'installer n'est pas facile, d'autant que le matériel coûte cher. Dans les années à venir, en raison de la pénurie des ophtalmologues, ils vont être amenés à prendre comme patients des personnes ne présentant pas de pathologie complexe.

## Quel est son profil ?

Des qualités humaines et relationnelles, ainsi que le sens de l'écoute, sont indispensables tout comme la rigueur et la précision technique. Il faut également être patient et dynamique afin de donner confiance aux patients et obtenir de bons résultats.

## Quelle carrière ?

Il peut se spécialiser dans certaines maladies ou dans certaines techniques de rééducation. Après quatre ans de pratique, il est possible de préparer le diplôme de cadre de la santé pour diriger un service ou former de futurs collègues.

## LES ÉTUDES

**NIVEAU BAC + 3**

Pour exercer ce métier, il faut avoir le certificat de capacité d'orthoptiste. Ce diplôme se prépare en trois ans dans un des 15 établissements dépendant des facultés de médecine. Ces professionnels bénéficient depuis 2015 d'un numerus clausus original : il fixe en effet un seuil minimal d'étudiants à former plutôt qu'un nombre maximal. En 2017, 369 places ont été ouvertes au concours, elles devraient ensuite passer à 500.

# ÉDUCATRICE SPÉCIALISÉE

**Environ 80 % des 55 000 éducateurs spécialisés sont employés par des associations. Et il n'y a pas assez de diplômés pour couvrir les besoins de la profession.**

## LES ÉTUDES

**NIVEAU BAC + 2**

- Pour exercer ce métier, il faut avoir le diplôme d'État d'éducateur spécialisé (DEES), qui se prépare en trois ans après le bac (même s'il est reconnu au niveau bac + 2), dans une école agréée par le ministère des Affaires sociales.
- On peut aussi passer le DUT carrières sociales, option Éducation spécialisée puis suivre une année complémentaire pour obtenir le DEES.

## HÉLÈNE

**ÉDUCATRICE SPÉCIALISÉE AU SERVICE D'AIDE SOCIALE À L'ENFANCE DU PLESSIS-ROBINSON**

*« Je m'occupe d'enfants qui nous sont confiés après une décision du juge. Je dois leur trouver un lieu d'hébergement (foyer, famille d'accueil, etc.) selon leur profil : un ado violent ne sera pas placé dans un lieu de vie (mixte entre le foyer et la famille d'accueil) mais dans un foyer spécialisé dans les problèmes de violence, ou en psychiatrie ; puis je m'occupe de leur orientation scolaire. Quelle que soit la problématique, je dois essayer de maintenir le lien avec les parents, en servant de médiatrice lors de rencontres avec leurs enfants. Enfin, je peux être amenée à débloquer des aides financières, ou faire des enquêtes concernant des enfants que, par exemple, les enseignants suspectent d'être en danger. Je rencontre les enfants, les parents, les enseignants. Parfois j'oriente l'enfant vers un psy, fais un signalement au procureur de la République... »*

### Où travaille-t-il ?

Le lieu de travail varie d'un éducateur à l'autre. Certains œuvrent en milieu fermé : foyers d'accueil pour enfants et jeunes inadaptés, instituts médico-éducatifs, ateliers protégés, hôpitaux de jour... D'autres travaillent en milieu ouvert : clubs de prévention, centres sociaux, etc.

### Quel est son profil ?

L'écoute, l'empathie sont indispensables pour ce métier. Il faut savoir comprendre les gens mais également être doté d'un solide équilibre psychologique pour faire face à des situations souvent dramatiques et toujours complexes.

### Quelle carrière ?

Il peut évoluer vers les postes de directeur d'un établissement social privé, de délégué à la tutelle, de conseiller conjugal et familial, de conseiller technique, de responsable d'une circonscription d'action sociale.

# ORTHOPHONISTE

## MICHÈLE

**ORTHOPHONISTE À MONTROUGE**

*« Dans l'imaginaire, l'orthophoniste rééduque les enfants. C'est vrai que j'en reçois beaucoup qui sont en retard pour apprendre à parler ou à lire, qui bégaient ou ont des troubles "logico-mathématiques" : ils ont du mal à résoudre des problèmes, à apprendre leurs tables de multiplication... C'est important d'établir un climat de confiance pour qu'ils relaient les actions de rééducation. Et il faut être inventif, entrer dans l'univers de l'enfant pour lui proposer des exercices ludiques et concrets. Un tiers de mes patients sont des adultes, ayant notamment des maladies neurologiques (Parkinson, Alzheimer, sclérose en plaques...). Dans le cas d'Alzheimer, on travaille sur la mémoire en faisant des exercices selon les centres d'intérêt du malade. C'est très dur car, souvent, je les accompagne jusqu'à la fin de leur vie. »*

© Pauline Le Goff

**Les orthophonistes sont sollicités par le gouvernement pour lutter contre les troubles du langage, l'illettrisme, ou la maladie d'Alzheimer...**

## LES ÉTUDES

**NIVEAU BAC + 5**

Pour exercer ce métier, il faut avoir le certificat de capacité d'orthophoniste. Ce diplôme s'obtient dans un centre de formation généralement rattaché à un CHU (centre hospitalier universitaire). Pour y être admis, la sélection est sévère, le nombre d'étudiants est défini par un numerus clausus. En 2017-2018, 841 postes étaient ouverts au concours.

## Où travaille-t-il ?

Près de 81 % exercent en libéral, dans un cabinet (dont un quart avec d'autres professionnels comme eux). Environ 12 % sont salariés et travaillent au sein de structures variées comme des centres de protection maternelle et infantile, des crèches, des centres médico-psychologiques. Enfin 7 % se partagent entre un cabinet privé et l'hôpital.

## Quel est son profil ?

Il doit avoir un sens de l'écoute très développé et surtout un bon équilibre personnel. Il lui faut, en effet, s'adapter à des maladies très variées, des plus légères aux plus lourdes, qui requièrent patience et compréhension. Plus de neuf orthophonistes sur dix sont des femmes.

## Quelle carrière ?

Un orthophoniste libéral peut se spécialiser : rééducation des troubles consécutifs à des lésions localisées, traitement des surdités, apprentissage de la voie œsophagienne en cas de laryngectomie. S'il travaille en hôpital, après une expérience professionnelle de quelques années, il peut préparer le diplôme de cadre de santé pour diriger une équipe ou former des étudiants.

# ASSISTANTE DE SERVICE SOCIAL

**NOËLLE ASSISTANTE DE SERVICE SOCIAL À L'HÔPITAL ANTOINE-BÉCLÈRE DE CLAMART**

*« Je m'occupe des enfants de 0 à 15 ans, et/ou de leurs parents. Généralement, les équipes soignantes (médecins, psys…) me les envoient lors d'une hospitalisation ou d'une consultation parce qu'elles ont détecté un problème. Il peut s'agir d'une "simple" difficulté de prise en charge par la Sécurité sociale des parents, comme d'une suspicion de maltraitance sur un enfant. Mon travail est alors de trouver des solutions : les aider à remplir des papiers, placer les enfants dans des structures adaptées, trouver un hébergement, mettre en place l'école à domicile, etc. C'est de l'humain, alors chaque histoire est particulière. Le plus difficile ? C'est d'être confronté à des enfants malades, voire à leur décès. Le plus gratifiant, c'est par exemple quand je réussis à reloger une famille de réfugiés avec des enfants dont un malade, ou quand un enfant me remercie de l'avoir placé il y a quelques années. »*

**C'est une profession féminine : on compte un homme pour dix femmes.**

## LES ÉTUDES

**NIVEAU BAC + 2**

- Pour exercer ce métier, il faut avoir le diplôme d'État d'assistant de service social (DEASS). Il se prépare dans 66 établissements (instituts régionaux du travail social, universités…) sur trois ans (même s'il est reconnu au niveau bac + 2).
- Certains IUT (Bobigny, Cholet, Le Havre…) permettent aussi d'obtenir le DEASS en un an après un DUT carrières sociales.

## Où travaille-t-il ?

La moitié travaille dans les conseils généraux où ils interviennent sur une zone géographique donnée (quartier, arrondissement, commune…), auprès d'un public très divers (bénéficiaires du RSA, personnes dépendantes, personnes surendettées ou migrantes…). Les autres sont employés par les municipalités, les établissements scolaires, les hôpitaux, les établissements pénitentiaires, les caisses de Sécurité sociale et de retraite, les caisses d'allocations familiales, les associations du secteur sanitaire et social, et les entreprises.

## Quel est son profil ?

Travaillant au quotidien avec des personnes se trouvant en grande difficulté ou en souffrance… il doit savoir y faire face, mais en sachant néanmoins garder suffisamment de recul pour ne pas s'impliquer personnellement. La patience et la motivation sont indispensables.

## Quelle carrière ?

Il peut devenir directeur d'établissement social, directeur d'établissement sanitaire et social, conseiller territorial socio-éducatif ou médiateur familial.

# ANESTHÉSISTE-RÉANIMATRICE

## MÉRIAM

**ANESTHÉSISTE-RÉANIMATRICE À L'HÔPITAL HENRI-MONDOR, À CRÉTEIL**

*« Pendant mes études de médecine, j'ai eu l'occasion de travailler dans un service de gynécologie. Une expérience qui m'a beaucoup marquée. Lorsqu'on administre une péridurale (anesthésie locale) à des femmes qui s'apprêtent à donner la vie, elles se rendent compte immédiatement du bénéfice de notre geste. Ce qui n'est pas toujours le cas avec des patients "ordinaires"... À l'hôpital Mondor, je suis affectée à la salle de réveil. Pendant au moins deux heures, j'effectue une surveillance complète du patient : je vérifie qu'il n'y a pas de complications, que les douleurs sont bien soulagées, etc. Ce qui me plaît dans ce métier, c'est qu'on s'intéresse à l'ensemble du corps humain. Mais face à une situation d'urgence, il faut pouvoir prendre rapidement les bonnes décisions. »*

## LES ÉTUDES

**NIVEAU BAC + 11**

- 1re année : première année commune des études de santé (PACES).
- 2e et 3e année : formation théorique et pratique, avec des stages dans les hôpitaux.
- De la 4e à la 6e année : acquisition d'une formation médicale complète avec de plus en plus de pratique hospitalière. À l'issue de la 6e année, l'étudiant passe les ECN (épreuves de classement national) et choisit la spécialité anesthésie-réanimation (432 postes offerts en 2018) et la région où il fera son internat.
- L'internat : 5 ans. Il est sanctionné par l'obtention du DES anesthésie-réanimation ou du DESC réanimation médicale.

## Où travaille-t-il ?

L'anesthésiste-réanimateur travaille en hôpital ou en clinique (dans les services de réanimation chirurgicale), dans des centres antidouleur, au Samu ou dans des organismes comme le Raid. S'il est spécialisé en réanimation, il travaille dans le service où sont pris en charge les cas les plus graves...

## Quel est son profil ?

Responsable de la vie de ses patients, il doit être extrêmement rigoureux : un dosage de quelques milligrammes en plus ou en moins peut avoir des conséquences dramatiques. Il doit aussi savoir se montrer réactif face à toute réaction imprévue. Enfin, il doit avoir une forte résistance physique et nerveuse pour assumer des gardes d'une douzaine d'heures d'affilée, plus des astreintes en cas d'urgence.

## Quelle carrière ?

Il peut faire des travaux de recherche pour des universités ou pour l'industrie pharmaceutique, travailler dans un CHU (centre hospitalier universitaire). Il lui est aussi possible de s'engager dans des organisations de santé humanitaires.

**La France manque cruellement d'anesthésistes... à bon entendeur !**

© Jon Ongkiehong

# AIDE SOIGNANTE EN BLOC OPÉRATOIRE

## NADINE

**AIDE-SOIGNANTE EN BLOC OPÉRATOIRE À L'HÔPITAL HENRI-MONDOR, À CRÉTEIL**

*« J'ai toujours voulu aider les autres. Le plus gros de mon travail ? Nettoyer puis décontaminer les instruments qui ont servi à une opération. Ensuite, je les apporte à un service spécial chargé de les stériliser. Avant d'être au bloc opératoire, j'ai travaillé, pendant plusieurs années, dans un autre service de l'hôpital. La relation avec le patient y était différente car elle s'installait plus sur la durée. Ici, on les rencontre une fois lors de l'opération, et c'est tout ! Mais je ne le ressens pas comme une frustration. C'est juste une autre façon d'accompagner les malades. »*

### Où travaille-t-il ?

L'aide-soignant travaille essentiellement dans des établissements hospitaliers, des crèches ou des résidences pour personnes âgées. Dans les années à venir, ce sont d'ailleurs les organismes accueillants des personnes dépendantes qui auront besoin de lui.

### Quel est son profil ?

Il doit être rassurant car, moins impressionnant et plus présent que les médecins ou infirmières, il est souvent choisi par les malades comme confident. L'ordre et la méthode sont aussi indispensables au confort des patients.

### Quelle carrière ?

Après une formation complémentaire, il peut évoluer vers d'autres métiers sociaux ou paramédicaux : assistant dentaire, aide médico-psychologique, moniteur-éducateur, laborantin d'analyses médicales, infirmier.

## LES ÉTUDES

**APRÈS LA 3E**

- Diplôme d'État d'aide-soignant.

**APRÈS UN BAC PRO**

- Avec les spécialités « Accompagnement, soins et service à la personne » (ASSP) et « Services aux personnes et aux territoires » (SAPAT), les candidats sont dispensés de formation et bénéficient d'une procédure de sélection particulière sur dossier puis entretien.

**Chaque année, 10 000 postes se libèrent en France. Il ne rencontre donc aucun problème pour trouver un emploi.**

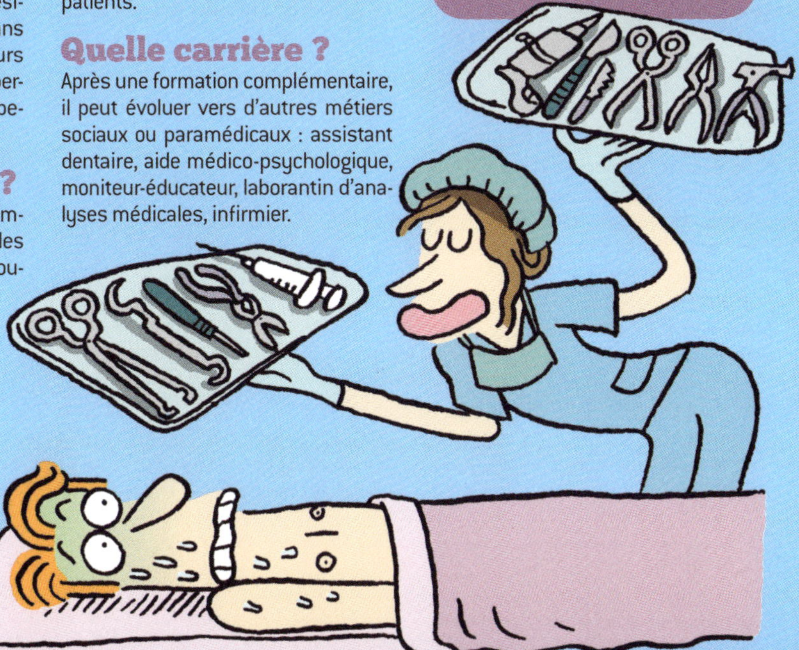

# SAGE-FEMME

**YANN** SAGE-FEMME À L'HÔPITAL NECKER, À PARIS

*« Souvent, quand je me présente comme sage-femme, on me dit : "Ah ! Un homme sage !", comme si le mot "femme" n'était pas approprié parce que je suis un homme… Or, étymologiquement, le terme sage-femme veut dire "un sage qui a la connaissance d'une femme". Les sages-femmes font des suivis de grossesses, des accouchements, des suites de couches, des échographies, de l'acupuncture… C'est un métier médical au même titre que chirurgien ou médecin avec des responsabilités importantes… Moi, je dois souvent montrer patte blanche, notamment auprès des papas, parfois surpris. Mais, en expliquant les choses, ça passe très bien. Actuellement, je suis dans un service de grossesses à haut risque (femmes menacées d'accouchement prématuré, ou d'interruption médicale de grossesse…) où le côté relationnel est primordial. Il faut expliquer la situation aux mères, les surveiller, les rassurer. En plus du suivi médical, je dois faire preuve de sensibilité et d'écoute… »*

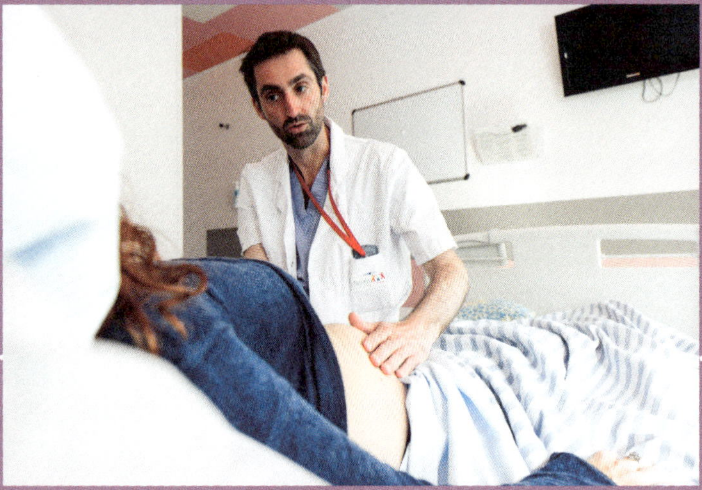



**Parmi les sages-femmes, 2 % sont des hommes (des maïeuticiens).**

## Où travaille-t-il ?

Près des trois quarts travaillent à l'hôpital ou dans une clinique privée. Mais, ils sont de plus en plus nombreux à exercer en libéral, dans un centre de PMI (protection maternelle et infantile) ou de planification familiale. Dans ce cas, ils font davantage de la prévention et de la pédagogie.

## Quel est son profil ?

C'est un métier à hautes responsabilités car la sage-femme donne la vie, mais il lui arrive aussi de côtoyer la mort. Une grande stabilité émotionnelle est indispensable. Ajoutons qu'il faut être résistant en raison des horaires irréguliers, des gardes de nuit et du stress.

## Quelle carrière ?

La France manque de sages-femmes. Pourtant, la profession ne propose qu'environ 1 000 places au concours des écoles chaque année. Après quelques années d'activité et une formation spécifique (master en santé publique, management et ingénierie de la santé, biologie…), une sage-femme peut s'orienter vers la recherche, l'enseignement ou un poste d'encadrement dans un service hospitalier, un centre de PMI…

## LES ÉTUDES

**NIVEAU BAC + 5**

- 1re année : première année commune des études de santé (PACES).
- 2e, 3e, 4e et 5e année : formation théorique et pratique dans l'une des 38 écoles de sages-femmes agréées par les régions (dont 2 écoles privées payantes), pour obtenir le DE (diplôme d'État) de sage-femme.

# ASSISTANT MATERNEL

**DAVID ASSISTANT MATERNEL À LA PETITE TRIBU** *« Je suis assistant maternel dans une maison d'assistants maternels (MAM). C'est un vrai travail d'équipe : les parents signent un contrat avec l'un des trois assistants maternels, et nous nous occupons des enfants conjointement tous les trois. Même si je suis un homme, je sais donner le biberon, changer les couches… La seule chose avec laquelle je ne suis pas encore très à l'aise, c'est le lavage de nez ! Les enfants m'acceptent très vite. D'autant que je suis un peu clown, je fais des blagues. Mes collègues apprécient ma complémentarité : je m'occupe beaucoup des activités en extérieur (jeux de ballon, balades). »*

## Où travaille-t-il ?

La plupart des assistantes maternelles – la profession est féminine à 98 % – travaillent en tant qu'indépendantes, à leur domicile, et sont payées directement par les parents. Idem si elles travaillent au sein d'une maison d'assistantes maternelles (MAM). Elles peuvent aussi être employées par une crèche familiale (dans ce cas, elles sont payées par la municipalité).

**D'ici 2020, le nombre d'assistantes maternelles devrait augmenter pour répondre aux besoins encore insatisfaits de prise en charge des jeunes enfants.**

## Quel est son profil ?

La patience est la vertu première à posséder. L'autorité est une qualité complémentaire. Il faut aussi faire preuve d'empathie (un enfant a besoin de se sentir compris), de diplomatie (aussi bien envers les enfants que leurs parents) et de pédagogie.

## Quelle carrière ?

Un diplôme permet d'accéder à d'autres professions du secteur comme auxiliaire de puériculture.

## LES ÉTUDES

**NIVEAU CAP**

- Pour exercer, il faut obtenir l'agrément du conseil général, puis suivre une formation de 120 heures. Aucune condition de niveau d'études n'est imposée.
- Les titulaires du CAP petite enfance ou du diplôme d'État d'auxiliaire de puériculture sont dispensés de cette formation.

# MÉDIATRICE FAMILIALE

## KARINE MÉDIATRICE FAMILIALE À L'ESPACE FAMILLE MÉDIATION DE L'ASSOCIATION OLGA-SPITZER

*« Mon quotidien, c'est de gérer les conflits au sein des familles. La plupart des personnes qui viennent me voir sont des couples au bord de la séparation ou déjà divorcés. Si les personnes viennent en amont de leur séparation, je mets généralement en place quatre à six séances de médiation pendant lesquelles les deux parties expriment leurs problèmes, leurs attentes, leurs besoins... Puis je tente de rétablir le dialogue et de trouver un accord, en cas de séparation effective, sur la garde des enfants, les questions financières, etc. Parfois, des grands-parents me sollicitent parce qu'ils ne voient plus leurs petits-enfants, ou une fratrie qui n'est pas d'accord sur les décisions à prendre concernant leurs parents qui ont perdu leur autonomie... »*

## LES ÉTUDES

**NIVEAU BAC + 2/3**

Le diplôme d'État de médiateur familial est obligatoire. Les candidats doivent être titulaires d'un diplôme de travail social ou paramédical (préparé en deux ou trois ans après le bac) ou d'un diplôme de niveau bac + 3 (de type licence) dans les disciplines juridiques, psychologiques ou sociologiques.

### Où travaille-t-il ?

Le médiateur familial travaille surtout dans le milieu associatif : école des parents et des éducateurs, union départementale des associations familiales, associations de sauvegarde de l'enfance et de l'adolescence... Ou dans des organismes publics ou parapublics comme les CAF (caisses d'allocations familiales) ou des collectivités locales et territoriales (mairies, conseils généraux).

### Quel est son profil ?

Il faut évidemment un grand sens de l'écoute et de la diplomatie. Il doit être capable aussi de s'adapter et de s'adresser à des publics d'âge et de milieu social très variés. Il doit pouvoir faire preuve de recul pour ne pas s'impliquer dans les conflits rencontrés, ce qui implique un bon équilibre émotionnel, car les cas auxquels ils sont confrontés sont souvent difficiles.

### Quelle carrière ?

Il peut évoluer vers des fonctions d'encadrement ou de formation.

**C'est rarement un métier exercé à temps plein : la majorité travaille en parallèle dans les domaines du médico-social, de la psychologie ou de l'accompagnement familial.**

# CHIRURGIEN MAXILLO-FACIAL

## JEAN-PAUL

**CHIRURGIEN MAXILLO-FACIAL À L'HÔPITAL HENRI-MONDOR, À CRÉTEIL**

*« Ce métier, c'est une vraie vocation. À 5 ans, je pratiquais déjà des opérations sur… mes nounours ! Aujourd'hui, je suis spécialiste de la chirurgie plastique du visage, qu'elle soit esthétique ou réparatrice. Contrairement à d'autres disciplines, on ne fait pas qu'agir sur des fonctions : on intervient aussi sur le psychisme. Certains patients ont de vrais complexes et, en les opérant, on les aide à se sentir mieux. En chirurgie, la relation avec le malade est très forte, davantage qu'en médecine : à partir du moment où vous touchez une personne physiquement, vous pouvez être sûr qu'elle reviendra vers vous. Que ce soit pour vous remercier ou se plaindre ! »*

## Où travaille-t-il ?

44 % des chirurgiens exercent leur activité en libéral, contre 35 % avec un statut salarié. À l'hôpital, ils ont le statut de praticien hospitalier, et non celui de fonctionnaire. Près d'un quart ont une activité mixte (à la fois libérale et salariée). Dans certaines spécialités comme la neurochirurgie ou la chirurgie infantile, ils travaillent plus souvent en hôpital. Les chirurgiens esthétiques, les ophtalmologues et les spécialistes en chirurgie orale exercent majoritairement entre cabinet et clinique privée.

## LES ÉTUDES

**NIVEAU BAC + 14**

- 1re année : première année commune des études de santé (PACES).
- 2e et 3e année : formation théorique et pratique, avec des stages dans les hôpitaux.
- De la 4e à la 6e année : acquisition d'une formation médicale complète avec plus de pratique hospitalière. À l'issue de la 6e année, l'étudiant passe les épreuves de classement national et choisit la spécialité en chirurgie (24 postes offerts en 2017 en chirurgie maxillo-faciale) et la région où il fera son internat.
- L'internat : cinq ans au minimum. Les étudiants préparent un DES (diplôme d'études spécialisées) en chirurgie. Une thèse, dans la spécialité du futur chirurgien, est soutenue à la fin de l'internat et débouche sur le diplôme d'État de docteur en médecine, avec mention de la spécialité.

## Quel est son profil ?

Qu'il soit spécialisé en neurochirurgie, urologie, obstétrique, chirurgie osseuse, chirurgie plastique, etc., il est aussi minutieux qu'habile, d'un sang-froid et d'une résistance physique et nerveuse hors du commun. Il ne doit pas avoir peur des responsabilités : après l'intervention, c'est lui qui prescrit les soins et les traitements postopératoires.

## Quelle carrière ?

Il peut diriger un service hospitalier, posséder un cabinet privé et faire des prestations hospitalières, ou bien diriger une clinique.

**Malgré son prestige, la profession peine à attirer des jeunes, en raison sans doute des études longues et du rythme difficile…**

# MASSEUR KINÉSITHÉRAPEUTE

**PIERRE**
**MASSEUR-KINÉSITHÉRAPEUTE À MONTROUGE**

*« Mon but est de faire du bien aux gens ! Je reçois beaucoup de patients qui ont des problèmes de dos. Des ados avec une scoliose à qui je fais faire musculation et assouplissements. Généralement, ils n'aiment pas ça ! Et puis des adultes assis toute la journée derrière un écran avec de mauvaises positions, et qui sont stressés. Je leur fais des massages pour détendre leurs muscles, leur propose des étirements, des exercices d'assouplissement et de musculation. C'est un métier très physique, mais aussi psychologique. Allongés sur ma table, les patients se détendent, et parlent plus facilement. On apprend beaucoup de choses sur leur vie, leur famille, leurs problèmes… »*

## Où travaille-t-il ?

IPrès de 80 % des kinés travaillent en libéral, dans leur cabinet. S'ils interviennent généralement sur ordonnance médicale, on fait aussi de plus en plus appel à eux pour de la remise en forme, de la relaxation, des massages, des drainages lymphatiques… Le vieillissement de la population, l'essor des soins préventifs et esthétiques, les nombreux départs à la retraite du côté des 83 670 kinés actuellement en activité font que la profession va manquer de bras.

## Quel est son profil ?

Il doit faire preuve d'une certaine habileté manuelle et d'une bonne condition physique. Le métier nécessite d'aimer le contact humain, d'avoir des capacités d'observation, d'écoute des patients et d'adaptation à leurs attentes.

**Depuis 2015, le métier est reconnu au niveau bac + 5… les kinés peuvent donc faire de la recherche.**

## Quelle carrière ?

Dans les hôpitaux, après une expérience professionnelle de quatre ans, le masseur-kinésithérapeute peut préparer le diplôme de cadre de santé en un an ou celui de directeur de soins, en deux ans. Il peut aussi se spécialiser : sport, rhumatologie, kinésithérapie respiratoire, ostéopathie… ou même en kinésithérapie équine.

## LES ÉTUDES

**NIVEAU BAC + 5**

- Pour exercer ce métier, il faut avoir le diplôme d'État (DE) de masseur-kinésithérapeute, préparé en quatre ans dans des instituts publics ou privés agréés.
- L'accès à la formation s'effectue après la première année commune aux études de santé (PACES), la première année de licence sciences et techniques des activités physiques et sportives (STAPS), ou une première année de licence dans le domaine sciences, technologies, santé.

Une dizaine d'instituts de formation continuent cependant à recruter sur concours des titulaires du bac.

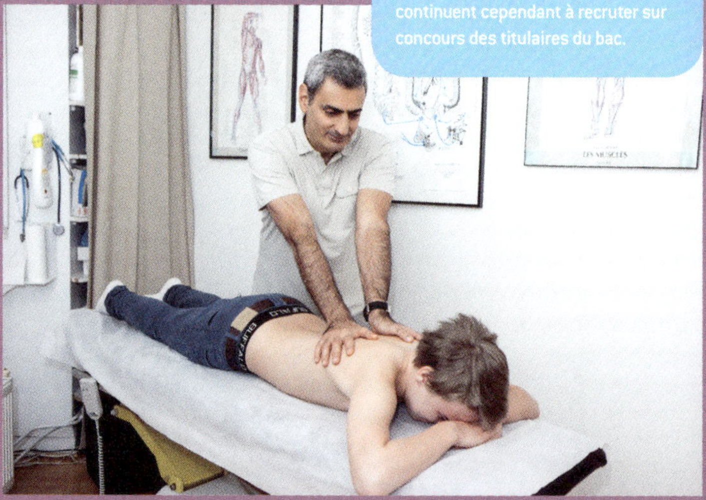

© Pauline Le Goff

# ERGOTHÉRAPEUTE

**MARION ERGOTHÉRAPEUTE À L'EHPAD GÉRÉ PAR L'ASSOCIATION HOSPITALIÈRE DE LA VALLÉE DE L'ORNE** « *Grâce à des techniques de rééducation, j'aide les résidents de l'EHPAD à retrouver l'autonomie et l'indépendance nécessaires à leur vie quotidienne. Par exemple, je leur montre des techniques pour arriver à s'habiller, se laver, se déplacer, manger seuls. Je suis amenée à faire des aménagements dans leur chambre comme placer un fauteuil sur leur chemin comme point d'appui, ou leur trouver des couverts adaptés à leur handicap. J'organise aussi de nombreux ateliers pour stimuler leur mémoire, leur attention, leur langage, etc. Par exemple, des ateliers de pâtisserie au cours desquels ils doivent trouver une recette, ou les ingrédients, ou de réminiscence pendant lesquels je les fais parler de leur enfance, commenter des photos, etc., pour faire travailler la mémoire des personnes atteintes de la maladie d'Alzheimer.* »

## LES ÉTUDES

**NIVEAU BAC + 3**

Le diplôme d'État (DE) d'ergothérapeute est indispensable. Il se prépare en trois ans dans un institut de formation dont le concours d'entrée est accessible soit directement après le bac, soit après la PACES en faculté de médecine.

**Les assurances peuvent solliciter l'ergothérapeute dans le cadre d'expertises pour évaluer un préjudice subi et déterminer les indemnités des personnes handicapées après un accident.**

## Où travaille-t-il ?

Il est salarié, dans toutes les structures où l'on trouve des patients en grande difficulté motrice : centres de soins hospitaliers, cliniques, centres de rééducation et de réadaptation... et, de plus en plus, dans des établissements accueillant des personnes âgées.

## Quel est son profil ?

Quels que soient les patients, il doit être à l'écoute de leurs problèmes et les analyser pour trouver une solution, et patient car les progrès des malades sont parfois très lents ou difficiles à déceler. Enfin, une dose d'ingéniosité et de créativité est précieuse pour concevoir des installations ou des appareils qui améliorent la motricité et l'autonomie des patients.

## Quelle carrière ?

Il peut ouvrir son propre cabinet d'ergothérapeute ou, après une formation complémentaire, évoluer comme expert dans un domaine particulier, cadre de santé, cadre supérieur de santé, directeur de soins, directeur d'établissement... Il peut travailler avec des spécialistes en design industriel, mobilier, en ergonomie, avec des consultants en marketing ou encore des urbanistes pour réfléchir à une meilleure prise en compte des handicapés.

# DIRECTEUR D'EHPAD

**FRÉDÉRIC** **DIRECTEUR D'ÉTABLISSEMENT D'HÉBERGEMENT POUR PERSONNES ÂGÉES DÉPENDANTES GÉRÉ PAR L'ASSOCIATION HOSPITALIÈRE DE LA VALLÉE DE L'ORNE**

*« Ma mission principale est d'accueillir au mieux nos résidents, des personnes âgées et dépendantes, ce qui n'est pas toujours facile puisqu'elles doivent être libres de leurs allées et venues (ce n'est pas une prison)… tout en étant le garant de leur sécurité. Je dois leur proposer un accueil de qualité : cela passe par la sensibilisation à l'accompagnement et à la notion de bientraitance par le personnel. Mais aussi par le développement de projets divers et variés… Avec de petits budgets ; par exemple développer une animation d'art-thérapie, organiser des rencontres intergénérationnelles avec des enfants d'écoles du secteur, ouvrir de nouvelles annexes ou construire un nouveau bâtiment… Autant de projets que je dois ensuite défendre auprès du conseil d'administration. »*

## Où travaille-t-il ?

On retrouve le directeur d'établissement sanitaire et social à la tête de maisons de retraite (publique ou privée) ou d'Ehpad (associatif, public, ou privé).

## Quel est son profil ?

Il doit posséder de grandes qualités relationnelles : écoute des besoins et sollicitations des résidents, compréhension, etc. Une bonne connaissance de l'environnement juridique est aussi indispensable car les réglementations en matière de maison de retraite sont nombreuses et très exigeantes.

**Le directeur d'établissement sanitaire et social dirige une structure de moins de 250 lits, au-delà il s'agit d'un poste de directeur d'hôpital.**

## Quelle carrière ?

On ne débute pas directeur d'Ehpad ou de maison de retraite. Une expérience professionnelle de cinq à dix ans (comme chef de service, directeur adjoint ou cadre de santé), de préférence dans le secteur sanitaire ou médico-social, est la plupart du temps exigée pour occuper ce poste. Il peut devenir, après ancienneté et concours interne, directeur d'un établissement plus important.

## LES ÉTUDES

**NIVEAU BAC + 3**

- Licence (ex. : licences pros intervention sociale spécialité coordonnateur secteur gérontologique ; intervention sociale spécialité responsable de structures sociales et médico-sociales, etc.), puis passer le concours de l'EHESP (École des hautes études en santé publique) pour devenir directeur d'établissement sanitaire, social et médico-social.

Attention : les candidats sont plutôt de niveau bac + 5, voire plus (pharmacien, médecin, etc.).

**NIVEAU BAC + 5**

- Master économie et gestion des établissements sanitaires et sociaux (EGESS)

# INFIRMIÈRE LIBÉRALE

**IRIS INFIRMIÈRE LIBÉRALE À MONTROUGE**

*« Dès 6 heures, je commence ma tournée chez les patients pour faire pansements ou piqûres. Il y a les diabétiques à qui je dois faire une glycémie deux fois par jour ou des personnes âgées à qui j'administre des médicaments. Un lien se crée, notamment avec ces dernières qui, souvent, ne voient que moi dans la journée. Mon rôle va au-delà de la simple administration de médicaments. Si quelque chose cloche chez un patient, je peux appeler sa famille et/ou son médecin traitant, voire demander à le faire hospitaliser. En milieu de journée, je reçois des patients sur rendez-vous à mon cabinet pour des pansements, des piqûres, des vaccins comme celui de la grippe. Ce sont des clients ponctuels. Après, je recommence mes visites à domicile jusqu'à tard le soir. »*

## LES ÉTUDES

**NIVEAU BAC + 3**

Le diplôme d'État (DE) d'infirmier, délivré par les 336 IFSI (instituts de formation aux soins infirmiers), est obligatoire pour exercer.

Les auxiliaires de puériculture et les aides-soignants justifiant de trois ans d'expérience peuvent se présenter à un examen d'admission spécifique.

© Pauline Le Goff

**87 % des infirmiers sont des femmes.**

## Où travaille-t-il ?

Près de 75 % travaillent à l'hôpital ou dans une clinique privée dans les services allant de la psychiatrie à la pédiatrie en passant par la médecine générale ou les urgences. Un travail astreignant : les soins sont assurés 24 heures sur 24 et le travail est organisé par rotation d'équipes, sur la base de 35 heures par semaine. Dans les hôpitaux – économies obligent –, le nombre de postes à pourvoir décline. Actuellement, les offres d'emplois sont en majorité dans les établissements d'hébergement pour personnes âgées dépendantes (Ehpad) et les services de gériatrie.

## Quel est son profil ?

L'écoute, la compréhension, les bons gestes… Ses plus grandes qualités sont les plus simples. Être un bon technicien est important, mais ce que voit en premier le patient, ce n'est pas le soin mais la façon dont il est fait. Avec un sourire, une prise de sang passe mieux…

## Quelle carrière ?

Avec quatre ans d'expérience, il peut préparer le diplôme de cadre de santé et diriger une équipe, ou former des étudiants. Sur un concours, il lui est aussi possible de se spécialiser pour travailler en bloc opératoire, en anesthésie ou en puériculture. Il peut aussi s'installer en libéral.

TEST

# Es-tu fait pour le secteur médical ?

**1 – GROS CONTRÔLE DE MATHS EN PERSPECTIVE...**

- ● Tu bosses des heures, et apprends toutes les formules par cœur.
- ▲ Faire des activités manuelles : mosaïque, dessin...
- ■ Tu bosses le temps nécessaire pour relire tes cours, pas plus.

**2 – DANS LA VIE, TU AIMERAIS...**

- ▲ Aider des gens à se sentir bien.
- ■ Divertir des gens.
- ● Soigner des gens.

**3 – UN COPAIN SE COUPE EN FAISANT SON SANDWICH...**

- ▲ Tu lui donnes une compresse car le sang, tu n'aimes pas trop.
- ● Tu désinfectes, mets un pansement... la vue du sang te laisse de marbre.
- ■ Tu tombes immédiatement dans les vapes.

**4 – SOIGNER QUELQU'UN, C'EST :**

- ▲ L'écouter.
- ● Le connaître à fond.
- ■ L'amuser.

**5 – TA SÉRIE PRÉFÉRÉE :**

- ● Grey's Anatomy.
- ■ Clem.
- ▲ Famille d'accueil.

**6 – À L'ÉCOLE, TES COPAINS VIENNENT TE VOIR QUAND ILS ONT BESOIN :**

- ● De tes lumières en maths.
- ▲ De techniques pour apprendre les verbes irréguliers.
- ■ De rigoler.

**7 – LE JOB D'ÉTÉ QUI T'INTÉRESSERAIT :**

- ● Travailler pour un institut de sondage.
- ■ Vendre des fringues.
- ▲ Secourir les gens par téléphone pour une compagnie d'assurance.

**8 – TON ÉMISSION PRÉFÉRÉE :**

- ▲ En immersion dans une maternité.
- ■ Recherche appartement.
- ● Le magazine de la santé.

**9 – TES RÉSOLUTIONS POUR L'ANNÉE :**

- ■ Apprendre la batterie.
- ● Être le meilleur de la classe.
- ▲ Améliorer tes méthodes de travail.

**10 – L'IDÉE QUI TE MOTIVE LE PLUS :**

- ▲ Aider les personnes handicapées à s'insérer dans la société.
- ● Découvrir un vaccin contre le cancer.
- ■ Monter un festival de hip-hop.

**FAIS LE TOTAL DE TES POINTS POUR CHAQUE SIGNE ET REPORTE-TOI AUX RÉPONSES.**

## MAJORITÉ DE ●

Quelle qu'en soit la raison, histoire familiale, passion télévisée ou vocation, tu sembles fait pour les métiers médicaux : médecin, chirurgien, sage-femme... Car tu as les qualités pour y arriver : tenace, voir acharné, motivé, etc. ; et tu es prêt à t'engager dans de longues études. Fonce !

## MAJORITÉ DE ▲

Tu t'épanouirais sans doute dans un métier paramédical : infirmier(ère), orthophoniste, orthoptiste, ergothérapeute, kiné... Tu as l'embarras du choix ! En effet, le secteur médical t'intéresse, mais peut-être pas au point de faire de très longues études. Autre piste : peut-être serais-tu à l'aise avec l'aspect technique des métiers de la rééducation ou de l'appareillage ?

## MAJORITÉ DE ■

Tu sembles ne pas avoir le profil requis pour t'épanouir dans les métiers de la santé qui exigent motivation, altruisme, patience, bonne écoute, disponibilité etc. Ton truc, c'est plutôt de divertir les autres, soit par le rire soit en les faisant bénéficier de tes talents créatifs... Mais c'est une bonne façon aussi de leur faire du bien !

# Pour quel métier du social es-tu fait ?

**1 – LA QUALITÉ QUE TON ENTOURAGE TE RECONNAÎT :**

- ● L'écoute.
- ▲ L'instinct.
- ■ L'empathie.

**2 – TU NE SUPPORTES PAS UN ÉLÈVE DE TA CLASSE, TROP FAYOT...**

- ■ Tu vas lui dire ses quatre vérités entre deux cours.
- ▲ Tu lui fais sentir que son attitude te déplaît vraiment.
- ● Tu essaies de comprendre d'où vient son attitude, quitte à aller en discuter calmement avec lui...

**3 – LORSQUE TU PRENDS LE TRAIN OU L'AVION POUR UN LONG VOYAGE :**

- ● Tu discutes avec tes voisins.
- ▲ Tu prends un bouquin pour ne pas t'ennuyer.
- ■ Tu mets tes écouteurs pour ne pas être dérangé.

**4 – DEUX DE TES AMIS SE SONT DISPUTÉS. DEPUIS, ILS REFUSENT DE SE VOIR...**

- ● Tu vas discuter avec chacun d'entre eux pour avoir leur version de la dispute.
- ▲ Tu fais en sorte qu'ils se retrouvent face à face et essaient de se reparler.
- ■ Tu les laisses se débrouiller, cette histoire ne te regarde pas.

**5 – QUEL COMBAT TE PARAÎT LE PLUS IMPORTANT DE MENER, PLUS TARD :**

- ■ La sauvegarde des animaux en voie de disparition.
- ▲ L'égalité entre hommes et femmes.
- ● La lutte contre l'illettrisme.

**6 – QUELLE PHRASE ENTENDS-TU LE PLUS SOUVENT ?**

- ● « Ne te soucie pas de ce que pensent les autres en permanence ! »
- ▲ « Tu ferais n'importe quoi pour faire plaisir aux autres ! »
- ■ « Tu sais, les autres existent ! »

**7 – LES FRINGUES QUE TU NE METS PLUS :**

- ■ Tu les vends sur une brocante.
- ▲ Tu les donnes à une copine/un copain.
- ● Tu les portes à une œuvre de charité.

**8 – TU DÉTESTES :**

- ● Ceux qui n'écoutent pas les autres !
- ■ Ceux qui n'écoutent pas.
- ▲ Ceux qui n'écoutent que ce qu'ils veulent bien entendre.

**9 – PARMI CES DICTONS DE MOUSQUETAIRES, LE TIEN SERAIT PLUTÔT :**

- ■ Un contre tous.
- ● Un pour tous.
- ▲ Tous pour un..

**10 – TON MEILLEUR AMI A UN GROS GROS CHAGRIN :**

- ■ Tu attends que les choses se tassent pour l'appeler, il finira bien par penser à autre chose !
- ▲ Tu l'appelles régulièrement pour prendre de ses nouvelles.
- ● Tu fais tout ce que tu peux pour lui remonter le moral.

**FAIS LE TOTAL DE TES POINTS POUR CHAQUE SIGNE ET REPORTE-TOI AUX RÉPONSES.**

### MAJORITÉ DE ●

Tu as le profil idéal pour travailler dans le secteur social ! Aider les autres est chez toi une seconde nature. Tu ne supportes pas de rester les bras croisés face aux malheurs du monde et tu essaies toujours de trouver une solution. Tes amis peuvent compter sur toi, car ils savent que tu es toujours là pour les écouter et les soutenir.

### MAJORITÉ DE ▲

Tu trouverais sans doute un métier qui t'intéresse dans le secteur social. Dans la vie de tous les jours, tu aimes bien aider les autres, mais à condition que cela ne te demande pas trop d'énergie ni de temps. Avant de t'engager dans ce secteur-là, réfléchis bien à l'engagement que cela représente et renseigne-toi sur les différents métiers. Peut-être t'épanouirais-tu plus dans un métier qui n'exige pas d'être sur le terrain en permanence : assistant social par exemple, plutôt qu'éducateur !

### MAJORITÉ DE ■

Le secteur social, ce n'est vraiment pas fait pour toi ! Tu n'es pas trop à l'aise face au malheur des autres, voire cela te met mal à l'aise ou te laisse indifférent ! Alors choisis plutôt un métier du secteur privé dans lequel tu t'épanouiras !

IDÉES EN +

## D'autres idées dans ce secteur…

### INFIRMIÈRE LIBÉRALE
- INFIRMIÈRE ANESTHÉSISTE
- PUÉRICULTRICE
- INFIRMIÈRE DE BLOC OPÉRATOIRE

### AIDE SOIGNANT EN BLOC-OPÉRATOIRE
- BRANCARDIER
- AMBULANCIER
- ASSISTANTE DENTAIRE
- INFIRMIER
- AIDE MÉDICO-PSYCHOLOGIQUE
- TECHNICIEN DE LABORATOIRE
- SECRÉTAIRE MÉDICAL(E)
- AGENT DE STÉRILISATION
- AUXILIAIRE DE PUÉRICULTURE

### CHIRURGIEN MAXILLO-FACIAL
- MÉDECIN
- GYNÉCOLOGUE-OBSTÉTRICIEN
- ANESTHÉSISTE-RÉANIMATEUR
- CARDIOLOGUE

### ORTHOPTISTE
- OPTICIEN-LUNETIER
- OPHTALMOLOGISTE

### MÉDIATEUR FAMILIAL
- AGENT DE PRÉVENTION ET DE MÉDIATION
- CONSEILLER D'INSERTION ET DE PROBATION
- CONSEILLER EN INSERTION SOCIALE ET PROF.
- ANIMATEUR SOCIOCULTUREL
- ASSISTANT DE SERVICE SOCIAL
- MÉDIATEUR CULTUREL

### ASSISTANT MATERNEL
- AIDE-SOIGNANTE
- AUXILIAIRE DE VIE SOCIALE
- AUXILIAIRE DE PUÉRICULTURE
- AGENT TERRITORIAL SPÉCIALISÉ DES ÉCOLES MATERNELLES

### MASSEUR KINÉSITHÉRAPEUTE
- OSTÉOPATHE
- ERGOTHÉRAPEUTE
- PSYCHOMOTRICIEN
- TECHNICIEN SPA ET BIEN-ÊTRE

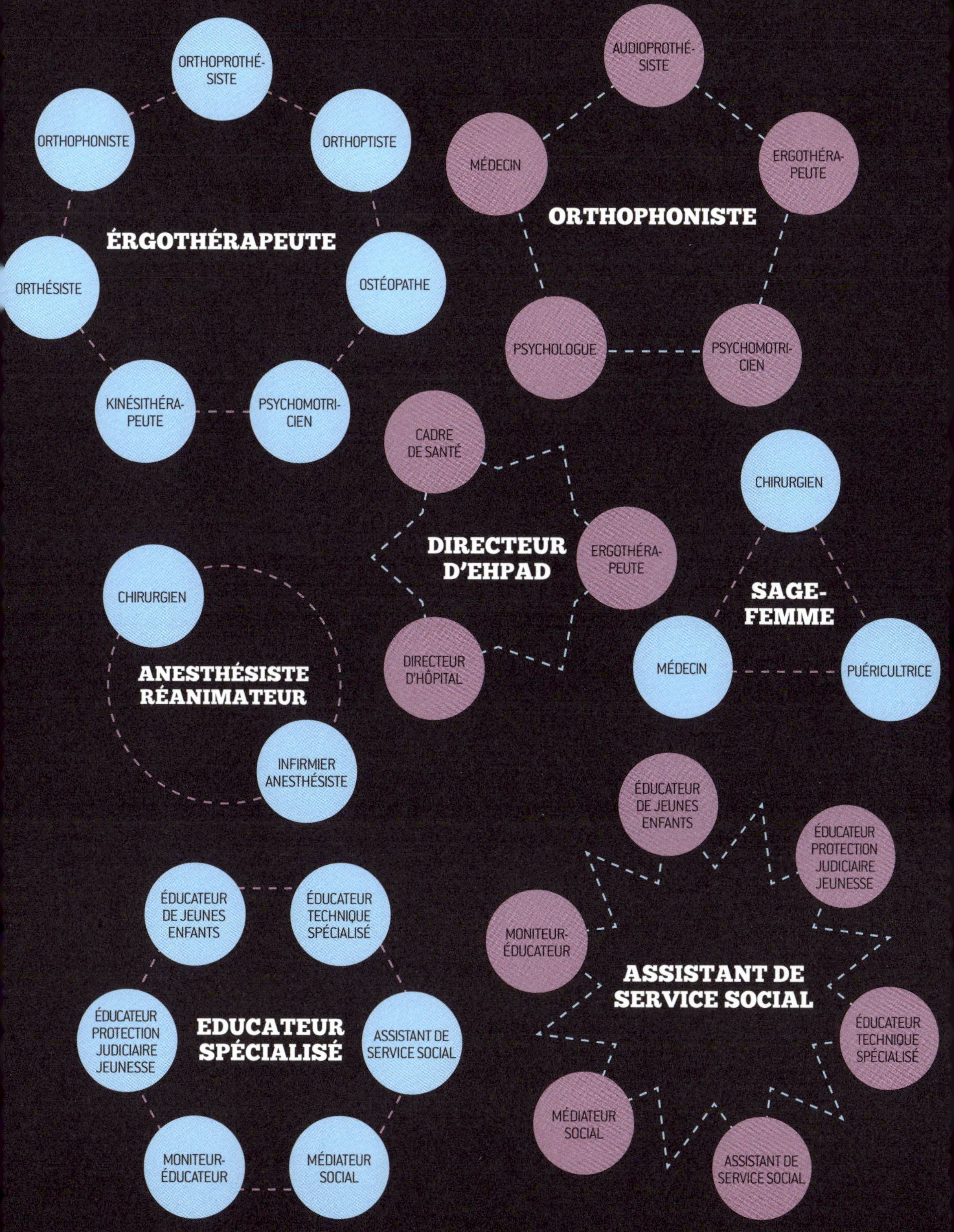
ÉRGOTHÉRAPEUTE
ORTHOPROTHÉSISTE
ORTHOPTISTE
OSTÉOPATHE
PSYCHOMOTRICIEN
KINÉSITHÉRAPEUTE
ORTHÉSISTE
ORTHOPHONISTE
ORTHOPHONISTE
AUDIOPROTHÉSISTE
ERGOTHÉRAPEUTE
PSYCHOMOTRICIEN
PSYCHOLOGUE
MÉDECIN
DIRECTEUR D'EHPAD
CADRE DE SANTÉ
ERGOTHÉRAPEUTE
DIRECTEUR D'HÔPITAL
SAGE-FEMME
CHIRURGIEN
PUÉRICULTRICE
MÉDECIN
ANESTHÉSISTE RÉANIMATEUR
CHIRURGIEN
INFIRMIER ANESTHÉSISTE
EDUCATEUR SPÉCIALISÉ
ÉDUCATEUR DE JEUNES ENFANTS
ÉDUCATEUR TECHNIQUE SPÉCIALISÉ
ASSISTANT DE SERVICE SOCIAL
MÉDIATEUR SOCIAL
MONITEUR-ÉDUCATEUR
ÉDUCATEUR PROTECTION JUDICIAIRE JEUNESSE
ASSISTANT DE SERVICE SOCIAL
ÉDUCATEUR DE JEUNES ENFANTS
ÉDUCATEUR PROTECTION JUDICIAIRE JEUNESSE
ÉDUCATEUR TECHNIQUE SPÉCIALISÉ
ASSISTANT DE SERVICE SOCIAL
MÉDIATEUR SOCIAL
MONITEUR-ÉDUCATEUR

# SPORT, MONITORAT ET COACHING

*Ne devient pas Teddy Riner, Blaise Matuidi ou Laure Manaudou qui veut ! Le sport de haut niveau fait rêver mais il concerne très peu d'élus. Tous les athlètes ne réussissent pas à vivre de leur sport et leur carrière est nécessairement brève. Mais il existe d'autres métiers dans lesquels ils peuvent assouvir leur passion. Prof d'EPS par exemple (on en recense environ 37 500), à condition de réussir le concours : en 2017, pour 5 999 candidats au CAPEPS (concours de l'Éducation nationale pour devenir prof d'EPS), 870 postes étaient proposés dans l'enseignement public. Des places sont également à prendre dans l'animation sportive (dans les clubs sportifs, les salles de sport, etc.), même s'il s'agit souvent de contrats courts ou à temps partiel. Certains sont mieux lotis, comme ceux exerçant dans le secteur de la forme et les maîtres nageurs. Enfin, vendre des articles de sport est un bon débouché, notamment au sein des grandes enseignes spécialisées (voir la partie Commerce-marketing).*

## L'ŒIL DU PRO

C'est LA fabrique des champions : l'INSEP (Institut national du sport, de l'expertise et de la performance) forme des sportifs de haut niveau dans 28 disciplines (judo, badminton, athlétisme, etc.). L'admission passe par une sévère sélection, et seuls les athlètes présentés par leur fédération peuvent intégrer cet établissement très réputé. Ils figurent généralement sur la célèbre liste des sportifs de haut niveau (SHN). En 2016, l'INSEP accueillait 700 sportifs. Une trentaine de filières d'études et de formation, de la classe de 4e au bac + 5, sont proposées pour permettre aux sportifs de ressortir de cet institut avec un diplôme en poche débouchant sur un métier.

*Cote du secteur* : 2/5

*Coût des études* : 2/5

*Niveau de formation* : 3/5

*Salaires* : 3/5

beIN
SPORTS

# MONITRICE DE SKI

**CÉLINE MONITRICE DE SKI DANS LA STATION DE LA ROSIÈRE (SAVOIE)** *« À 2 ans, j'étais déjà sur des skis et, quelques années plus tard, en compétition avec la Fédération internationale de ski. Heureusement, car la première chose évaluée quand on veut devenir moniteur, c'est le niveau technique. Mais enseigner, cela exige de la patience et de savoir se remettre en question : un "truc" qui marche avec un élève ne va pas forcément marcher avec un autre. Mes journées ne sont jamais les mêmes : cours collectifs, cours individuels ; je peux aussi bien encadrer un groupe d'enfants qui passent la première étoile qu'emmener un client confirmé en hors-piste ou découvrir le snowboard. »*

## LES ÉTUDES

**NIVEAU BAC + 2**

- Diplôme d'État de ski – moniteur national de ski alpin.
- Diplôme d'État de ski – moniteur national de ski nordique de fond.

## Où travaille-t-il ?

C'est dans les stations de sports d'hiver qu'il exerce ses talents, avec le statut de travailleur indépendant ou en étant salarié d'organisations de tourisme comme l'UCPA ou des écoles de ski (ESF, ESI). Mais ce métier ne s'exerce que de 3 à 5 mois par an. C'est la raison pour laquelle la plupart des moniteurs ont une autre activité professionnelle. L'été, beaucoup sont accompagnateurs de moyenne montagne, moniteurs de ski nautique, surveillants de baignade ou animateurs d'activités physiques. D'autres travaillent dans l'hôtellerie, le bâtiment ou l'agriculture.

© Floriane Deysse

## Quel est son profil ?

Très endurant, il doit aussi être proche de ses clients, pédagogue, et savoir les encourager pour qu'ils progressent. Enfin, il doit être vigilant et parfaitement conscient des risques potentiels de la montagne.

## Quelle carrière ?

Avec une formation complémentaire, il peut aussi devenir entraîneur de compétition, conseiller technique ou directeur d'école de ski.

**Nouvelles formes de glisse, évolution des matériels, développement des parcs à neige, émergence du handiski… le moniteur doit savoir rester en phase avec l'évolution des pratiques.**

# MONITRICE D'ÉQUITATION

**SOPHIE MONITRICE D'ÉQUITATION AUX PONEYS DES QUATRE SAISONS**

*« Ici, j'ai 2 activités : donner des cours d'équitation et gérer l'équipe d'animateurs équitation. Notamment durant la période des vacances scolaires où nous recevons jusqu'à 200 enfants en colonie. Non seulement nous leur donnons 2 à 3 heures de cours par jour mais nous leur apprenons aussi à soigner les poneys (couper le crin, graisser les sabots, etc.). Nous organisons des jeux équestres (voltige, reprise en manège, etc.) et des balades en forêt. J'ai alors de très grosses journées car en plus des cours, je dois vérifier que les différentes activités avec les animateurs équitation se déroulent bien. En fin de journée, il faut rentrer les poneys, nettoyer la structure, etc. Et après avoir dîné avec les enfants de la colo, j'organise des réunions pour débriefer sur la journée et préparer les activités du lendemain. Je suis d'ailleurs logée et nourrie dans le centre. »*

## LES ÉTUDES

**APRÈS LA 3E**

- Titre d'accompagnateur de tourisme équestre de la FFE (Fédération française d'équitation).
- CQP (certificat de qualification professionnelle) animateur soigneur assistant mention tourisme équestre.
- CQP organisateur de randonnées équestres.

**NIVEAU BAC**

- BPJEPS (brevet professionnel de la jeunesse, de l'éducation populaire et du sport) spécialité activités équestres mention tourisme équestre.

## Où travaille-t-il ?

Éducateur sportif diplômé des activités équestres est un métier saisonnier qui s'exerce surtout entre mai et septembre, et parfois pendant les petites vacances scolaires.

**Avec le développement du tourisme vert en France, une langue étrangère peut être la bienvenue.**

## Quel est son profil ?

Pédagogue et bon animateur, il doit bien sûr être bon cavalier, maîtriser les bases du dressage et connaître les soins à apporter aux chevaux. Il lui faut aimer rester dehors par tous les temps et avoir de la patience. Connaître les lieux de randonnée afin d'emmener les cavaliers est un plus.

## Quelle carrière ?

Il peut devenir enseignant responsable pédagogique (instructeur) pour former des moniteurs, seconder un gérant de centre équestre ou évoluer vers le management de centres équestres.

© M.C. Réau

# PRÉPARATEUR PHYSIQUE

**LAURENT** **PRÉPARATEUR PHYSIQUE AU STADE DE REIMS**

*« Chaque jour je dois mettre au point les programmes d'entraînement de mon équipe en les adaptant à chacun des 30 joueurs. Pour cela je dois établir une relation privilégiée avec les joueurs, être à l'écoute de leurs problèmes, qu'ils soient sportifs ou non, afin d'exercer mon métier au mieux et transmettre toutes les données à l'entraîneur. Si, par exemple, un joueur est un peu fatigué ou s'est blessé pendant un match (contusion, entorse, etc.), je vois avec lui et son médecin – en cas de blessure – quel entraînement mettre en place. Puis, je fais remonter l'info à l'entraîneur pour que celui-ci adapte la charge de travail, le fasse plus ou moins travailler, ou propose des exercices particuliers. L'objectif, c'est de remettre le joueur sur pied pour le match de fin de semaine. »*

**Créer de la complicité et de la confiance avec chaque sportif est un facteur clé pour réussir.**

© Jon Ongkiehong

## Où travaille-t-il ?

Il peut travailler aussi bien dans une fédération sportive qu'un club, une salle de sport ou chez des particuliers. De plus en plus de clubs importants (mais aussi de taille moyenne) ont recours à ces professionnels devenus absolument indispensables à la performance.

## Quel est son profil ?

C'est important qu'il connaisse sur le bout des doigts le potentiel des sportifs dont il s'occupe pour adapter un programme d'entraînement personnalisé. Il doit aussi avoir un sens du contact développé, et bien connaître le corps humain pour savoir expliquer aux sportifs le but de chaque exercice.

## Quelle carrière ?

S'il est efficace et apprécié pour son bon relationnel, il peut être appelé par des clubs ou des sportifs renommés, voire faire une carrière à l'international.

## LES ÉTUDES

**NIVEAU BAC + 4**

- Diplôme universitaire préparateur physique.

**NIVEAU BAC + 5**

- Master STAPS entraînement sportif.

# FOOTBALLEUSE INTERNATIONALE

## LAURA

**FOOTBALLEUSE INTERNATIONALE, DÉFENSEUR AU PSG**

*« Ça fait 3 ans que j'évolue au PSG ! Mon quotidien c'est beaucoup de compétitions et donc beaucoup d'entraînements. Tous les matins, je me rends au centre d'entraînement de Bougival (78). Là-bas, nous avons un terrain, une salle de musculation et un centre médical rien que pour nous. Les séances du début de semaine sont plutôt cool : soins, massages puis vélo, musculation, etc. Plus on se rapproche du match – qui se déroule le dimanche –, plus le travail devient athlétique et tactique. Le vendredi, par exemple, on fait beaucoup de jeux de rapidité en vue du match. »*

## LES ÉTUDES

- Fréquentation d'un club dès son plus jeune âge.
- Sections sport-études, centres de préformation et/ou centres de formation d'un club.

© Jon Ongkiehong

**C'est un métier qui ne peut s'envisager que si l'on a commencé la compétition très jeune.**

## Où travaille-t-il ?

Le footballeur professionnel évolue dans un club de Ligue 1 ou 2. Mais, si la France compte plus de 2 millions de licenciés, parmi eux moins de 1 % sont des professionnels.

## Quel est son profil ?

Des qualités physiques et techniques sont évidemment indispensables, notamment dans un grand club. Le goût de l'effort pour supporter les nombreux entraînements, un mental d'acier et la capacité à accepter de nombreux sacrifices (pas de sorties, ni de week-ends en famille) sont également indispensables pour réussir.

## Quelle carrière ?

Bien que les footballeurs professionnels effectuent leurs premiers matchs de plus en plus tôt, la carrière d'un footballeur professionnel se réalise en moyenne sur une dizaine d'années. Il faut alors penser très vite à sa reconversion, soit dans le milieu du sport (coach, entraîneur, consultant, agent de joueurs…), soit dans un secteur d'activité ayant un lien avec le sport (commerce, tourisme, loisirs, hôtellerie-restauration, paramédical…).

# PROFESSEUR D'EPS

**SANDRA PROF D'EPS À COURBEVOIE**

*« J'enseigne le sport de la 6e à la terminale. Comme je suis agrégée, j'ai théoriquement 14 heures de cours par semaine. Mais même en EPS, il faut préparer ses cours ! Avec la réforme du collège j'ai dû préparer de nouveaux cours. Chaque année, j'ai la possibilité de suivre des stages sur une nouvelle discipline, par exemple le "step". Et chaque année je dois adapter les cours que j'ai l'habitude de donner, comme le volley ou l'athlétisme, à mes classes. Récemment, j'ai eu une classe de 6e assez dissipée. Du coup, j'ai adapté mes cours en travaillant sur l'arbitrage, les capitaines d'équipe, etc., pour valoriser les élèves un peu trop chahuteurs. Et puis chaque semaine, je donne 3 heures de cours au sein de l'association sportive de mon établissement. Il faut alors gérer les rencontres avec les autres établissements, etc. »*

**Comme ses collègues, il a suivi une formation universitaire longue et difficile, qui réclame notamment des compétences en sciences (biologie, biomécanique, sociologie, psychologie…).**

## Où travaille-t-il ?

Le prof d'éducation physique et sportive (EPS) est rattaché à un établissement scolaire, collège, lycée général et technologique ou lycée professionnel.

## Quel est son profil ?

Comme son nom l'indique, il doit conserver une bonne condition physique pour pouvoir faire des démonstrations convaincantes aux élèves. Il doit aussi être pédagogue pour leur apprendre à développer leurs capacités motrices, leur sens de l'initiative, le respect des règles et l'esprit d'équipe.

## Quelle carrière ?

Il peut passer des concours internes qui conduisent à des postes de chef d'établissement, accéder à certains postes relevant du secrétariat d'État aux Sports ou des collectivités territoriales, ou viser des emplois de conseiller technique au sein des fédérations sportives.

## LES ÉTUDES

**NIVEAU BAC + 5**

- Pour enseigner le sport au sein de l'Éducation nationale, il faut être titulaire du CAPEPS (certificat d'aptitude au professorat d'éducation physique et sportive) ou le CAFEP-CAPEPS (pour l'enseignement privé sous contrat) pour être prof certifié ; ou l'agrégation pour être prof agrégé.
- Pour concourir au CAPEPS ou au CAFEP, une licence STAPS (sciences et techniques des activités physiques et sportives) est nécessaire ainsi qu'un M1 de master MEEF (métiers de l'enseignement, de l'éducation et de la formation) 2nd degré. Après une année de stage (année de M2), on doit justifier de l'obtention du master pour être titularisé.
- Pour concourir à l'agrégation, il faut justifier d'un master.

# AGENT DE JOUEURS DE FOOT

**SONIA** AGENT DE JOUEURS DE FOOT

*« Quand un joueur cherche un nouveau challenge, mon métier consiste à lui trouver un contrat de travail dans un autre club et à le négocier au mieux. Je suis aussi contactée par des clubs qui me demandent de chercher pour eux des joueurs, avec un cahier des charges très précis : par exemple, un attaquant, pour une période de 3 ans, pour un million d'euros, etc. Je me suis fait connaître en réussissant à convaincre le président de l'Olympique lyonnais – un des hommes les plus puissants du football français – de faire venir à Lyon un défenseur central de l'équipe des Émirats. Depuis, je "signe" de très grands joueurs comme Lucas Ocampos dont j'ai négocié le contrat avec l'OM. Ça exige d'avoir des compétences juridiques sur les contrats, les assurances, le droit du travail, etc., mais aussi une bonne connaissance du marché. »*

## LES ÉTUDES

Ce métier ne demande pas énormément de diplômes ou un niveau d'études minimal. Cependant, pour devenir agent sportif, il est nécessaire de passer un examen général organisé par le Comité olympique, et un examen spécifique dans le sport où l'agent veut exercer. Par exemple, en France, l'examen « spécifique football » est organisé par la FIFA et la FFF. Si le candidat réussit, une licence lui est délivrée pour exercer officiellement le métier d'agent.

### Où travaille-t-il ?

L'agent de joueurs travaille au sein d'une fédération sportive, d'un club ou à son propre compte. Il est important pour ce métier d'avoir un bon réseau et un carnet d'adresses bien fourni !

### Quel est son profil ?

Il doit avoir le sens du contact, d'excellents talents de négociateur et surtout, il doit connaître le monde du sport dans lequel il évolue. Son carnet d'adresses est son outil de travail le plus important. Voilà pourquoi beaucoup d'anciens sportifs se reconvertissent en agents.

### Quelle carrière ?

Lorsqu'il a acquis une certaine notoriété, l'agent de joueurs peut facilement devenir consultant sportif.

**C'est un métier où les déplacements sont nombreux et fréquents lors des évènements sportifs, y compris à l'étranger.**

© Jon Ongkiehong

TEST

# Es-tu fait pour ce secteur ?

**1 – TU AS UN TROU DANS TON EMPLOI DU TEMPS…**

- ▲ Tu joues sur ta console.
- ■ Tu bouquines.
- ● Tu vas faire une partie de foot avec tes potes.

**2 – LE FILM SUR LE SPORT QUI T'A LE PLUS ENTHOUSIASMÉ :**

- ● *Creed – L'héritage de Rocky Balboa.*
- ■ Aucun.
- ▲ *Brice de Nice 3.*

**3 – TA PLUS GRANDE QUALITÉ :**

- ● La persévérance.
- ▲ La rapidité.
- ■ La créativité.

**4 – TU FAIS DU SPORT…**

- ▲ Au collège / lycée et le mercredi après-midi.
- ● Au moins 3 ou 4 fois par semaine, en club.
- ■ Uniquement au collège / lycée.

**5 – POUR LES DEVOIRS À RÉALISER À LA MAISON…**

- ● Tu aides volontiers tes camarades.
- ■ Tu n'aides personne, chacun sa peau.
- ▲ Tu aides seulement ton meilleur ami.

**6 – IL PLEUT À VERSE AU MOMENT DU COURS D'EPS…**

- ■ Tu vas à l'infirmerie en toussant.
- ● Tu te mets en tenue sans rechigner.
- ▲ Tu tentes d'amadouer le prof pour faire un sport en salle.

**7 – TON GROUPE N'A PAS ENCORE PRÉPARÉ SON EXPOSÉ POUR DEMAIN :**

- ■ Tu fais la partie qui te concerne dans ton coin.
- ● Tu motives tes camarades.
- ▲ Quelqu'un finira bien par faire quelque chose.

**8 – TU FAIS DU SPORT :**

- ■ Pour te détendre.
- ▲ Pour te dépenser.
- ● Pour gagner.

**9 – UN WEEK-END ENTIER À RÉVISER DES CONTRÔLES…**

- ■ Trop peu pour toi, tu fais des impasses.
- ● Tu es prêt à faire des sacrifices pour avoir de bonnes notes.
- ▲ Tu râles tout le week-end en bossant sans grande conviction.

**10 – UN GROS RHUME…**

- ▲ Tu te lèves péniblement et te traînes jusqu'à l'école.
- ● Un cachet d'aspirine et c'est reparti.
- ■ C'est la fin du monde, tu restes au lit.

**FAIS LE TOTAL DE TES POINTS POUR CHAQUE SIGNE ET REPORTE-TOI AUX RÉPONSES.**

### MAJORITÉ DE ●

Les métiers du sport, c'est ton truc. Tu sembles avoir les qualités et la motivation nécessaires pour exercer un métier dans ce domaine. N'hésite donc pas à te renseigner plus en détail sur la multitude de métiers qui existent.

### MAJORITÉ DE ▲

Tu montres un certain intérêt pour le sport mais tu ne possèdes peut-être pas la ténacité, l'endurance et la motivation nécessaires pour percer sur le terrain. Heureusement, il existe d'autres métiers dans ce domaine.

### MAJORITÉ DE ■

Les métiers du sport, ce n'est pas ton truc : tu n'aimes ni les challenges, ni l'esprit d'équipe, ni rechercher l'amélioration à tout prix. Tu préfères faire du sport pour le plaisir, et après tout, c'est très bien comme ça !

IDÉES EN +

# D'autres idées dans ce secteur…

## FOOTBALLEUR PROFESSIONNEL

- PRÉPARATEUR PHYSIQUE
- CONSULTANT SPORTIF
- COACH
- ENTRAÎNEUR
- ÉDUCATEUR SPORTIF

## PRÉPARATEUR PHYSIQUE

- ENTRAÎNEUR SPORTIF

## PROF D'EPS

- ÉDUCATEUR SPORTIF
- ENTRAÎNEUR SPORTIF
- SPORTIF PROFESSIONNEL
- MAÎTRE NAGEUR-SAUVETEUR
- MONITEUR DE SKI, VOILE, ÉQUITATION…

## MONITEUR DE SKI

- ÉDUCATEUR SPORTIF
- ENTRAÎNEUR SPORTIF
- VENDEUR D'ARTICLES DE SPORT
- GUIDE DE HAUTE MONTAGNE
- EXPLOITANT D'ÉQUIPEMENTS DE LOISIRS

## MONITEUR D'ÉQUITATION

- ACCOMPAGNATEUR DE TOURISME ÉQUESTRE
- ÉLEVEUR DE CHEVAUX
- SOIGNEUR DE CHEVAUX
- JOCKEY / LAD DRIVER
- PALEFRENIER
- MARÉCHAL-FERRANT

## AGENT DE JOUEURS DE FOOT

- CONSULTANT
- COACH SPORTIF

# TRANSPORTS, LOGISTIQUE, INDUSTRIE

*Transports, logistique, industrie... des secteurs en déclin, pour les personnes peu diplômées ? Pas du tout ! Contrairement aux idées reçues, ces trois secteurs embauchent. Par exemple, l'industrie prévoit d'embaucher entre 80 000 et 100 000 nouveaux salariés et apprentis par an d'ici à 2020, notamment pour remplacer les départs massifs à la retraite.* Idem *dans les transports et la logistique. Ces emplois nécessitent une formation technique, de réelles capacités à évoluer avec les technologies et à travailler en équipe. Ils offrent aux jeunes des opportunités de carrières diversifiées et bien rémunérées, quel que soit leur niveau de qualification.*

## L'ŒIL DU PRO

De nombreuses entreprises implantées en France – des petites comme des grandes – se distinguent par leur innovation et affichent des résultats performants. Présentes dans des domaines aussi variés que la robotique en neurochirurgie, les solutions d'impression jet d'encre ou l'électronique embarquée, elles emploient et recrutent des ingénieurs ayant des connaissances en génie logiciel ou en systèmes et réseaux, et faisant preuve d'esprit entrepreneurial.

*Côte du secteur*

*Coût des études*

*Niveau de formation*

*Salaires*

GARANTIE D'EMBALLAGE
À MANOSQUE
R.U
0389926
PACKAGING GUARANTEED
IN MANOSQUE
28

# LOGISTICIEN PROJET

## TASHI LOGISTICIEN PROJET POUR MÉDECINS SANS FRONTIÈRES

*« Je coordonne toutes les équipes de logistique : celles qui s'occupent de l'hôpital en République centrafricaine, de la "base de vie" MSF (où habitent les humanitaires), ainsi que des dix centres de santé que nous assistons dans de petits villages. Je vais sur le terrain recueillir les besoins : améliorer l'hygiène du puits d'un centre de santé, faire réparer un frigo pour conserver les vaccins, éviter les détournements de carburant, vérifier les stocks d'approvisionnement, gérer les commandes de savon, de néons, de matériel de plomberie ou d'allumettes... À moi de répartir les tâches et de suivre l'avancée de chaque chantier. »*

**Dans ce métier, c'est d'abord le vécu, la motivation, la personnalité et l'engagement qui vont l'emporter.**

## LES ÉTUDES

**NIVEAU BAC + 2**

- BTS transport et prestations logistiques.
- DUT GTL (Gestion logistique et transport), QLIO (Qualité, logistique industrielle et organisation) ou Carrières sociales option animation sociale et socioculturelle orientation gestion du développement et de l'action humanitaire.

**NIVEAU BAC + 3**

- Licence pro Management logistique et transport.

**NIVEAU BAC + 4**

- DU (diplôme universitaire) gestion du développement et de l'action humanitaire.
- Master pro gestion de l'humanitaire.

**NIVEAU BAC + 5**

- Il existe 4 écoles : Bioforce à Vénissieux (69), IFAID à Bordeaux (33), ISTOM à Cergy-Pontoise (95) et 3A à Lyon (69).

## Où travaille-t-il ?

Il travaille pour des ONG (organisations non gouvernementales) d'urgence humanitaire ou de développement.

## Quel est son profil ?

C'est le chef d'orchestre d'une opération : il est là pour faciliter le travail des équipes médicales (construction d'hôpitaux d'urgence, acheminement de matériel...), organiser la distribution de nourriture, réparer un camion, etc. Rigueur, sang-froid, capacité d'analyse des situations et sens de l'improvisation sont donc indispensables. Important : en mission, on ne compte pas ses heures de travail...

## Quelle carrière ?

Il débute souvent comme bénévole, sauf s'il intègre une ONG capable de salarier son personnel. Responsable logistique d'une mission humanitaire, il gérera la mission, animera et formera les équipes logistiques et tiendra la comptabilité de l'opération.

© Corentin Fohlen

# CHEF DE PROJET DE DÉVELOPPEMENT PACKAGING

## FRANÇOIS-JOSEPH

**CHEF DE PROJET DE DÉVELOPPEMENT PACKAGING POUR L'OCCITANE**

*« J'essaie de concrétiser les idées d'emballages proposées par le service marketing et le créateur de L'Occitane. Avec nos fournisseurs verriers, métallurgistes ou plasturgistes, je discute des questions techniques, des tarifs... Puis on réalise des essais jusqu'à ce qu'on soit satisfaits du résultat. Par exemple, on peut faire des recherches afin de rapatrier la production de l'Asie vers la France, tout en visant une qualité supérieure et un coût inférieur. Avec toujours ce souci : surprendre le consommateur. »*

© Anne Van der Stegen

### Où travaille-t-il ?

Dans les entreprises qui ont besoin d'emballages (parfumerie, cosmétiques, agroalimentaire, automobile, pharmaceutique, etc.) ou qui en fabriquent (cartonnages, plasturgistes, etc.). Il participe à la création de sacs, coffrets, bouteilles, cartonnages, ou encore coques en plastique et mousse synthétique, etc.

### Quel est son profil ?

Il doit aimer les responsabilités (gestion des équipes, interactions avec les membres intervenant dans la conception d'un emballage, etc.) et être capable de proposer des idées innovantes.

### Quelle carrière ?

Avec de l'expérience et des formations, il devient responsable de bureau d'études ou intègre le bureau des méthodes de l'entreprise. Il peut aussi créer sa propre entreprise pour proposer ses services aux industriels.

## LES ÉTUDES

**NIVEAU BAC + 2**

- BTS Design de produits.
- DUT Packaging, emballage et conditionnement.

**NIVEAU BAC + 3**

- Licence pro production industrielle spécialité conception, design industriel et emballage (IUT de Reims) ou spécialité design de produit et packaging (IUT de Chambéry, lycée Léonard de Vinci à Villefontaine).

**NIVEAU BAC + 5**

- Diplôme supérieur d'arts appliqués (DSAA) créateur, concepteur.
- Diplôme d'ingénieur (Esireims à Reims, Esepac à Saint-Germain).

**Le chef de projet doit savoir rendre accessibles les innovations techniques pour aider les services marketing à définir les nouveaux produits, et comprendre l'impact de son travail dans le lancement d'un produit.**

# CONDUCTEUR DE TRAIN

**RÉMY** **CONDUCTEUR DE TRAIN À LA SNCF**

*« Seul dans ma cabine, j'entends les passagers parler : j'ai toujours à l'esprit que je transporte 1 000 ou 2 000 personnes. Avant le départ, j'étudie ma ligne pour ne pas oublier d'arrêt, et lancer les annonces au bon moment. Je gère aussi les aléas, par exemple, un passager qui tire le signal d'alarme. Enfin, une radio reliée au poste d'aiguillage me transmet les infos en temps réel. Pour aller plus loin que la banlieue, je devrai suivre une formation... La plupart des conducteurs aspirent à conduire un TGV, le fleuron de la SNCF. »*

## LES ÉTUDES

**NIVEAU BAC**

- Accès : sur CV et dossier, visite médicale, tests de connaissances, tests psychotechniques, entretien de motivation.
- Formation : d'une durée allant de 4 mois (pour le conducteur de manœuvre) à 1 an (pour le conducteur de ligne), elle est assurée dans les établissements « traction » de la SNCF et est rémunérée.

## Où travaille-t-il ?

Il travaille au sein de la filière traction de la SNCF. Les trains circulent de jour comme de nuit et 7 jours sur 7. Ses horaires de travail sont donc irréguliers et s'organisent par roulement intégrant des nuits, samedis, dimanches et jours fériés. Il peut être amené à prendre des repos loin de son domicile.

## Quel est son profil ?

Il doit savoir faire preuve de sang-froid : si une rame tombe en panne et que les alarmes sonnent simultanément, il ne doit pas céder à la panique ! De bons réflexes et une grande vigilance sont également indispensables. Les longues heures passées seul en cabine, les horaires décalés, les manœuvres... réclament un solide équilibre psychologique et une excellente santé.

## Quelle carrière ?

Un débutant commence sur les trains de marchandises ou de banlieue avant d'être placé sur des lignes de moyenne importance. Après une dizaine d'années, l'agent peut devenir conducteur de ligne principale (seul habilité à prendre les commandes d'un TGV) ou s'orienter vers un poste d'encadrement.

**Des compétences en électricité peuvent être précieuses pour évoluer dans ce métier.**

# RESPONSABLE DU BUREAU D'ÉTUDE

**CHRISTOPHE RESPONSABLE DU BUREAU D'ÉTUDES « SKI ALPIN » CHEZ ROSSIGNOL**

*« Mon rôle est de concevoir les skis jusqu'à ce qu'ils puissent être fabriqués en série et commercialisés. Avec mon équipe d'ingénieurs et de techniciens, nous choisissons leur matière, leur courbure, leur taille… Les prototypes sont ensuite réalisés selon nos plans. Puis nous testons leur résistance et leur glisse, en labo et sur neige. Nous allons tous régulièrement sur les pistes essayer les prototypes ou les premiers skis sortis d'usine. »*

## LES ÉTUDES

**NIVEAU BAC + 5**

Écoles d'ingénieurs dites « généralistes » ou orientées vers le secteur industriel : CNAM, ENSAM, ENISE, ENIT, etc.

## Où travaille-t-il ?

Il travaille soit dans un bureau d'études, soit au sein d'un entreprise industrielle, dans la direction d'études, le service recherche et développement, ou encore dans le secteur production et fabrication. Il conçoit et réalise de nouveaux produits et procédés industriels, ou améliore des produits ou process déjà existants.

## Quel est son profil ?

Il doit être méthodique et rigoureux. Mais également curieux et inventif, puisqu'il est amené à travailler avec de nombreux collaborateurs. Il est indispensable pour l'ingénieur en bureau d'études de savoir s'adapter, communiquer et travailler en équipe.

## Quelle carrière ?

Après quelques années d'expérience, il peut accéder au poste de responsable ou directeur de la production, directeur d'usine ou directeur technique.

**Des compétences techniques pointues dans le domaine de l'entreprise (fabrication de skis, de drones, de voitures…) sont indispensables.**

# RESPONSABLE DU DESIGN

## KARIM

**RESPONSABLE DU DESIGN CHEZ PARROT**

*« Ce n'est pas parce qu'on fait des objets technos qu'ils doivent être moches ! Par exemple sur la gamme de minidrones Airborne, l'idée était de concevoir des quadricoptères capables de fendre les airs et de réaliser des loopings dans une maison ! L'équipe de designers a donc imaginé un objet suffisamment petit pour voler en intérieur et pourvu de quatre hélices. Puis nous avons suggéré d'ajouter un plug sur le drone qui permet d'embarquer des personnages ou des briques, pour améliorer le jeu. Lorsqu'une idée est retenue, nous l'imprimons en 3D après moult dessins à la main et sur Photoshop. C'est génial, parce que ça permet d'obtenir un objet techniquement et esthétiquement proche du produit fini. Enfin la direction valide le projet et lance la production. »*

### Où travaille-t-il ?

Il travaille dans un bureau de création, dans une entreprise possédant son propre département de design, dans un service recherche et développement, dans un service innovation, ou en indépendant.

### Quel est son profil ?

Il est par définition ouvert d'esprit et curieux. Il fait preuve d'empathie : en devenant designer, il va, par son regard, sa démarche et ses propositions, agir sur les usages de nombreux produits et services, et ainsi améliorer notre quotidien.

**Il doit savoir analyser les réalités sociales et humaines de notre temps pour inscrire sa démarche créative au plus près des besoins humains.**

### Quelle carrière ?

En agence, il commence comme designer junior intégré à une équipe, sous la responsabilité d'un designer manager ou du directeur marketing, par exemple. Ses responsabilités évoluent au fur et à mesure jusqu'à diriger sa propre équipe en devenant chef de projet, directeur de création ou designer manager.

## LES ÉTUDES

**NIVEAU BAC + 5**

- DSAA (diplôme supérieur d'arts appliqués) design mention produit.
- DNSEP (diplôme national supérieur d'expression plastique) option design
- Diplôme de création industrielle de l'ENSCI.
- Diplôme d'écoles spécialisées (Strate College, École de design de Nantes Atlantique, etc.).
- Diplôme de l'ENSAD (École nationale supérieure des arts décoratifs).
- Diplôme d'ingénieur.

# YIELD MANAGER

**LAETITIA** **YIELD MANAGER CHEZ ALTAVIA (COMPAGNIE AÉRIENNE)**

*« Mon travail est d'ajuster en permanence le prix des billets d'avion afin d'améliorer les résultats financiers de ma compagnie. Je dois rechercher le meilleur équilibre possible entre le taux de remplissage et les tarifs pratiqués. Pour cela, je vais jongler avec les prix auxquels les billets ont été vendus, le temps qui reste avant le départ, la période à laquelle s'effectue le vol, le créneau horaire, etc. Je peux ainsi préférer vendre deux billets d'avion à tarif plein que dix à tarif réduit. Pour travailler, je regarde la concurrence, pour être constamment au courant des prix qu'elle pratique, surveille les réservations, recueille différentes données auprès des services de l'entreprise et du monde extérieur (météo, contexte politique, etc.), établis des statistiques… À partir de toutes ces infos, je constitue au mieux la grille tarifaire : promotions de dernière minute, prix plus haut en fonction de la saison, etc. »*

## LES ÉTUDES

**NIVEAU BAC + 3**

- Licence pro tourisme, marketing ou gestion des établissements hôteliers et de restauration.
- Bachelor (école de commerce ou de gestion).

**NIVEAU BAC + 5**

- Diplôme d'écoles d'ingénieurs.
- Diplôme d'écoles de commerce.
- Diplôme d'écoles spécialisées dans le tourisme ou la gestion hôtelière.
- Master dans le domaine du marketing, du management du tourisme ou de l'hôtellerie.

## Où travaille-t-il ?

Dans différents types d'entreprises : location de voiture, hôtel, agence de voyages, compagnie aérienne.

## Quel est son profil ?

Il doit avoir un esprit d'analyse très aiguisé, être réactif et savoir anticiper : un remaniement rapide des tarifs peut être nécessaire à tout moment. Diplomatie, tact, sens du dialogue et esprit d'équipe sont aussi nécessaires pour réussir, le yield manager étant très fréquemment en contact avec les autres services de l'entreprise.

## Quelle carrière ?

Après quelques années, il peut viser un poste de directeur marketing ou de directeur commercial dans l'entreprise. Dans l'hôtellerie, il s'orientera vers un poste de directeur d'hébergement, voire de directeur de complexe hôtelier.

**Un métier qui a de l'avenir : de plus en plus d'entreprises recherchent des yield managers pour améliorer leur rentabilité. Il est donc assez facile de trouver un poste.**

# INGÉNIEURE ROBOTIQUE

## AURÉLIE

**INGÉNIEURE ROBOTIQUE CHEZ RB3D (ROBOTIQUE ET EXOSQUELETTES)**

*« Je suis chef de projet exosquelette. Un exosquelette, c'est un robot permettant à celui qui le porte de soulever des charges très lourdes sans effort. Mon travail commence avec la rédaction d'un cahier des charges contenant les spécifications techniques de l'exosquelette, qui permettra aux différentes équipes qui travaillent avec moi (ingénieurs en électronique, informatique et mécanique) de réaliser leur partie du travail. Puis j'établis un planning pour la réalisation du prototype. Quand ils seront suffisamment performants et robustes, nous les commercialiserons. À ce jour, nous avons développé une dizaine de prototypes pour le domaine industriel. »*

## LES ÉTUDES

**NIVEAU BAC + 5**

- Master pro en sciences (automatismes, mécatronique, électronique, électrotechnique, hydraulique, pneumatique...).
- Master recherche en automatique et en robotique.
- Diplôme d'ingénieur type INSA ou ENSTA.

## Où travaille-t-il ?

Il peut être amené à travailler sur des robots de tous types : des machines de découverte spatiale (comme le robot d'exploration Curiosity, envoyé sur Mars) ou bien des robots utilisés sur les chaînes de production, dans l'industrie automobile ou aéronautique, par exemple.

**Pour travailler dans une entreprise innovante, il faut avoir le goût du challenge et être curieux.**

## Quel est son profil ?

Il est souvent passionné par la technologie et la robotique en général. Il doit aussi être pluridisciplinaire et avoir des connaissances en mécanique, en électronique, en informatique, etc. Enfin, il doit savoir diriger et motiver une équipe, faire preuve de leadership pour mener à bien les projets dont il a la responsabilité.

## Quelle carrière ?

Il peut occuper des fonctions d'ingénieur d'études, d'ingénieur méthodes, d'ingénieur de production ou de contrôleur qualité.

# RESPONSABLE MAINTENANCE

**SYLVAIN**
**RESPONSABLE MAINTENANCE À DISNEYLAND**

*« Tous les soirs, après le départ des visiteurs, je contrôle les câbles, les poulies, les vis, les soudures… Sur "Mission parachute", je contrôle les ceintures sur les véhicules, et je monte à 27 mètres de haut vérifier si les câbles ne sont pas usés. Une fois par mois, j'effectue un examen plus poussé, avec un champ magnétique pour vérifier si le câble n'est pas abîmé à l'intérieur. Et tous les deux ans on change les câbles, même s'ils sont encore bons. Quand on travaille dans l'équipe de jour, on est appelé pour de petites réparations, comme débloquer la ceinture d'un visiteur restée coincée. »*

**Dans ce secteur, la demande de main-d'œuvre est forte.**

## LES ÉTUDES

**NIVEAU BAC**
- Bac pro maintenance des équipements industriels.
- Bac pro électrotechnique, énergie, équipements communicants.

**NIVEAU BAC + 2**
- BTS maintenance des systèmes, option systèmes de production.
- BTS conception et réalisation de systèmes automatiques (CRSA).

## Où travaille-t-il ?

Il travaille dans tous les secteurs industriels (fabrication d'équipements mécaniques, fournitures électriques, chimie, métallurgie, agroalimentaire, plasturgie, industries de loisirs…), ainsi que dans les entreprises de transport et de logistique. Il peut exercer dans une entreprise de production industrielle, dans une société spécialisée dans la maintenance industrielle ou encore chez les fournisseurs de matériels qui assurent le service après-vente et le dépannage.

## Quel est son profil ?

Être rigoureux et avoir le sens de la sécurité sont importants, car les interventions techniques concernent des véhicules ou des machineries parfois imposantes et difficiles à manier. Être réactif et disponible est également indispensable : en cas d'urgence, il faut être prêt à intervenir à tout moment.

## Quelle carrière ?

Il peut évoluer vers la fonction de chef d'équipe ou devenir responsable en fabrication ou en qualité.

TEST

# Es-tu fait pour ce secteur ?

**1 – POUR TON PROCHAIN EXPOSÉ, TU DOIS BOSSER AVEC UN CAMARADE QUI EST UNE BÊTE EN MATHS, CONTRAIREMENT À TOI. ÇA VA ÊTRE…**

■ La galère, parce que vous n'allez pas vous comprendre.

▲ Sûrement intéressant.

● Génial et propice à un bel exposé !

**2 – TU VIENS D'AVOIR UNE IDÉE POUR TON ÉTAGÈRE DANS TA CHAMBRE.**

▲ Tu dessines un plan.

■ Tu l'expliques à tes parents.

● Tu retrousses tes manches pour la réaliser.

**3 – QUEL ADJECTIF TE CORRESPOND LE PLUS ?**

■ Créatif.

▲ Travailleur.

● Méthodique.

**4 – DIMANCHE PLUVIEUX, TU PRÉFÈRES…**

■ Faire des mandalas ou dessiner des mangas.

● Bricoler ta vieille étagère.

▲ Changer l'organisation de tes meubles dans ta chambre.

**5 – LE DRONE QUE TU AS EU À TON ANNIVERSAIRE A UN BUGUE.**

● Notice en main, tu cherches à savoir pourquoi.

■ Tu le rapportes au magasin.

▲ Tu appelles un ami plus calé que toi pour essayer de comprendre le problème.

**6 – TU PARTICIPES À L'ORGANISATION D'UNE COURSE À PIED, TU PRÉFÈRES…**

▲ T'occuper du matériel et des fournitures.

● Établir le planning de l'évènement et tout coordonner le jour J.

■ Faire la décoration et les banderoles.

**7 – LE RÈGLEMENT DE TON ÉTABLISSEMENT INTERDIT LE PORT DE CASQUETTE, DE JEAN TROUÉ, ETC.**

■ Les règles, ça te soûle !

● Les règles, c'est nécessaire en collectivité.

▲ Tu n'es pas fan, mais tu suis les règles.

**8 – TU DÉCIDES DE RÉORGANISER TA CHAMBRE. TU T'ARRANGES POUR QUE…**

■ Cela ne te prenne pas trop de temps.

▲ L'organisation des meubles et la décoration soient sympas à regarder.

● Les objets que tu utilises souvent soient accessibles.

**9 – TU RÊVES…**

▲ D'un voyage en Californie.

● Du prochain téléphone portable de ta marque préférée.

■ De nouvelles fringues !

**10 – LES ROBOTS, LES VOITURES SANS CONDUCTEURS, LES TRAINS À GRANDE VITESSE…**

▲ Ça t'impressionne.

● Ça te fait rêver.

■ Cela ne te fait aucun effet.

**FAIS LE TOTAL DE TES POINTS POUR CHAQUE SIGNE ET REPORTE-TOI AUX RÉPONSES.**

**MAJORITÉ DE ●**

Rigueur, détermination, organisation, capacités à t'adapter… tu as les qualités et la motivation nécessaires pour travailler dans ce secteur ! En plus, tu aimes travailler avec d'autres personnes et tu as le sens des contacts. N'hésite surtout pas à te renseigner sur la diversité des métiers pour déterminer lesquels te correspondront le mieux.

**MAJORITÉ DE ▲**

Certains métiers dans le secteur des transports, de la logistique ou de l'industrie peuvent te convenir, car tu possèdes la plupart des compétences requises. Mais renseigne-toi bien avant de te lancer dans une voie ou une autre, afin d'opter pour celle qui te convient le mieux.

**MAJORITÉ DE ■**

Apparemment, ce secteur n'est pas fait pour toi. Soit tu n'es pas très rigoureux, pas très sociable, pas prêt à t'adapter à des projets variés ou des horaires décalés, etc. Ou rien de tout cela !

IDÉES EN +

## D'autres idées dans ce secteur...

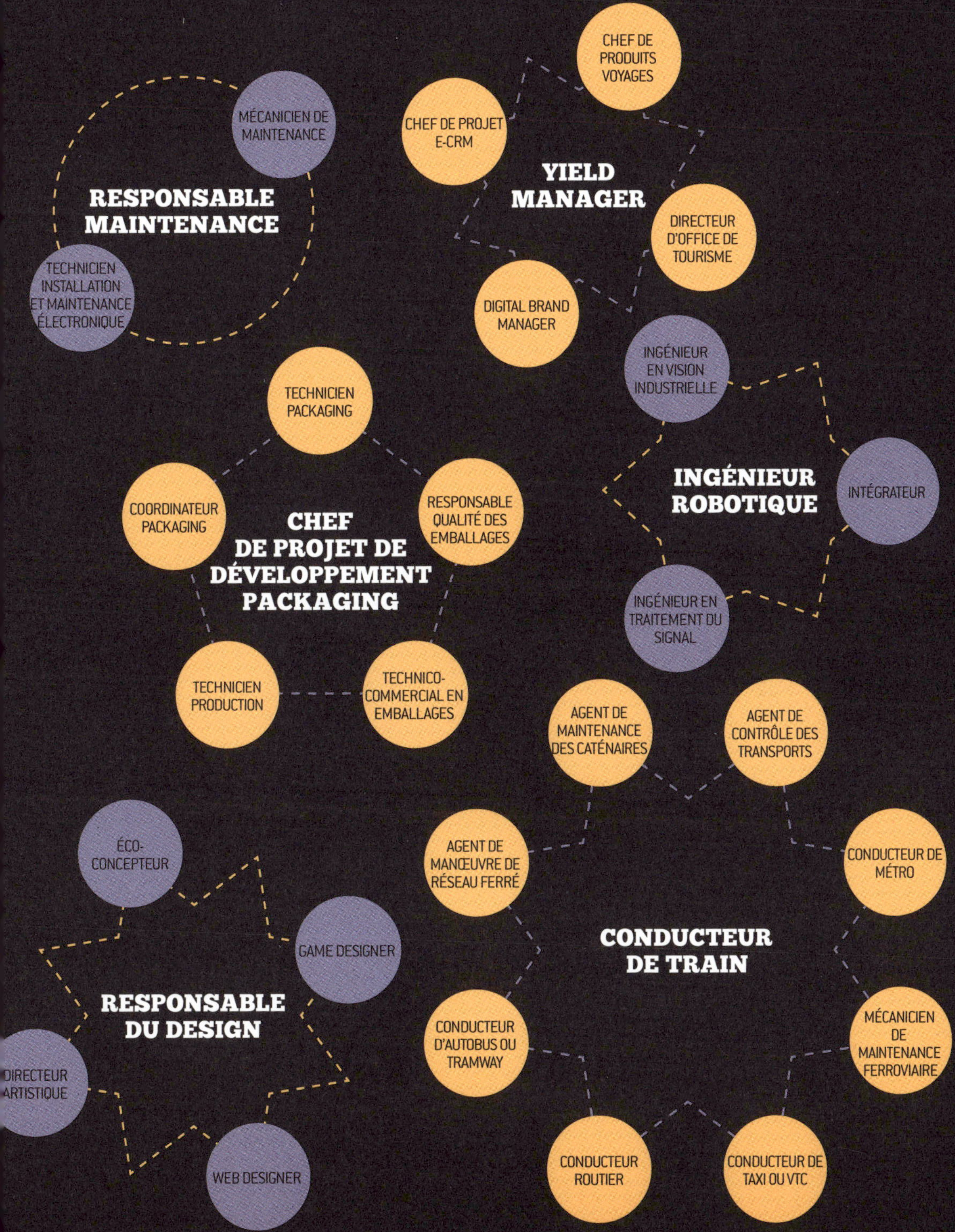

Les compétences du futur

# BIENVENUE DANS LE FUTUR !

**Tu ne sais pas ce que tu veux faire plus tard ? Rassure-toi… Même ceux qui croient avoir une idée précise de leur futur métier sont loin d'imaginer la réalité de leur vie professionnelle ! Car du fait de la révolution numérique, on estime que 65% des élèves d'aujourd'hui exerceront un métier qui n'a pas encore été créé !**

A priori, plus des trois quarts des métiers tels que nous les connaissons aujourd'hui devraient évoluer dans la prochaine décennie. D'une part, l'automatisation et la robotisation devraient supplanter ou moderniser un grand nombre de secteurs professionnels. D'autre part, changer régulièrement de métier sera la règle : à l'âge de 38 ans, tu devrais être déjà passé par 8 à 10 emplois. Et ces emplois seront parfois loin des études suivies, t'obligeant à t'adapter et à apprendre en permanence.

**Alors, prêt pour l'inconnu ?**

## 85% DES MÉTIERS DE 2030 N'EXISTENT PAS AUJOURD'HUI*

*Selon un rapport de Dell (l'un des plus grands fabricants d'ordinateurs au monde) et de l'Institut pour le Futur.

# SCIENCES ET

## THOMAS,

**BIO-HACKER EN BIOLOGIE SYNTHÉTIQUE, FONDATEUR DE LA PAILLASSE ET DE JUST ONE GIANT LAB**

*« Le bio-hacker en biologie synthétique (discipline qui combine biologie, informatique, physique et maths) fait à la fois de la recherche scientifique et de la transformation technologique, mais en dehors du monde académique de la recherche en labos. En 2012, j'ai créé La Paillasse parce que, ne trouvant pas de labo de biologie synthétique en France, je voulais créer un labo du XXI<sup>e</sup> siècle ouvert et collaboratif, où l'on fait de la recherche avec des équipements au plus bas coût. Pas besoin d'être chercheur pour y travailler ! Tout le monde peut venir : scientifiques, artistes ou designers. La rencontre de profils différents favorise l'innovation. Mon équipe de bio-hackers a par exemple travaillé sur un test génétique low cost ou une encre biodégradable. Aujourd'hui, La Paillasse compte 40 personnes mais j'ai créé aussi sur le web un vaste réseau international de personnes qui travaillent de la même manière... mais virtuellement ! »*

**« Imprimer de la peau en 3D, capturer des rêves, faire visiter Mars... tout sera possible d'ici une vingtaine d'années ! »**

# TECHNIQUES

## Exobiologiste

Ses fonctions : détecter des formes de vie extraterrestre ou tout autre indice de vie actuelle ou passée dans le système solaire et dans le reste de l'univers. Mais aussi comprendre les conditions qui ont permis l'apparition de la vie sur la Terre. Pour cela, il travaille en étroite collaboration avec des spécialistes d'autres domaines, au sein de programmes de recherche subventionnés par l'État. Il contribue à définir des hypothèses de recherche relatives aux conditions nécessaires pour qu'une forme de vie quelconque, même rudimentaire, puisse exister sur d'autres planètes. Puis il examine ces hypothèses à la lumière des données d'exploration extraterrestre recueillies à ce jour au moyen de sondes spatiales, de radiotélescopes et d'autres instruments de détection ultra-puissants. Il contribue également à établir des objectifs de recherche et des moyens à mettre en œuvre pour recueillir de plus amples données dans le cadre de programmes d'exploration spatiale.

SA FORMATION : **doctorat en biologie, en chimie, en géologie, en astronomie, en physique, en microbiologie, etc.**

## Conservateur de contenus mémoriels

À la fin des années 2020, grâce aux logiciels mis au point par les équipes de neuroscientifiques, on pourra se remémorer tous ses souvenirs d'enfance, ses vacances, ses fêtes d'anniversaire, etc. Capturer des pensées, des rêves... Élargir sa capacité à mémoriser... Les professionnels qui travaillent avec ces systèmes pour augmenter la capacité de stockage sont les conservateurs de contenus mémoriels. Un vrai job scientifique mais qui ouvre la porte au rêve !

SA FORMATION : **diplôme d'école d'ingénieurs, master ou doctorat en sciences.**

## Guide de l'espace

C'est le guide touristique du futur ! Avec le voyage en orbite terrestre susceptible de devenir un luxe abordable d'ici les années 2025, on prévoit l'émergence d'une nouvelle industrie du voyage. Les tours opérateurs vont nous promettre de contempler depuis l'espace un sublime lever de soleil, d'aller voir des curiosités comme les débris spatiaux accumulés au cours des 60 dernières années... voire de se poser sur Mars. Le travail du guide de l'espace consistera alors à accompagner les touristes dans leur visite, à les aider à trouver les meilleurs endroits pour prendre des selfies ou pour avoir de la wi-fi gratuite ! Mais il leur permettra sans doute aussi de trouver un aimant en pierre de lune pour leur réfrigérateur ! Claustrophobes s'abstenir !

SA FORMATION : **il n'en existe encore aucune. Mais une solide formation scientifique sera dans doute exigée.**

## Imprimeur 3D de tissus humains et d'organes ou bio-ingénieur tissulaire

C'est une révolution pour les nombreuses personnes qui attendent de recevoir un organe pour une greffe : aujourd'hui, on est capable de remplacer des tissus et des organes grâce à une imprimante à laser 3D. À partir d'un modèle 3D réalisé par imagerie médicale (IRM), la machine échafaude le tissu ou l'organe aux formes et dimensions voulues, en sécrétant, non pas de l'encre, mais un hydrogel (du collagène, une protéine fibrillaire ayant une bonne résistance mécanique) ensemencé de cellules préparées auparavant. L'imprimeur de tissus humains doit être manuel, capable de bricoler des prototypes et aimer travailler des heures durant avec des cellules vivantes, des pipettes et des liquides nutritifs. Il vérifie leur état de santé et leur croissance au microscope: la culture de cellules est un art, un travail d'orfèvre, de jardinier méticuleux, tant elles sont fragiles, sensibles à la moindre variation de température, d'acidité (pH) ou à la contamination par une bactérie ou un champignon.

SA FORMATION : **études de médecine, de pharmacie, master en sciences de la vie, etc.**

# MÉTIERS DU FUTUR

# SANTÉ ET BIEN

**NATHALIE, CHIEF HAPPINESS OFFICER CHEZ ALLÔ RESTO***

*« Mon travail, c'est de faire en sorte que les salariés soient heureux dans l'entreprise. Parce qu'un salarié heureux est plus productif, moins absent, plus fidèle ! Mon rôle est d'être à l'écoute, en empathie, de faire en sorte qu'il y ait une cohésion d'équipe, de favoriser la convivialité et le vivre ensemble. Ça passe par la communication interne (newsletter mensuelle...), l'organisation d'évènements favorisant l'esprit d'équipe, la mise en place d'actions pour favoriser le lâcher prise et le bon « vivre ensemble » : grand espace de détente pour faire du ping-pong, conférences, cours de sport pendant la pause déjeuner, etc. Enfin j'encourage le dialogue entre notre directeur général (auquel je suis rattachée) et les salariés : j'ai mis en place une boîte à questions qui sont posées directement à notre DG. Cela permet de briser les rumeurs, d'empêcher le mal-être de s'installer. Et ça cultive la transparence, la confiance, le dialogue et la convivialité. »*

* Société spécialisée dans la restauration livrée.

**« Soigner à distance, donner des médicaments à tête chercheuse prédire des maladies grâce à l'ADN, améliorer le bien-être à tout moment de la vie... la médecine du futur sera bluffante ! »**

## Implanticien

Ce thérapeute-technicien est le spécialiste des implants technologiques humains. Il cherche l'implant qui permet au patient de mieux gérer sa maladie ou à améliorer ses performances, en vérifiant le bon fonctionnement de l'implant. Il doit donc mettre en place des dispositifs permettant de réagir immédiatement lors d'un dysfonctionnement dû à un bug, un piratage, à des interférences d'ondes par exemple, et aide le patient à analyser les données issues de ce dispositif numérique. Avec l'explosion des implants dans les 10 prochaines années, ce métier va vite devenir incontournable.

SA FORMATION : **études de médecine complétées par une formation technique.**

ÊTRE

## Thérapeute de fin de vie

D'ici à 2050, un Français sur quatre aura plus de 65 ans. Si l'allongement de l'espérance de vie est une bonne nouvelle, cela exige que la société prenne bien mieux en charge les personnes âgées. Ainsi devrait voir le jour le job de thérapeute de fin de vie dans les maisons de retraite, les hôpitaux... Son rôle : conseiller les personnes âgées et planifier au mieux avec elles les différents aspects de leurs dernières années de vie, afin qu'elles soient le plus agréables possible. Dans une maison de retraite, il aidera le résident à s'adapter à son nouvel environnement, écoutera son mal-être face au vieillissement et au handicap. Son soutien auprès de la famille sera tout aussi important : l'aidant, par exemple, à accepter l'entrée en établissement d'un parent, ou encore facilitant les échanges entre famille et institution. Si nécessaire, il accompagnera les proches au moment du décès.

SA FORMATION : **diplôme de médecin-psychiatre ou de psychologue + titre de psychothérapeute acquis dans les agences régionales de santé. Ou un master en psychologie ou psychanalyse. Possibilité aussi de faire un diplôme en médecine suivi d'une formation théorique et pratique en psychopathologie clinique auprès de l'un des établissements agréés par le ministère de la Santé.**

## Télé-chirurgien

Certes, la télé-chirurgie ou chirurgie à distance existe déjà. Les – peu nombreux – chirurgiens formés à cette technique opèrent à distance à l'aide d'un bras télécommandé, qui leur permet, grâce à un système à retour de force, d'avoir les mêmes sensations que lors d'une opération classique. Mais l'équipement est encore trop coûteux et incertain pour être accessible à ceux qui en auraient le plus besoin, particulièrement dans les petites villes ou les pays ou territoires éloignés (Dom-Tom, Océanie...). Mais d'ici 2030, la robotique, comme la connexion en réseau, devrait avoir suffisamment évolué pour permettre à n'importe quel chirurgien d'opérer sans avoir à se déplacer ! Alors si tu n'as pas peur des 11 ans d'études et que tu n'es pas réfractaire aux nouvelles technos, ce métier est fait pour toi !

SA FORMATION : **diplôme de chirurgien.**

## Datadoc

Dans un futur proche, ces médecins connectés utiliseront les paramètres de leurs patients pour effectuer un diagnostic : ils se serviront de données aussi diverses que la tension artérielle, le taux de glycémie, la température corporelle, la qualité de sommeil ou le nombre de pas effectués. Mais leur temps d'observation de ces données ne se limitera plus aux 15 minutes de consultation, il s'étendra aux jours, voire aux semaines précédentes.

SA FORMATION : **diplôme de médecin + diplôme d'école d'ingénieurs.**

## Ingénieur lean

Qu'il chasse le gaspillage de temps, d'argent ou de compétences, l'ingénieur lean est là pour améliorer la performance d'une usine, d'une banque ou d'une administration. Dans une usine, il peut simplifier les manipulations d'un opérateur au niveau de la chaîne de production en supprimant des gestes inutiles, modifier l'enchaînement des tâches, la place des outils ou des machines. Son objectif : rationaliser et fluidifier la production en se débarrassant de tout ce qui n'est pas créateur de valeur ajoutée. Avis aux amateurs !

SA FORMATION : **diplôme d'une école d'ingénieurs + formation en école de commerce, ou master pro automatisation intégrée et systèmes homme-machine, ingénierie des systèmes complexes...**

## Chercheur en nanomédecine

On rêve depuis longtemps de petits objets circulant dans notre corps à l'affût du moindre trouble pour éradiquer le problème d'un coup de rayon magique. Aujourd'hui, partout dans le monde, des labos bâtissent des armes d'observation et de destruction à l'échelle du milliardième de mètre. C'est la fonction des spécialistes de la nanomédecine : concevoir des dispositifs thérapeutiques et des médicaments qui agissent à l'échelle nanométrique, directement au niveau de la cellule.

SA FORMATION : **études de médecine + master en nanomédecine.**

# MARKETING

## ALBAN, GROWTH HACKER CHEZ FRICHTI

*« Le job d'un growth hacker ("pirate de la croissance"), c'est de traquer toutes les occasions de business pour développer une entreprise vite et à faible coût. Dans une start-up comme la mienne, spécialisée dans la fabrication et la livraison de repas à domicile, il s'agit de trouver des idées facilement réalisables pour faire augmenter les ventes. Par exemple, avec notre offre de plats assez large, on s'est aperçus que 80% des erreurs dans la prise de commandes étaient dues à des noms de plats trop proches (comme " salade paysanne " et " salade de poulet "), donc nous en avons simplifié les noms (" paysanne " et " poulet "). Growth hacker est un métier qui exige de la curiosité, de l'adaptabilité, beaucoup d'astuce donc de créativité pour remettre en question tous les process existants. Mais il faut aussi des compétences en marketing, en finance, en informatique, etc. Quand on constate un problème, il ne suffit pas de savoir l'analyser et d'imaginer des solutions, encore faut-il savoir aussi les mettre en œuvre. Mettre les mains dans le cambouis, quoi ! »*

## Digital brand manager

Web, réseaux sociaux, applications… le digital brand manager gère la visibilité d'une ou plusieurs marques d'une entreprise sur les supports numériques, afin d'en donner une image positive. Pour cela, il veille à sa notoriété en ligne et à son e-réputation. Mais pas seulement ! Il va suivre les consommateurs potentiels de sa marque sur les réseaux sociaux et sera rémunéré pour instaurer une relation amicale avec eux en créant, par exemple, des événements, des concours… Il va également avoir recours au storytelling, technique qui s'appuie sur le pouvoir de séduction des contes de fées et des mythes pour parler aux émotions des consommateurs, et pas à leur raison. Bref, une autre façon de vendre…

**SA FORMATION : diplôme d'école de communication, d'école spécialisées en werbmarketing, d'école de commerce, d'école d'ingénieurs en informatique, d'IEP ou master en brand marketing et brand management.**

# ET VENTE

## Commentateur culturel numérique

Notre burger, une fête chez des amis, nos vacances à Arcachon... aujourd'hui, nous photographions tout, si possible de façon artistique, et déposons ensuite ledit « chef-d'œuvre » sur les réseaux sociaux type Instagram. Et ce n'est rien au vu de ce qui nous attend ! Dans 10 ans, la communication visuelle dominera les médias sociaux. Il faudra donc des pros qui maîtrisent la communication visuelle numérique dans les entreprises, mais aussi dans les institutions artistiques, puisque l'art sera de plus en plus numérique. Ils permettront au public par exemple de visiter de façon ludique une galerie de musée. Les visiteurs comprendront enfin l'art puisqu'il sera plus adapté à leur mode de vie !

SA FORMATION : **bac + 5 en histoire de l'art, mais aussi en marketing et en relations publiques.**

## Chief digital officer

Il a fallu la pression de l'« ubérisation » – ce risque de tout perdre si un jeune concurrent plus agile et malin débarque sur le marché – pour que les grandes entreprises prennent le problème du digital à bras-le-corps et décident de recruter des chief digital officers. Leur job, c'est d'accompagner la transformation informatique d'une entreprise. Concrètement il s'agit de convertir les salariés au numérique, de galvaniser les troupes autour de ces transformations et de trouver de nouveaux business models ! Une fois cette transformation numérique réussie... il devra anticiper les suivantes.

SA FORMATION : **diplôme d'école d'ingénieurs, de commerce... spécialisation souhaitée en Big Data, analyse de données, etc.**

## Data scientist

C'est « le métier le plus sexy » du XXIe siècle si l'on en croit la *Harvard Business Review* : des matheux qui mettent notre vie en équations pour développer les services de demain !
Leur job consiste à faire parler les milliers de données les plus complexes et déstructurées, couramment appelées « Big Data », recueillies de sources diverses et éparses. Après avoir croisé des indicateurs, mouliné des algorithmes et fait parler les données, ils formulent des propositions pour leur entreprise. Chez Facebook, par exemple, les nombreux data scientists étudient les flux de données, le type d'infos échangées sur les réseaux sociaux, à un moment précis ou sur un lieu donné, pour inventer de nouvelles applications.

SA FORMATION : **diplôme d'école de commerce, d'école d'ingénieurs, doctorat en analyse statistique et programmation informatique, etc.**

## Directeur de l'IoT

Sociétés technologiques, industrielles, spécialistes de la logistique, fabricants d'électroménager, entreprises de construction... Tous les acteurs susceptibles de mettre des appareils intelligents (objets connectés ou Internet of Things) dans les mains de leurs clients, ou de mieux surveiller leur processus de production grâce aux nouveaux outils... vont, dans les années à venir, recruter leur directeur de l'IoT ou chef d'orchestre des objets connectés. Sa mission : valoriser les données collectées par les objets connectés, pour créer de nouveaux services, renforcer des activités déjà en place, mais aussi rendre plus efficaces le service après-vente ou le marketing d'une entreprise. Au-delà de l'analyse, de la sécurisation et de la valorisation des données, le directeur IoT se frottera à l'objet connecté en lui-même, en réfléchissant à un design simple, à un réseau de communication et à une batterie adaptée, etc. Un métier à la croisée de la technologie et du business !

SA FORMATION : **diplôme d'école de commerce, d'école d'ingénieurs, doctorat en analyse statistique et programmation informatique.**

**« Cap sur le numérique et la Data dans les métiers du marketing ! »**

# MÉTIERS DU FUTUR

# STRATÉGIE

## MALIKA,

**DATA PROTECTION OFFICER À NANTES MÉTROPOLE HABITAT**

*« Nantes Métropole Habitat collecte et traite une énorme quantité de données à caractère personnel : celles de 47 000 Nantais que nous logeons, celles de ses salariés, de ses fournisseurs et autres prestataires. Mon travail, c'est de gérer ces données ! Par exemple, quand nous avons décidé d'installer des thermostats connectés dans les logements, il a fallu collecter des infos par rapport aux comportements de vie des locataires (leur consommation réelle d'électricité, leurs habitudes de vie, etc.)... Mon rôle est alors de vérifier qu'on ne collecte que les données nécessaires au projet, puis d'expliquer aux locataires la finalité de cette collecte pour obtenir leur autorisation (ou pas). Ensuite, je dois assurer la sécurité et la confidentialité de ces données, vérifier qu'elles sont conservées durant un temps limité, et accessibles uniquement aux personnes concernées, etc. »*

# FINANCE ET DROIT

**« Gérer les droits des robots ou l'utilisation des drones, encadrer les travailleurs nomades… autant de futures missions pour les pros de la stratégie et du droit. »**

## Commercial dans une FinTech

Payer ses achats avec son téléphone portable, prêter de l'argent à des entreprises ou à des particuliers, constituer des cagnottes en ligne… : la gestion des finances personnelles est bouleversée par de jeunes entreprises appelées FinTech, start-up innovantes qui utilisent la technologie pour repenser les services financiers et bancaires (Ulule, KissKissBankBank, PayPal, etc.). Ces FinTech cherchent désespérément des commerciaux qui vendent ou achètent des produits financiers pour le compte des clients de la FinTech, des chefs de produits possédant des compétences en e-commerce, etc.

SA FORMATION : **diplôme d'école de commerce.**

## Responsable de l'éthique technologique

Dans les années à venir, de nombreux emplois seront créés dans le domaine de l'ingénierie robotique. Pour veiller au bon fonctionnement des entreprises mêlant robots et humains, des responsables de l'éthique de la technologie agiront comme un intermédiaire entre les humains, les robots et l'intelligence artificielle. Ils fixeront les règles morales et éthiques dans lesquelles les machines fonctionneront. Parce que les robots nuisibles peuvent exister ! Alors nous aurons besoin de personnes capables de faire face aux problèmes liés à l'intelligence artificielle. Le responsable de l'éthique de la technologie sera donc compétent en communication, en philosophie et en éthique.

SA FORMATION : **diplôme d'école de communication, master professionnel en droit, etc.**

## Avocat spécialiste des drones

Imagine un instant qu'un drone te prenne en photo en train de jardiner en slip léopard. Et que la photo soit diffusée sur internet. Vers qui te tourneras-tu pour défendre ton intimité? Vers un juriste spécialiste des drones ! Certains cabinets commencent à chercher ces spécialistes qui connaissent sur le bout des doigts la réglementation élaborée par la DGAC (Direction générale de l'aviation civile) : ce qu'on a le droit de survoler, la hauteur de vol maximum, le respect de la vie privée, etc. Dans les entreprises qui utilisent des drones, cet homme de loi sera chargé d'obtenir, pour chaque vol, des autorisations des autorités compétentes.

SA FORMATION : **CAPA (certificat d'aptitude à la profession d'avocat).**

## Nomadeur

Grâce au numérique, on va pouvoir bientôt travailler depuis son domicile, mais aussi de « tiers-lieux » : espace de coworking, corpworking, incubateurs, centre d'affaires, télécentre, café-coworking, fablabs… en freelance ou en tant que salarié. Et cela, en collaborant avec nos collègues ou nos clients aux quatre coins du monde tant que nous disposons d'un ordinateur, un smartphone et d'une connexion wi-fi. Et nous ne viendrons que rarement au siège de notre employeur où nos bureaux fixes seront remplacés par des espaces de travail partagés. Du coup, pour gérer ces travailleurs nomades et ces espaces partagés, il faudra des spécialistes à la fois experts en management, en collaboration à distance mais aussi en outils informatiques.

SA FORMATION : **diplôme d'école de commerce, d'IEP (institut d'études politiques), master professionnel en ressources humaines.**

# ÉCOLOGIE ET

## PHILIPPE,
### BOUCHER VÉGÉTARIEN À LA BOUCHERIE VÉGÉTARIENNE

*« Lors d'un voyage aux Pays-Bas, mon associée et moi avons découvert la viande végétarienne. Ce que nous mangions ressemblait à de la viande (poulet, bœuf, porc...) mais il s'agissait d'un mélange de soja et de froment, agrémenté de pois, de tomates et d'épices. Nous avons repris ce concept en France en 2015 en ouvrant une boucherie végétarienne. Nous importons les produits des Pays-Bas que nous cuisinons ensuite sur place. Aujourd'hui, des centaines de clients défilent dans notre boutique : végétariens, vegans, personnes à la diète ou ayant réduit leur consommation de protéines animales... La recette de notre succès ? Notre procédé imite à la perfection la consistance de la viande, son mordant, sa texture... »*

**« En 2030, des nouveaux métiers, qui paraissent insolites aujourd'hui, auront vu le jour pour répondre aux enjeux écologiques. »**

### Gestionnaire de projets smart city

La smart city, c'est la ville intelligente, totalement repensée grâce aux infrastructures et aux nouvelles technologies pour répondre aux nouveaux besoins de ses habitants. Les gestionnaires de projets smart city seront en quelque sorte les responsables de projets technologiques de la commune. Ils se chargeront des partenariats smart city avec des entreprises technologiques. Ils devront donc être capables de comprendre et de discuter des nouvelles technologies, et, par la suite, de choisir les meilleures solutions pour la commune.

**SA FORMATION :** **diplôme d'école d'ingénieurs, master scientifique.**

# IOUVELLES ÉNERGIES

## Consultant en stratégie du « rewilding »

Alors que notre monde tente de faire face à 9 milliards d'humains vivant dans des mégapoles riches en ressources, les écosystèmes naturels atteindront leurs limites d'ici 2025. La mission du consultant en stratégie du rewilding sera de réintroduire des plantes et des animaux qui ont disparu dans une région pendant des siècles, et de gérer les migrations face à l'évolution climatique. Un autre rôle consistera à valoriser les vestiges de notre passé industriel, en transformant les structures d'acier abandonnées, les mines de charbon et les usines, en forêts remplies d'animaux et de plantes, plutôt que de les préserver comme des sites patrimoniaux stériles.

SA FORMATION : **diplôme d'école d'ingénieurs, master scientifique.**

## Rudologue

Son travail consiste à étudier le contenu de nos poubelles ou de celles des industriels. Cela lui permet de dresser des bilans concernant nos modes de production et de consommation, et de proposer des solutions pour prévenir l'augmentation des déchets ménagers ou industriels. Cela peut être le réemploi (emballages consignés), la réutilisation (nouvel emploi pour un usage différent), le recyclage ou l'utilisation des déchets comme source d'énergie. Déchets ménagers, hospitaliers, nucléaires… la rudologie a de beaux jours devant elle.

SA FORMATION : **licence pro rudologie, traitement des déchets…, master gouvernance des risques environnementaux, diplôme d'école d'ingénieurs spécialité environnement, chimie…**

## Créateur d'énergie

Vers le milieu des années 2020, le changement climatique et l'épuisement des ressources naturelles nécessiteront qu'on stocke de l'énergie pour les jours où le vent ne soufflera pas et où le soleil ne brillera pas. Le créateur d'énergie – sustainable power innovator – devra y veiller, mais également inventer des stockages de batterie ultra-puissants pour faire face aux exigences de puissance liées à l'internet des objets, omniprésent.

SA FORMATION : **diplôme d'école d'ingénieurs, master scientifique.**

## Trader en $CO_2$

L'Union européenne s'est engagée à réduire ses émissions de 20 % à l'horizon 2020. Pour y arriver, elle impose aux industriels un quota d'émission de gaz à effet de serre. Certains n'utilisent pas l'intégralité de ce quota. D'autres au contraire le dépassent. D'où l'idée d'un marché d'échange de quotas permettant aux bons élèves de vendre et aux mauvais élèves d'acheter leur « droit à polluer ». Le trader en $CO_2$, tout comme un trader « classique », opère dans les salles de marché… sauf que lui vend et achète du dioxyde de carbone, du $CO_2$. Pour mener à bien sa mission, il doit se tenir au courant de l'actualité économique, prévoir les variations de cours en repérant les évènements qui vont les influencer. Il doit donc se documenter sur les infos juridiques, environnementales et institutionnelles. Son but étant d'acheter au plus bas et de vendre au cours le plus haut, il suit évidemment avec attention le cours du carbone.

SA FORMATION : **diplôme d'école de commerce, d'école d'ingénieurs ou d'IEP spécialité économie et finance.**

MÉTIERS DU FUTUR

# INTELLIGENCE ARTIFICIELLE ET VIRTUEL

## ENGUERRAN, UX DESIGNER CHEZ SMART PIXELS

*« Mon travail, c'est de concevoir et d'améliorer des interfaces numériques pour le compte de mes clients. Par exemple, nous avons installé des bornes dotées de la technologie holographique dans un Nike Store, à Paris. Le but était que le consommateur puisse personnaliser sa paire de chaussures de sport en magasin après avoir choisi son modèle. À l'aide d'un projecteur et d'un logiciel que nous avons conçus, il réalise un mapping sur un modèle blanc ou gris. Il peut ainsi visualiser en temps réel l'apparence qu'aura sa chaussure : textures, couleurs... Demain, on pourra personnaliser n'importe quel objet. À condition d'être créatif et de ne pas avoir peur d'innover ! »*

### Manager d'avatars

Pour séduire à grande échelle et humaniser leurs marques, les entreprises choisissent de plus en plus de créer des personnages virtuels. Les fruits Oasis ou les Lapins Crétins en sont de parfaits exemples, avec un langage propre et des interactions liées à l'actualité. De ce fait, le community manager de demain ne va plus parler en son nom, mais imaginer et dessiner des personnages virtuels, puis leur donner vie en adoptant un ton et des gimmicks qui leur seront propres. Un manager d'avatars quoi !

SA FORMATION : **bac +3 / +5 en marketing, diplôme d'école de commerce ou de communication avec une spécialisation « social media », diplôme d'école du web.**

### Ingénieur en intelligence artificielle

Si tu as toujours rêvé de mettre au point le premier robot aussi intelligent qu'un homme... deviens ingénieur en intelligence artificielle. Celui-ci conçoit des machines et des programmes informatiques capables de reproduire des tâches effectuées habituellement par l'homme. Il résout des problèmes complexes, pour lesquels l'informatique classique est limitée. Les applications sont multiples, que ce soit dans le domaine militaire (drones), des jeux vidéo ou encore de la médecine, les robots pouvant par exemple réaliser des opérations chirurgicales de pointe.

SA FORMATION : **diplôme d'école d'ingénieurs ou master en génie informatique option intelligence artificielle-génie logiciel.**

### Expert en cybersécurité

Parce que sa mission principale est d'assurer la protection des données et des applications de son entreprise, il a pour ennemis : les virus et les pirates... pour hantise : une faille dans le réseau. Pour mettre en échec les tentatives d'intrusion des pirates informatiques (hackers), il évalue le niveau de vulnérabilité du site et établit des solutions pour le sécuriser : mots de passe, cryptologie, pare-feu, antivirus... Il peut être épaulé dans sa mission par des « hackers éthiques » : ces professionnels de l'intrusion l'aident à déceler les failles.

SA FORMATION : **diplôme d'école d'ingénieurs ou master en informatique et plusieurs années d'expérience dans les réseaux informatiques.**

## Responsable Green IT

T'es-tu déjà demandé, en utilisant Snapchat ou Pokémon Go, quel impact ton appli préférée avait sur l'environnement ? Lui, oui. Au sein d'une entreprise ou comme consultant, il fait appliquer la réglementation, optimise la consommation d'énergie des ordinateurs ou la durée de vie du matériel, réduit la quantité d'impressions et de déchets... tout en privilégiant des achats informatiques « responsables ». Pour cela, il propose aux entreprises des solutions pour repenser la gestion de leurs parcs informatiques, inciter les salariés à limiter leurs impressions, optimiser les serveurs informatiques (pour favoriser leur refroidissement), rationaliser l'espace de stockage des données... Il les aide également à déployer des outils et des logiciels au service du développement durable, comme la « comptabilité carbone » pour évaluer l'engagement des fournisseurs dans ce domaine...

SA FORMATION : **diplôme d'école d'ingénieurs, master ou doctorat en informatique, avec une spécialisation en développement durable.**

## Designer de réalité virtuelle

Appelé également immersive designer, ce pro du 3e type imagine, pense, modélise, teste... grâce à la réalité augmentée, la réalité virtuelle, les hologrammes, capteurs... bref tout ce qu'offrent les nouvelles technologies en matière de 3D. Il peut concevoir les services potentiels d'une voiture autonome, imaginer une boutique de luxe immersive, faire de la data-visualisation en réalité augmentée, simuler un système ou un espace avant de le mettre en place, etc. Tous les domaines sont concernés : aéronautique, santé, automobile, luxe, architecture, espace public, banque ou assurances, et demain services publics. L'avantage de la 3D est d'offrir des possibilités d'anticipation infinies.

SA FORMATION : **bac + 5 dans le domaine du design, de la 3D et de la réalité virtuelle et augmentée.**

**« Dans le futur les robots seront omniprésents et te simplifieront la vie. Cela devrait laisser plus de temps pour recréer du lien entre les humains, penser à leur bien-être, individuel et collectif. »**

## Creative technologist

Noël 2015. Orange imagine l'Emotion Capture Box, un paquet cadeau équipé d'une caméra numérique qui filme pendant 10 minutes l'émotion du destinataire. L'idée fait le buzz... et illustre la volonté des marques d'innover en matière de communication grâce au numérique. C'est tout le job du creative technologist. À la fois codeur, concepteur et stratège, il est capable de décortiquer les langages informatiques, les logiciels, les applis... pour en extraire de nouvelles applications à la pointe de l'innovation (objets connectés, installations, projets web, etc.).

SA FORMATION : **diplôme d'école d'ingénieurs, master scientifique, diplôme d'école d'arts graphiques ou de design.**

MÉTIERS DU FUTUR

# LE NUMÉRIQUE

### CURATEUR NUMÉRIQUE

***Dans les années à venir, c'est lui qui va nous sauver de l'infobésité, autrement dit de la surabondance d'infos à laquelle nous sommes tous les jours confrontés ! Parce que jongler entre des dizaines d'applis, d'alertes sur nos stars préférées, sur les fringues que l'on souhaite acheter... est un sport de haut niveau ! Le curateur numérique personnel nous aidera à mettre en place des outils de veille adaptés. Et si nous avons les moyens d'une prestation haut de gamme, il trouvera pour nous les infos dont nous avons besoin, au bon moment, parmi l'immense cacophonie du web. C'est en quelque sorte un diététicien de l'info, car ses cures d'infos de qualité nous éviteront la boulimie de data.***

## Consultant en vie privée

Les données sont l'or noir du XXIe siècle ! Il n'y a qu'à voir le mal que se donnent les entreprises pour les récolter, les gérer, les analyser... pour mieux nous connaître et vendre certains services ! En clair, ces données ne profitent pas à ceux qui les produisent, c'est-à-dire nous. Nous acceptons souvent sans lire les conditions d'utilisation, les politiques de confidentialité qui nous sont proposées. Ce qui peut être préjudiciable pour notre vie privée. Pour éviter de tomber dans ce piège, on pourra faire appel, à l'avenir, à un consultant en vie privée chargé de décrypter les infos rédigées – en toutes petites lettres ! – sur les sites. Grâce à lui, nos infos personnelles seront protégées et il pourrait même nous proposer des méthodes de rentabilité par les données.

**SA FORMATION : il n'en existe pas mais une formation en informatique ou en systèmes numériques semble la plus appropriée. Et aussi de bonnes notions de droit au respect de la vie privée.**

# AU QUOTIDIEN

## Thérapeute en désintoxication digitale

Tu passes tes journées entières connecté à internet, tu te rues sur ton portable sitôt levé, tu préfères discuter avec tes amis virtuels plutôt que tes « vrais » amis, tu deviens hystérique quand tu n'as plus de 4G ou de wi-fi… tu es peut-être addict (accro) au numérique et le burn-out te guette… Cette addiction se généralise de plus en plus… D'ailleurs, de nombreux pays, dont la Chine et le Japon, disposent déjà de centres de désintoxication d'internet avec des thérapeutes en digital detox qui utilisent des moyens cliniques et parfois des méthodes militaires pour aider à décrocher de « l'héroïne électronique ».

**SA FORMATION : DES (diplôme d'études supérieures) en psychiatrie, master professionnel en psychologie.**

**« Menacés par l'overdose d'internet, nous allons avoir besoin de spécialistes pour nous freiner ! »**

## Archiviste de vie numérique

Nos vacances, nos anniversaires, nos fêtes entre amis… nous laissons des milliers de traces de toutes les étapes de notre vie sur Instagram, Snapchat, Facebook, etc. Dans le futur, pour une gestion efficace de notre réputation numérique, nous pourrons faire appel à un archiviste de données. Il se chargera d'ordonner tout ce qui nous appartient en ligne. C'est une autre façon de garder la main sur ses données et d'empêcher au besoin leur utilisation par des tiers.

**SA FORMATION : master professionnel en archives numériques.**

## Funébriste

Sa spécialité : les enterrements virtuels 2.0. Dans le futur, il sera nécessaire de faire appel à un spécialiste pour gérer notre patrimoine numérique après notre mort. Évidemment, c'est avant notre disparition qu'il faudra se préoccuper de cet enterrement en disposant d'un coffre-fort numérique comportant tous nos mots de passe, nos dernières volontés en ce qui concerne nos données et éventuellement une vidéo à destination de nos proches. Une fois la personne décédée, le funébriste devra identifier sa « présence » sur les réseaux sociaux, gérer son identité numérique post-mortem, proposer une page de condoléances (poster des vidéos, photos, musiques…). Ahurissant ? Il faut savoir que Google a déjà lancé un service permettant de gérer nos données après notre mort !

**SA FORMATION : il n'en existe pas mais une formation en informatique ou en systèmes numériques semble le plus appropriée.**

# INDEX

SPÉCIAL MÉTIERS DU FUTUR P. 232

Dans cette liste figurent tous les métiers illustrés par un témoignage à l'intérieur de ce livre. Pour chacun, sont indiqués niveau de salaire et d'études par des pictos. N'hésite pas à te reporter aux pages finales de chaque secteur pour découvrir de nombreuses autres idées de métiers.

**FORMATION**

- ■□□□□ : niveau 3ᵉ (CAP) à bac
- ■■□□□ : niveau bac
- ■■■□□ : niveau bac + 2, bac + 3
- ■■■■□ : niveau bac + 4, bac + 5
- ■■■■■ : niveau au-delà de bac +5

**SALAIRE**

- ■□□□□ : moins du Smic (payé au cachet, etc.)
- ■■□□□ : Smic
- ■■■□□ : 1500 à 2500
- ■■■■□ : 2500 à 4000
- ■■■■■ : + de 4000

| | | CÔTE | FORMATION | SALAIRE |
|---|---|---|---|---|
| CHARGÉ(E) DU RECRUTEMENT | 57 | ■■■■□ | ■■■■□ | ■■■■□ |
| CHEF DE CUISINE | 166 | ■■■■■ | ■■□□□ | ■■□□□ |
| CHEF DE PRODUIT | 88 | ■■■■■ | ■■■■□ | ■■■■□ |
| CHEF DE PROJET BIODIVERSITÉ | 146 | ■■■■□ | ■■■■□ | ■■■□□ |
| CHEF DE PROJET DE DÉVELOPPEMENT PACKAGING | 223 | ■■■■□ | ■■■■□ | ■■■□□ |
| CHEF DE PROJET MARKETING | 91 | ■■■■■ | ■■■■□ | ■■■■□ |
| CHEF DE RÉCEPTION | 169 | ■■■■■ | ■■■□□ | ■■□□□ |
| CHEF DÉCORATEUR(RICE) | 49 | ■■□□□ | ■■■■□ | ■■□□□ |
| CHIRURGIEN(NE) MAXILLO-FACIAL | 201 | ■■■■■ | ■■■■■ | ■■■■■ |
| COACH EN ORIENTATION | 137 | ■■■■■ | ■■■□□ | ■■□□□ |
| COMMERCIAL(E) EN AGROFOURNITURES | 25 | ■■■■□ | ■■■■□ | ■■■□□ |
| COMMUNITY MANAGER | 127 | ■■■■□ | ■■■■□ | ■■■□□ |
| COMPTABLE | 58 | ■■■■■ | ■■■□□ | ■■■□□ |
| CONCEPTEUR DE VOYAGES DURABLES | 170 | ■■■■□ | ■■■■□ | ■■□□□ |
| CONDUCTEUR(RICE) DE TRAIN | 224 | ■■■□□ | ■■□□□ | ■■■□□ |
| CONSEILLER(ÈRE) EN ÉCO-ÉNERGIE | 148 | ■■■■□ | ■■■□□ | ■■■□□ |
| CONSEILLER(ÈRE) POLITIQUE | 159 | ■■■■□ | ■■■■□ | ■■■□□ |
| CONSEILLER(ÈRE) PRINCIPAL(E) D'ÉDUCATION | 138 | ■■■□□ | ■■■■□ | ■■■□□ |
| CONSERVATEUR(RICE) DE BIBLIOTHÈQUE | 160 | ■■■■□ | ■■■□□ | ■■■□□ |
| CONSULTANT(E) EN STRATÉGIE DE MARQUE | 125 | ■■□□□ | ■■■■□ | ■■■□□ |
| CONSULTANT(E) INDÉPENDANT(E) EN STRATÉGIE ET FINANCE | 59 | ■■■■■ | ■■■■□ | ■■■■□ |
| CONSULTANT(E) EN E-RÉPUTATION | 183 | ■■■■■ | ■■■■□ | ■■■■□ |
| CONTRÔLEUR(SE) DE GESTION | 56 | ■■■■■ | ■■■■□ | ■■■■□ |
| CRÉATEUR(RICE) DE PARFUMS | 70 | ■■■■□ | ■■■■□ | ■■■■□ |
| DANSEUR(SE) CLASSIQUE | 48 | ■□□□□ | ■■□□□ | ■□□□□ |
| DATA SCIENTIST | 180 | ■■■■■ | ■■■■□ | ■■■■□ |
| DESIGNER DE MODE | 38 | ■■□□□ | ■■■■□ | ■■□□□ |
| DÉTECTIVE PRIVÉ(E) | 112 | ■■■■□ | ■■■□□ | ■■■□□ |
| DÉVELOPPEUR(SE) | 184 | ■■■■■ | ■■■■□ | ■■■■□ |
| DIAGNOSTIQUEUR(SE) IMMOBILIER | 81 | ■■■■□ | ■■■□□ | ■■■□□ |
| DIRECTEUR(RICE) D'EHPAD | 204 | ■■■■■ | ■■■■□ | ■■■□□ |
| DIRECTEUR(RICE) DE CRÉATION | 126 | ■■□□□ | ■■■■□ | ■■■□□ |
| DIRECTEUR(RICE) MARKETING | 92 | ■■■■■ | ■■■■□ | ■■■■□ |
| DOCUMENTALISTE IMAGE | 119 | ■■□□□ | ■■■□□ | ■■■□□ |
| E-COMMERÇANT(E) | 90 | ■■■■■ | ■■■□□ | ■■■□□ |
| ÉBÉNISTE | 35 | ■■□□□ | ■□□□□ | ■■□□□ |
| ÉCO-CONCEPTEUR(RICE) | 145 | ■■■■□ | ■■■■□ | ■■■□□ |
| ÉDITEUR(RICE) | 121 | ■■□□□ | ■■■■□ | ■■■□□ |

| | | CÔTE | FORMATION | SALAIRE |
|---|---|---|---|---|
| **ÉDUCATEUR(RICE) SPÉCIALISÉ(E)** | 193 | ■■■■■ | ■■■□□ | ■■■□□ |
| **ENCADREUR(SE)** | 36 | ■■□□□ | ■□□□□ | ■■□□□ |
| **ERGOTHÉRAPEUTE** | 203 | ■■■■■ | ■■■□□ | ■■■□□ |
| **EXPERT(E) EN BALISTIQUE** | 100 | ■■■□□ | ■■■□□ | ■■□□□ |
| **EXPERT(E) EN BILAN CARBONE** | 147 | ■■■■□ | ■■■■□ | ■■■□□ |
| **FOOTBALLEUR(SE) INTERNATIONAL(E)** | 215 | ■□□□□ | ■□□□□ | ■■■■□ |
| **FORMATEUR(RICE) D'ADULTES** | 134 | ■■■■■ | ■■■□□ | ■■□□□ |
| **GAME DESIGNER** | 181 | ■■■■■ | ■■■■□ | ■■■■□ |
| **GOUVERNANTE** | 168 | ■■■□□ | ■□□□□ | ■■□□□ |
| **GRAPHISTE** | 123 | ■■□□□ | ■■■■□ | ■■■□□ |
| **GREFFIER(ÈRE)** | 111 | ■■■■□ | ■■■□□ | ■■■□□ |
| **GRUTIER(ÈRE)** | 79 | ■■□□□ | ■□□□□ | ■■□□□ |
| **GUIDE CONFÉRENCIER(ÈRE)** | 171 | ■■■□□ | ■■■□□ | ■■□□□ |
| **HABILLEUR(SE) COSTUMIER(ÈRE)** | 50 | ■■□□□ | ■□□□□ | ■■□□□ |
| **HÔTESSE DE L'AIR (STEWARD)** | 15 | ■■■■□ | ■■■■□ | ■■■□□ |
| **HYDROBIOLOGISTE** | 71 | ■■■■□ | ■■■■□ | ■■■■□ |
| **INFIRMIER(ÈRE)** | 205 | ■■■■■ | ■■■□□ | ■■■□□ |
| **INGÉNIEUR(E) AÉRONAUTIQUE** | 14 | ■■■■■ | ■■■■□ | ■■■■□ |
| **INGÉNIEUR(E) AGRONOME** | 24 | ■■■■□ | ■■■■□ | ■■■■□ |
| **INGÉNIEUR(E) DU SON** | 46 | ■■□□□ | ■■■■□ | ■■■□□ |
| **INGÉNIEUR(E) EN MÉTHANISATION** | 72 | ■■■■■ | ■■■■□ | ■■■■□ |
| **INGÉNIEUR(E) HARDWARE** | 176 | ■■■■■ | ■■■■□ | ■■■■□ |
| **INGÉNIEUR(E) PRODUCTION** | 11 | ■■■■■ | ■■■■□ | ■■■■□ |
| **INGÉNIEUR(E) PROJETS SOLAIRES** | 149 | ■■■■□ | ■■■■□ | ■■■■□ |
| **INGÉNIEUR(E) ROBOTIQUE** | 228 | ■■■■■ | ■■■■□ | ■■■■□ |
| **INGÉNIEUR(E) TRAVAUX** | 80 | ■■■■□ | ■■■■□ | ■■■■□ |
| **INGÉNIEUR(E) SYSTÈME** | 182 | ■■■■■ | ■■■■□ | ■■■■□ |
| **JOAILLIER(ÈRE)** | 34 | ■■□□□ | ■□□□□ | ■■□□□ |
| **JOURNALISTE WEB** | 118 | ■■□□□ | ■■■■□ | ■■■□□ |
| **JURISTE D'ENTREPRISE** | 108 | ■■■■□ | ■■■■□ | ■■■■□ |
| **KINÉSITHÉRAPEUTE** | 202 | ■■■■■ | ■■■■□ | ■■■□□ |
| **LIBRAIRE** | 120 | ■■□□□ | ■■■■□ | ■■■□□ |
| **LOGISTICIEN(NE) PROJET** | 222 | ■■■□□ | ■■■□□ | ■■■□□ |
| **LUTHIER(ÈRE)** | 37 | ■■□□□ | ■■■□□ | ■■□□□ |
| **MARQUETEUR(SE)** | 39 | ■■□□□ | ■■■■□ | ■■□□□ |
| **MASSEUR(SE) KINÉSITHÉRAPEUTE** | 202 | ■■■■■ | ■■■■□ | ■■■□□ |
| **MÉCANICIEN(NE) CABINE** | 10 | ■■■□□ | ■□□□□ | ■■■□□ |
| **MÉDIATEUR(RICE) FAMILIAL(E)** | 200 | ■■■□□ | ■■■□□ | ■■□□□ |

| | | CÔTE | FORMATION | SALAIRE |
|---|---|---|---|---|
| MONITEUR(RICE) D'ÉQUITATION | 213 | ■■□□□ | ■■□□□ | ■■■□□ |
| MONITEUR(RICE) DE SKI | 212 | ■■□□□ | ■■■□□ | ■■■□□ |
| NOTAIRE | 113 | ■■■■□ | ■■■■■ | ■■■■■ |
| OFFICIER DE POLICE JUDICIAIRE | 101 | ■■■■■ | ■■■□□ | ■■□□□ |
| OFFICIER MÉCANICIEN | 103 | ■■■■■ | ■■■□□ | ■■□□□ |
| ORTHOPHONISTE | 194 | ■■■■■ | ■■■■□ | ■■■■■ |
| ORTHOPTISTE | 192 | ■■■■■ | ■■■■□ | ■■■□□ |
| PAYSAGISTE | 21 | ■■■■□ | ■■■■□ | ■■■□□ |
| PHARMACIEN(NE) | 73 | ■■■■■ | ■■■■■ | ■■■■□ |
| PILOTE DE BÉLUGA | 13 | ■■■□□ | ■■■■□ | ■■■□□ |
| PRÉPARATEUR(RICE) PHYSIQUE | 214 | ■■□□□ | ■■■□□ | ■■■□□ |
| PROF DE FRANÇAIS | 135 | ■■■■■ | ■■■■□ | ■■■□□ |
| PROF DES ÉCOLES | 136 | ■■■■■ | ■■■■□ | ■■■□□ |
| PROF D'EPS | 216 | ■■■□□ | ■■■■□ | ■■■□□ |
| RÉGISSEUR(SE) | 47 | ■■□□□ | ■■■■□ | ■□□□□ |
| RÉGISSEUR(SE) D'EXPOSITION | 32 | ■■□□□ | ■■■■□ | ■■□□□ |
| RESPONSABLE D'EXPLOITATION DE BOUTIQUE | 87 | ■■■■■ | ■■■■□ | ■■■■□ |
| RESPONSABLE DE BUREAU D'ÉTUDES | 225 | ■■■■□ | ■■■□□ | ■■■□□ |
| RESPONSABLE DE L'ANIMATION | 179 | ■■■■■ | ■■■■□ | ■■■■□ |
| RESPONSABLE DE LA COMMUNICATION | 124 | ■■□□□ | ■■■■□ | ■■■□□ |
| RESPONSABLE DE RAYON | 89 | ■■■■■ | ■■■□□ | ■■■■□ |
| RESPONSABLE DU DESIGN | 226 | ■■■■□ | ■■■□□ | ■■■□□ |
| RESPONSABLE MAINTENANCE | 229 | ■■■■□ | ■■■□□ | ■■■□□ |
| RESTAURATEUR(RICE) D'ŒUVRES | 30 | ■■□□□ | ■■■■□ | ■■■□□ |
| RISK MANAGER | 61 | ■■■■■ | ■■■■□ | ■■■■□ |
| SAGE-FEMME | 198 | ■■■■■ | ■■■■■ | ■■■□□ |
| SAPEUR-POMPIER | 102 | ■■■■■ | ■■■□□ | ■■□□□ |
| SUPERVISEUR(SE) | 60 | ■■■■■ | ■■■■□ | ■■■■□ |
| STEWARD (HÔTESSE DE L'AIR) | 15 | ■■■■□ | ■■■■□ | ■■■□□ |
| TECHNICIEN(NE) VALORISATION DES DÉCHETS | 144 | ■■■■□ | ■■■□□ | ■■■□□ |
| TECHNICIEN(NE) FORESTIER(ÈRE) | 22 | ■■■■□ | ■■■□□ | ■■■□□ |
| TECHNICIEN(NE) MAINTENANCE ÉOLIENNE | 150 | ■■■■□ | ■■■□□ | ■■■□□ |
| TÉLÉPILOTE DE DRONES | 12 | ■■■■■ | ■■■■□ | ■■■□□ |
| VÉTÉRINAIRE | 23 | ■■■■□ | ■■■■■ | ■■■■□ |
| VICE-PROCUREUR(E) | 109 | ■■■■□ | ■■■■■ | ■■■■■ |
| WEB-PLANNER | 185 | ■■■■■ | ■■■■□ | ■■■■□ |
| WEBMASTER | 177 | ■■■■■ | ■■■■□ | ■■■■□ |
| YIELD MANAGER | 227 | ■■■■□ | ■■■■□ | ■■■■□ |

# NUMÉROS ET SITES UTILES

**Pour aller plus loin dans ta recherche, il existe de nombreuses sources d'infos : internet, bien entendu, mais aussi des magazines, et des centres d'information ou d'orientation près de chez toi, où rencontrer des conseillers.**

## LES INSTITUTIONNELS

**• Les cités des métiers**
Elles offrent la possibilité :
- de rencontrer des conseillers dans les domaines de l'orientation, la formation initiale, l'emploi, etc.;
- de participer à des ateliers, des séances d'information collectives, des évènements...;
- de se documenter sur les métiers, de rencontrer des professionnels des différents secteurs d'activité;
- de consulter des ouvrages et des fiches métiers, des périodiques.

www.reseaucitesdesmetiers.com

**• Le réseau « information jeunesse »**
Plus de 1 500 centres d'information jeunesse (CIDJ, CRIJ, CIJ) permettent de s'informer, obtenir des conseils pratiques et bénéficier d'un accompagnement personnalisé sur les filières de formation, le logement, la santé, les jobs d'été... www.cidj.com

**• Les CIO (centres d'information et d'orientation)**
Plus de 500 centres répartis sur tout le territoire sont dédiés à l'orientation. Ils proposent différents services : informations sur les études, les métiers, etc.
Annuaire des CIO sur le site du ministère de l'Éducation nationale : http://www.education.gouv.fr/pid24301/annuaire-accueil-recherche.html

**• L'Onisep**
Pour une question précise ou urgente, le site « Mon orientation en ligne » (www.monorientationenligne.fr) ou l'appli du même nom proposent de contacter des conseillers d'orientations tranquillement de chez soi. Possible également par « téléphone » (01 7777 12 25), par mail, ou par tchat. Sur le site internet se trouve également un onglet « Boîte à outils » qui permet notamment de localiser des formations, des lieux d'information et des conseillers près de chez soi.

**• Orientation pour tous**
Sur ce portail créé par l'État, les régions et les partenaires sociaux, on trouve des fiches et des vidéos métiers, des études sur les métiers, les salaires et les emplois, des infos sur les études en France et à l'étranger, des adresses utiles, etc.
www.orientation-pour-tous.fr/

## D'AUTRES SOURCES D'INFOS

**• Le magazine Phosphore :** il propose, chaque mois, un reportage sur une filière d'enseignement supérieur, un focus sur des métiers dans une même entreprise et des infos pour réussir des études au lycée. En vente en kiosque à 6,50 €. Sur le site Phosphore, 350 fiches métiers sont disponibles. www.phosphore.com

**• Le magazine Okapi :** une fois par mois, on y trouve le portrait d'un professionnel qui raconte son métier.
En kiosque 5,20 €. www.okapi.fr

**• Le magazine L'Étudiant :** un mensuel où retrouver plein d'infos sur les études au lycée et après le bac, ainsi que sur les métiers. En kiosque 4,90 €. www.letudiant.fr

**• Le site Studyrama :** il réunit des infos sur la formation et l'orientation, les métiers, l'emploi et les jobs étudiants, le logement étudiant et la vie étudiante.
www.studyrama.com

**• Le site Imagine ton futur :** il propose des tests d'orientation gratuits, des infos sur les métiers, etc.
www.imaginetonfutur.com

**• La Cité orientée de Francetveducation :** ce webdocumentaire permet de déambuler dans une ville virtuelle où l'on peut se renseigner sur un secteur d'activité et surtout rencontrer les habitants de ton choix : des vidéos dressent les portraits d'une trentaine de jeunes de 14 à 27 ans qui parlent du métier qu'ils rêvent d'exercer.
http://cite-orientee.francetveducation.fr/

**• Lesmétiers.net :** une chaîne YouTube avec plus de 450 vidéos de professionnel(le)s qui expliquent leur métier. En allant sur le site Les métiers.net, on peut en plus faire un test pour savoir pour quels métiers on est fait, etc.
www.youtube.com/user/lesmetiers
www.lesmetiers.net/orientation/accueil

**• Le site de l'Artisanat :** sur cette chaîne YouTube, on trouve plein de vidéos sur des métiers traditionnels du menuisier au shaper, en passant par le fleuriste ou le carrossier...
www.youtube.com/user/metiersartisanat/featured

MÉCANICIEN CABINE...INGÉNIEUR PRODUCTION...TE
AÉRONAUTIQUE...HÔTESSE DE L'AIR...AGRICULTEU
VÉTÉRINAIRE « MIXTE »...INGÉNIEUR AGRONOM
TEUR D'ŒUVRES...BRODEUSE...RÉGISSEUR D'EXPO
NISTE CRÉATEUR...ENCADREUR...LUTHIÈRE...DESIG
RÉGISSEUR...DANSEUR CLASSIQUE...CHEF DÉCORA
LEUR DE GESTION...CHARGÉ DU RECRUTEMENT...CO
ET FINANCE...SUPERVISEUR...RISK MANAGER...AUD
CHEF DE PRODUIT FORMULATION...HYDROBIOLOGIS
RECTEUR DE DÉVELOPPEMENT...ARCHITECTE...GRUT
LIER...ASSISTANTE COMMERCIALE...RESPONSABLE
PONSABLE DE RAYON...E-COMMERÇANTE...CHEF DE P
GER...EXPERT EN BALISTIQUE...OFFICIER DE POLICE
JURISTE D'ENTREPRISE...VICE-PROCUREUR...AVOCAT
JOURNALISTE WEB...DOCUMENTALISTE IMAGE...LIB
RESPONSABLE DE LA COMMUNICATION...CONSULTA
TION...COMMUNITY MANAGER...FORMATRICE D'ADU
EN ORIENTATION...CONSEILLER PRINCIPAL D'ÉDUCA
SATION DES DÉCHETS...ÉCO-CONCEPTEUR...CHEF DE
CONSEILLER EN ÉCO-ÉNERGIE ...INGÉNIEUR PROJETS
CHARGÉE DE MISSION ÉCOMOBILITÉ...AMBASSADEU
THÈQUE...ATTACHÉE TERRITORIALE...CHEF DE CUIS
CONCEPTEUR DE VOYAGES DURABLES...GUIDE CONFÉ
NISTRATEUR SYSTÈMES...RESPONSABLE DE L'ANIMA
SYSTÈME...CONSULTANTE EN E-REPUTATION...DÉV
SPÉCIALISÉE...ORTHOPHONISTE...ASSISTANTE DE S
SOIGNANTE EN BLOC OPÉRATOIRE...SAGE-FEMM
CHIRURGIEN MAXILLO-FACIAL...MASSEUR KINÉSIT
INFIRMIÈRE LIBÉRALE...MONITRICE DE SKI...MONITR
LEUSE INTERNATIONALE...PROFESSEUR D'EPS...AGEN
PROJET DE DÉVELOPPEMENT PACKAGING...CONDUCT
RESPONSABLE DU DESIGN...YIELD MANAGER...IN

LOTE DE DRONES...PILOTE DE BÉLUGA...INGÉNIEUR
BAIN...PAYSAGISTE...TECHNICIENNE FORESTIÈRE...
OMMERCIAL EN AGROFOURNITURES...RESTAURA-
ON...ARCHITECTE D'INTÉRIEUR...JOAILLIÈRE...EBÉ-
DE MODE...MARQUETEUR...INGÉNIEUR DU SON...
R...HABILLEUSE COSTUMIÈRE...ACTRICE...CONTRÔ-
ABLE...CONSULTANT INDÉPENDANT EN STRATÉGIE
R FINANCIER...AGENT GÉNÉRAL D'ASSURANCES...
INGÉNIEUR EN MÉTHANISATION...PHARMACIEN-DI-
.INGÉNIEUR TRAVAUX...DIAGNOSTIQUEUR IMMOBI-
PLOITATION DE BOUTIQUE...CHEF DE PRODUIT...RES-
T MARKETING...DIRECTRICE MARKETING...BOULAN-
CIAIRE...SAPEUR POMPIER...OFFICIER MÉCANICIEN...
ALISTE...GREFFIÈRE...DÉTECTIVE PRIVÉ...NOTAIRE...
E...ÉDITRICE...ATTACHÉE DE PRESSE...GRAPHISTE...
EN STRATÉGIE DE MARQUE...DIRECTEUR DE CRÉA-
S...PROF DE FRANÇAIS...PROF DES ÉCOLES...COACH
N...ANIMATEUR MULTIMÉDIA...TECHNICIEN VALORI-
JET BIODIVERSITÉ ...EXPERT EN BILAN CARBONE ...
LAIRES...TECHNICIENNE MAINTENANCE ÉOLIENNE...
ONSEILLER POLITIQUE...CONSERVATRICE DE BIBLIO-
..BARMAN...GOUVERNANTE...CHEF DE RÉCEPTION...
CIER...INGÉNIEUR HARDWARE...WEBMASTER...ADMI-
N...DATA SCIENTIST...GAME DESIGNER...INGÉNIEURE
PPEUR...WEB-PLANNER...ORTHOPTISTE...ÉDUCATRICE
ICE SOCIAL...ANESTHÉSISTE-RÉANIMATRICE...AIDE
SSISTANT MATERNEL...MÉDIATRICE FAMILIALE...
APEUTE...ERGOTHÉRAPEUTE...DIRECTEUR D'EHPAD...
'ÉQUITATION...PRÉPARATEUR PHYSIQUE...FOOTBAL-
E JOUEURS DE FOOT...LOGISTICIEN PROJET...CHEF DE
DE TRAIN...RESPONSABLE DE BUREAU D'ÉTUDES...
IEUR ROBOTIQUE...RESPONSABLE MAINTENANCE